U0507184

诗话孤竹

宋坤 主编

线装書局

图书在版编目（CIP）数据

诗话孤竹／宋坤主编．—北京:线装书局,
2018.3

ISBN 978－7－5120－3033－6

Ⅰ.①诗… Ⅱ.①宋… Ⅲ.①卢龙县—地方史
Ⅳ.①K292.24

中国版本图书馆 CIP 数据核字（2017）第 297509 号

诗话孤竹

主 　编:宋　坤

责任编辑:姚　欣

出版发行:线 装 書 局

　　　　　　地　　址:北京市丰台区方庄日月天地大厦 B 座 17 层(100078)

　　　　　　电　　话:010－58077126(发行部)　　010－58076938(总编室)

　　　　　　网　　址:www.zgxzsj.com

经　　销:新华书店

印　　制:三河市华东印刷有限公司

开　　本:710mm×1000mm　　1/16

印　　张:18

字　　数:256 千字

版　　次:2018 年 3 月第 1 版第 1 次印刷

印　　数:0001—3000 册

定　　价:68.00 元

线装书局官方微信

编辑委员会

主　任　鞠世闻　中共卢龙县委书记

　　　　安生宏　卢龙县人民政府县长

副主任　杨忠新　中共卢龙县委副书记、石门镇党委书记

　　　　程　浩　中共卢龙县委常委、

　　　　　　　　卢龙县人民政府常务副县长

　　　　李学兴　中共卢龙县委常委、县委办公室主任

　　　　胡瑞东　中共卢龙县委常委、宣传部长

　　　　何　青　卢龙县人大常委会副主任

　　　　高建伟　卢龙县人民政府副县长

　　　　张　崇　卢龙县人民政府党组成员

　　　　孟祥春　卢龙县政协副主席

委　员　辛昌亮　卢龙县人民政府办公室主任

　　　　曹永生　卢龙县财政局局长

　　　　张　健　卢龙县文化体育广电新闻出版局局长

　　　　董承喜　卢龙县文联主席

　　　　宋　坤　中国孤竹文化研究中心常务副主任

主　编　宋　坤

副主编　杨爱民　冯庆茹　崔敬祎

深入挖掘孤竹文化　强力打造锦绣卢龙

——《诗话孤竹》序

中共卢龙县委书记　鞠世闻

伴随着"文明卢龙、文化卢龙"建设的前进步伐，卢龙县又一文化品牌《诗话孤竹》由线装书局公开出版发行了。这是全县人民文化生活的一件大喜事。《诗话孤竹》的出版，对全县人民，对在卢龙投资兴业的企业家，对关心、关注卢龙家乡建设的卢龙籍在外工作、生活的各级领导，以及全国各地所有与卢龙有缘的各位朋友、各界人士，进一步认识卢龙、了解卢龙、结缘卢龙、建设卢龙，必将起到积极的促进引导作用。

卢龙是个历史悠久，文化底蕴深厚，享誉国内外，全国屈指可数的千年古县。千年孤竹，八百年肥如，六百年永平，卢龙在历史上一路辉煌。伯夷、叔齐让国全仁、谏伐存义、采薇守节的高风亮节，誉满华夏，名垂千古。历史上著名思想家、史学家、文学家、艺术家、画家、书法家以及帝王将相、古圣先贤对神圣的孤竹，对高尚的夷齐，给予了高度评价。孤竹，不仅入史入志，入经入典，入诗入画，也深入千千万万华夏子孙的心中。古今的名人如何记述千年孤竹，如何评价夷齐二圣，如何看待龙城飞将，如何描述永平盛世？挖掘整理历史传统文化遗产，传承中国孤竹文化，对打造辉煌锦绣的文明、文化卢龙至关重要。基于这种想法，我到卢龙就任不久，在宣传文化系统调研时，就提出要在年内编辑出版一本古今名人话孤竹的书籍，作为一张文化名片，宣传推介卢龙。中国孤竹文化研究中心的驻会文史研究人员，不负众望，在刚刚编辑出版《走进刘田各庄》以后，夜以继日，勤奋工作，查阅了大量文史资料，全面、系统地搜集整理古今名人对孤竹的记述，不到半年时间，《诗话孤竹》闪亮登场，与广大读者见面了。

《诗话孤竹》只有二十来万字，并非鸿篇巨制，但内容翔实、真实可靠、有理有据，颇具文史研究价值。全书分孤竹诗存、史志写真、典里生辉、碑记直笔、文苑争春、青铜物语、书画留痕、舞台浩歌八大板块，篇篇锦绣，环环紧扣，围绕古今名人话孤竹这一主题，层层展开，娓娓道来，全面系统地记述了古今名人话孤竹的史志著述、成语典故、书法美术、诗词曲赋、小说散文、舞台戏剧，让人耳目一新。《诗话孤竹》的确是一本不可多得的好书。

卢龙是由国家级权威性机构命名的中国孤竹文化之乡、中国孤竹文化研究中心，几年来，在孤竹文化研究上取得了丰硕的成果，相继在国家级出版社公开出版了《卢龙记忆》《走进孤竹》《东方德源》《夷齐品德》《中国孤竹文化》《京东第一府》《古今石门》《走进刘田各庄》等文史专著，对宣传、普及、传承孤竹文化起到了积极的促进作用。今后，我们将坚定不移地实施"文明铸县"战略，进一步挖掘、传承和开发孤竹文化，大力倡导"仁义诚信、务实重行、艰苦奋斗、事争一流"的新时期卢龙精神。繁荣发展文化事业，深入推进非物质文化遗产的传承保护，争取申报更多的市级、省级、国家级"非遗"项目。完成孤竹博物馆、冀东民俗文化博物馆、卢龙大剧院建设，设立卢龙县文艺振兴奖，充分发挥中国孤竹文化研究中心、孤竹文化艺术团、各民间文艺团体和民间艺人的作用，鼓励文艺精品创作，打造全国有影响的文化名人和文艺精品。大力振兴文化旅游产业，围绕打造"全域""全季""全时"旅游，创新发展文化产业新业态，发挥孤竹文化人无我有的独特优势，大力发展文化创意、休闲度假、影视基地等新兴文化产业项目，着力将文化优势转化为发展优势，靠悠久文明、特色文化全面提升发展内涵和综合竞争力。

是为序。

2017 年 7 月

目 录
CONTENTS

诗话孤竹·孤竹诗存

引言

距今3600多年前的殷商时期，在今冀东大地存在着一个地方政权——孤竹国，是滦河之滨最早的奴隶制诸侯国。它的出现标志着今冀东大地已从蒙昧和野蛮状态中苏醒，从原始社会跨进了文明的门槛，是冀东地区文明史的开端。

关于"孤竹"一名，亦作"觚竹"，最早见于殷墟甲骨文和商代金文。甲骨卜辞有关孤竹氏的活动，有40多条记录。在今河北卢龙、迁安一带和辽宁西部出土的商代青铜器，有的器身上铸有"孤竹"铭文。孤竹国的历史记载还散见于《国语》《管子》《韩非子》《史记》等古籍。

对于"孤竹"，目前史学界有几种解释：一是"孤竹"亦写作"觚竹"。"觚"是青铜制的酒器，"竹"是用以记事的竹简。二是反映了当时的孤竹国的贵族生活和文化发展水平。三是根据唐朝学者颜师古注《急就篇》时云"觚者，学书之牍，或以记事，削木为之"，认为"觚"和"竹"同为书写用物。四是认为北方不产竹，"孤竹"指竹子稀少之地。还有一种说法，说"孤竹"是一根竹子，代表男性的根，为当时的一个氏族图腾。

据史书记载，孤竹国为商王朝在北方分封的一个诸侯国，其国君姓墨胎氏。墨胎氏在文献记载中或作墨夷氏、目夷氏。据《史记·殷本纪》："契为子姓，其后分封有殷氏、来氏、宋氏、空桐氏、稚氏、北殷氏、目夷氏。"也就是说，孤竹国君为建立商王朝的商部落始祖契的子孙后代。

孤竹国建于约公元前 1600 年。据《史记·伯夷列传》注引《索隐》所记，"孤竹君是殷汤三月丙寅日所封"，是为孤竹侯国。殷墟甲骨卜辞文中称"竹侯"。一说根据《春秋》和《国语·齐语》所记，春秋时北方山戎（即后世鲜卑）侵燕，燕告急于第一个当上中原霸主的齐桓公，齐桓公救燕，"北伐山戎，弗令支，斩孤竹而南归"。齐桓公这次北伐，打垮了山戎，使其北退；同时击溃了令支，斩孤竹君侯之首。时在齐桓公二十二年，公元前 664 年。大致说来，孤竹在殷商之前是原始部族。孤竹国兴于殷商，衰于西周，亡于春秋。从立国到灭亡存在约 940 年（约公元前 1600 年—公元前 660 年）。可以分为两个时期，前 554 年（约公元前 1600 年—公元前 1046 年）是商朝在北方的重要诸侯国；后 386 年（公元前 1046 年—公元前 660 年）是周朝的异姓诸侯国，处于燕国控制之下，政治地位下降。

孤竹国前期是商朝的诸侯国，有自己的职官和军队，是独立性较大的政治实体。君侯承认商王朝的宗主权，并为商王室承担戍边、纳贡等义务。孤竹国君侯又在商朝朝廷任官。经考证，有商一代，孤竹国君共传 11 世。第九世君侯竹离大，在商朝先后任贞人和司卜，是掌管占卜和祭祀的官员。由于"殷人尚鬼"，遍祀诸神；无日不卜，无事不卜；"国之大事，在祀与戎"。因此掌管占卜、祭祀和军事的官员属朝廷要职。第十世君侯亚微（伯夷、叔齐之父）、第十一世君侯亚凭，在商朝朝廷先后担任过亚卿，是卿史一类官职，地位也很高，名冠"亚"字以示尊荣。

孤竹国在殷商中原先进文化的影响下，社会发展加快。到商朝中晚期进入奴隶制社会，具有国家的规模。孤竹国的经济比较发达，农业、手工业均相当可观，冬葱与菽就是孤竹国著名的特产。此外，卢龙县曾出土相当于商代晚期成组的青铜器鼎、簋、弓形器和金臂钏；多数造型庄重典雅，饰纹繁缛精美。还有大量夹红褐陶器。迁安、滦县也出土了晚商青铜器，具有明显的地方特征。畜牧业发展水平也很高,在社会经济结构中占有重要地位。距虚(驴骡之属)大量饲养,是孤竹国的特产。

总之,就孤竹国与商朝的各种关系,经济结构及生产发展水平、名号文化、通行的文字和语言及政治、生活习俗,以及伯夷、叔齐事迹的文化内涵等多方面来看,与当时中原地区相比较,没有太大的区别,是一个行文章、加政教、讲礼规、蹈仁义的诸侯国,同时具有较巩固的经济基础。

孤竹国传国近千年,在中国古代史上有重要的地位。

(一)北方的滦河和黄河、长江一样,也是中华民族的母亲河。孤竹族人在十分艰难的条件下,开发了滦河下游地区。孤竹族人善于开发土地,进行垦殖,把野生植物改造为农作物,栽培大豆、冬葱成功,传布天下。创造了灿烂的农业文化和青铜手工业文化,做出了巨大的历史贡献,表现了开拓进取和刚健自强的民族精神。

(二)滦河下游地区是南方农耕文化和北方牧猎文化的结合地带,孤竹国促进了两种生产方式的交融。这里是夷夏各族杂居之处,孤竹国最早接受中原地区殷商文化,历经千年,促进了夷狄族的华夏化和各族的融合。正如苏秉琦先生所说:燕山南北地区是中华民族的一个大熔炉。因此,孤竹文化的特点是:多元文化,以中原文化为主导,源远流长。战国时期燕国和秦汉以后,在这里有移民、驻军、设郡县、修长城等,与孤竹人的华夏化及其对这里的开发密切相关。其后,这种类型的文化不断影响南下到这里的乌桓、鲜卑、高句丽、契丹、女真和满族等族,对其社会历史的发展产生了深远的影响。

(三)孤竹国是商朝在北方的重要诸侯国,是商朝的北部屏障,维护了商朝北疆的安定,为商朝的社会发展创造了条件。孤竹国的建立标志着今冀东地区文明史的开端。西周、春秋时期,进一步提升了冀东地区的文明程度。孤竹国立国近千年,是我国历史上存续时间较长的诸侯国之一。

(四)孤竹国产生了以伯夷、叔齐为代表的伟大爱国者和廉让节义的楷模,表现了崇礼、守廉、尚德、求仁、重义精神,构成了中华民族传统文化的精神内涵。伯夷、叔齐那种"不降其志,不辱其身"

的节操，可与晚商"三仁"即箕子、比干、微子媲美。以伯夷、叔齐精神为代表的孤竹文化，在中国历史上产生过极大的影响，对中国传统文化的形成起了促进作用。

　　基于孤竹国的显著历史地位，因此诞生了一大批吟咏关于孤竹及其人和事方面的诗篇，并且流传于后世，本书精选部分作品，收录"孤竹诗存"板块，划分孤竹风清、肥如怀古、飞将雄魂三个栏目，再按照主题确定若干篇目，以飨读者。

孤竹风清

题记

如前所述，孤竹国作为北方的重要诸侯国存国近千年，在社会历史发展中产生了深远影响。尤其是伯夷叔齐"相去让国、叩马谏伐、耻食周粟、首阳采薇"品行，构成了"崇礼、守廉、尚德、求仁、重义"为精神内涵的孤竹文化，对中国传统文化的形成产生了巨大影响，是催生民族品格和道德的"东方德源"。夷齐精神构筑了孤竹文化的核髓，在历史的长河里得到了传承和弘扬。这种精神深受历代统治阶层和文人墨客的推崇，赞美、歌颂采薇、孤竹和夷齐的诗篇不计其数，我们从众多诗篇中撷取精华部分，划分为采薇篇、二圣篇和孤竹篇三个主题篇目叙述，以便读者欣赏。

采薇篇

1. 伯夷、叔齐《采薇歌》

伯夷，名允，字公信，商末孤竹国人，商纣王末期孤竹国第七任孤竹君墨胎子朝的长子。

叔齐，名智，字公达，商末孤竹国人，因与兄伯夷逊让孤竹君位而被后人广为赞颂。

采薇歌

登彼西山兮，采其薇矣。

以暴易暴兮，不知其非矣。

神农虞夏，忽焉没兮，我适安归矣？

吁嗟徂兮，命之衰矣。

2. 王绩《山家夏日》

王绩（约589—644），字无功，号东皋子，古绛州龙门县（山西万荣县通化镇）人，唐代诗人。隋末举孝廉，除秘书正字。不乐在朝，辞疾，复授扬州六合丞。时天下大乱，弃官还故乡。唐武德中，诏以前朝官待诏门下省。贞观初，以疾罢归河渚间，躬耕东皋（今宿州五柳风景区），自号"东皋子"。性简傲，嗜酒，能饮五斗，自作《五斗先生传》，撰《酒经》《酒谱》。其诗近而不浅，质而不俗，真率疏放，有旷怀高致，直追魏晋高风。律体滥觞于六朝，而成型于隋唐之际，无功实为先声。

山家夏日

涧幽人路断，山旷鸟啼稀。

不特嫌周粟，时时须采薇。

3. 孟郊《感怀　其六》

孟郊（751—814），字东野，汉族，湖州武康（今浙江德清县）人，祖籍平昌（今山东德州临邑县），先世居汝州（今属河南汝州），唐代著名诗人。诗多写世态炎凉，民间苦难。孟郊现存诗歌574首，以短篇的五言古诗最多，代表作有《游子吟》。有"诗囚"之称，又与贾岛齐名，人称"郊寒岛瘦"。

感怀　其六

举才天道亲，首阳谁采薇。

去去荒泽远，落日当西归。

羲和驻其轮，四海借余晖。

极目何萧索，惊风正离披。

鸱鸮鸣高树，众鸟相因依。

东方有一士，岁莫常苦饥。

主人数相问，脉脉今何为。

贫贱亦有乐，且愿掩柴扉。

4. 蔡必荐《采薇图》

蔡必荐，字嘉猷，号菊轩，丹阳（今属江苏）人。度宗咸淳间授丹阳学正。事见《曲阿诗综》卷七、清光绪《丹阳县志》卷一八。

采薇图

西山有薇，美人不移。

西山无薇，美人不归。

采薇采薇，山是人非。

薇满西山，不生夷齐。

5. 曹勋《悲采薇》

曹勋（1098—1174），字公显，一字世绩，号松隐，颍昌阳翟（今河南禹县）人。南宋大臣，北宋末词人曹组之子。宣和五年（1123），以荫补承信郎，特命赴进士廷试，赐甲科。靖康元年（1126），与宋徽宗一起被金兵押解北上，受徽宗半臂绢书，自燕山逃归。建炎元年（1127）秋，至南京（今河南商丘）向宋高宗上御衣书，请求招募敢死之士，由海路北上营救徽宗。当权者不听，被黜。绍兴十一年（1141），宋金和议成，充报谢副使出使金国，劝金人归还徽宗灵柩。十四年、二十九年又两次使金。孝宗朝拜太尉。著有《松隐文集》《北狩见闻录》等。他的诗比较平庸，但有几首使金诗颇值得注意。

悲采薇

昔辞万乘宠，洁己归其仁。

强谏非矫讦，所守怀真淳。

邈矣思唐虞，去去迹已陈。

夏禹且不让，叔世良悲辛。

采薇歌西山，独往谁与邻。

激节不少渝，终始无缁磷。

优入圣人域，清风高隐沦。

嗟嗟首阳山，今飞胡马尘。

况乃匪汤武，吾子劳谆谆。

已而复已而，缅默思良辰。

6. 释居简《贷粟》

释居简（1164—1246），字敬叟，号北涧，潼川（今四川三台）人。俗姓龙（《补续高僧传》卷二四作王）。依邑之广福院圆澄得度，参别峰涂毒于径山，谒育王佛照德光，走江西访诸祖遗迹。历住台之般若报恩。后居杭之飞来峰北涧十年。起应雪之铁佛、西余，常之显庆、碧云，苏之慧日，湖之道场，诏迁净慈，晚居天台。理宗淳祐六年卒，年八十三，僧腊六十二。有《北涧文集》十卷、《北涧诗集》九卷、《外集》一卷、《续集》一卷及《语录》一卷。

贷粟

古之圣之清，吾独称夷齐。

采薇替周粟，所乐甘如饴。

山亦不义山，薇亦不义薇。

惟其不素食，食粟令人思。

7. 朱熹《醉作》《拟古》二首

朱熹（1130—1200），字元晦，又字仲晦，号晦庵，晚称晦翁，谥文，世称朱文公。祖籍江南东路徽州府婺源县（今江西省婺源），出生于南剑州尤溪（今属福建省尤溪县）。宋朝著名的理学家、思想家、哲学家、教育家、诗人，闽学派的代表人物，儒学集大成者，世尊称为"朱子"。朱熹是唯一非孔子亲传弟子而享祀孔庙，位列大成殿十二哲者中。朱熹是程颢、程颐的三传弟子李侗的学生，任江西南康、福建漳州知府、浙东巡抚，做官清正有为，振举书院建设。官拜焕章阁侍制兼侍讲，为宋宁宗皇帝讲学。朱熹著述甚多，有《四书章句集注》《太极图说解》《通书解说》《周易读本》《楚辞集注》，后人辑有《朱子大全》《朱子集语象》等。其中《四书章句集注》成为钦定的教科书和科举考试的标准。

醉作

渐渐西风起，嗷嗷寒雁多。

稻粱随处有，珍重采薇歌。

拟古

上山采薇蕨，侧径多幽兰。

采之不盈握，欲寄道里艰。

沈忧念故人，长夜何漫漫。

芳馨坐销歇，徘徊以悲叹。

8. 仇远《采薇吟》《范文正公黄素小楷昌黎伯夷颂盖在青社时所书》二首

仇远（1247—1326），字仁近，一字仁父，钱塘（今浙江杭州）人。因居余杭溪上之仇山，自号山村、山村民，人称山村先生。元代文学家、书法家。元大德年间（1297—1307）58岁的他任溧阳儒学教授，不久罢归，遂在忧郁中游山河以终。

采薇吟

采薇采薇，西山之西。

薇死复生，不生夷齐。

陟彼西山，我心悲兮。

范文正公黄素小楷昌黎伯夷颂盖在青社时所书

范文正公黄素小楷昌黎伯夷颂盖在青社时所书以遗京西转运使舜元苏公者也后二百年大兴李侯戡得此本于燕及南来守吴乃文正乡里即访公子孙以界之范氏喜而求诗为赋此二首

其一

小楷青州三绝碑，复还范氏事尤奇。

不知百世闻风者，更有何人似伯夷。

其二

古今一理是纲常，范笔韩文妙发扬。

公卧首阳原不死，春风岁岁蕨薇香。

9. 卢挚《采薇图》

卢挚（1242—1314），字处道，一字莘老，号疏斋，又号蒿翁。元代涿郡（今河北省涿县）人。至元五年（1268）进士，任过廉访使、翰林学士。诗文与刘因、姚燧齐名，世称"刘卢""姚卢"。与白朴、马致远、珠帘秀均有交往。散曲如今仅存小令。著有《疏斋集》（已佚）《文心选诀》《文章宗旨》，传世散曲120首。有的写山林逸趣，有的写诗酒生活，而较多的是"怀古"，抒发对故国的怀念。今人有《卢书斋集辑存》，《全元散曲》录存其小令。

采薇图

服药求长年，孰与孤竹子。

一食西山薇，万古犹不死。

10. 许有壬《题仇公度总管首阳采薇图》

许有壬（1286—1364），元代文学家，字可用，彰德汤阴（今属河南汤阴）人。延祐二年（1315）进士及第，授同知辽州事。后来官中书左司员外郎时，京城外发生饥荒，他从"民，本也"的思想出发，主张放赈救济。河南农民军起，他建议备御之策十五件。又任集贤大学士，不久改枢密副使，又拜中书左丞。他看到元朝将士贪掠人口玉帛而无斗志，就主张对起义农民实行招降政策。

题仇公度总管首阳采薇图

史迁怨气因舒泄，吏部雄文痛发挥。

尽美未能兼尽善，益知周粟不如薇。

11. 陈肃《杂兴五首 其三》

陈肃（？—1367 年左右），字伯将，无锡人。举博学弘才，为兰溪州判官。累官翰林学士，兵部尚书，河南行省左丞。至正末，没于兵。肃工诗，有伯将集《元诗选》传于世。

杂兴五首 其三

驱车洛东北，遥望首阳山。

昔有两兄弟，采薇于其间。

我愿从之游，孰云不可攀。

踌躇日将暮，感此空忘还。

12. 周巽《节士吟》

周巽（约 1341 年前后在世），里居及生卒年均不详，约元惠宗至正初前后在世。尝从征道贺二县狙寇，以功授永明主簿。周巽著有《性情集》六卷，《四库总目》抒怀写景，颇近自然。

节士吟

修竹生中林，长松在幽壑。

严冬霜霰零，枝叶不黄落。

夷齐归西山，饿死无愧颜。

鲁连蹈东海，一去竟不还。

苏武持汉节，饥来啮寒雪。

遂使李陵惭，去住难为别。

古人重义不顾身，声名烈烈垂千春。

采薇啮雪辞金者，寥寥千载空无人。

眷彼宦游子，胡为寡廉耻。

我歌节士吟，六合清风起。

13. 钱惟善《题夷齐采薇图》

钱惟善（? —1369），字思复，自号心白道人、武夷山樵者，钱塘（今杭州）人。元后至元元年（1335），参加江浙省试，考题为"罗刹江赋"。

题夷齐采薇图

海滨二老共归周，扣马鹰扬似不侔。

寂寞西山采薇后，清风未许属巢由。

14. 顾允成《吾与吟 其十》

顾允成（1554—1607），字季时，号泾凡，江苏无锡人，顾宪成之弟。明末思想家，"东林八君子"之一。历任南京教授，礼部主事。著有《小辨斋偶存》八卷（附《事定录》三卷）等。1586 年（万历十四年）中进士，因言辞激烈被置于末第。当时顾允成尚未有官职，见有官员诋毁海瑞就愤慨抗疏，结果被以妄奏为由夺去冠带，遣返归家反省。1588 年（万历十六年），经南京御史奏荐，顾允成得以起任南康府教授。此后历任保定府教授、国子监博士、礼部主事等职。1593 年（万历二十一年），皇帝下诏"三王并封"，顾允成与张纳陛、岳元声合疏直谏，认为绝不可行。不久后又弹劾阁臣张位，因忤旨被贬为光州判官。顾允成没有领旨赴任，而是请辞归家不再复出。1594 年（万历二十二年），顾宪成亦遭革职还家。顾允成遂与兄长重修东林书院悉心讲学，聚集有识之士形成影响一时的"东林党"。1607 年（万历三十五年）病逝于小辨斋，终年 54 岁。明朝天启年中，顾允成受朝廷追赠为光禄少卿。

吾与吟　其十

首阳山下日凄凄，敝屣侯封向采薇。

古人冷淡今人笑，玄武门前血溅衣。

15. 邓雅《拟古九首　其三》

邓雅（生卒年不详），字伯言，号玉笥，新淦（今江西新干）人。早年勤苦力学，以能诗知名乡里。元末隐居未仕。入明，生活一如其旧，洪武十五年（1382），以郡县举荐，明太祖召他赴京朝见，命赋钟山诗。稿既呈，其中一联，帝大喜，以手拍案高诵之。雅以为怒，惊死于墀下，扶出东华门始醒。准备擢用，以年老有病为由恳辞，获准还乡，洪武二十二年尚在世。元末与梁寅讲学于石门山中，两人志趣情操相近，晚年著力于诗，其诗气味冲澹，颇有自然之致。今存诗集《玉笥集》九卷。《玉笥集》传本较罕见，因之他长期为诗评家、诗选家所忽略。仅《元诗选·癸集》庚集下收入邓雅诗一首。《四库全书总目》认为邓雅之作"气味冲澹，颇有自然之致，究为不失雅音，与梁寅《石门集》体裁正复相近，宜其契分之深矣"。生平事迹见《元诗选·癸集》庚集下小传、《元诗纪事》卷二七。

拟古九首　其三

夷齐圣之清，天地钟间气。

仁哉让国心，忠矣谏伐意。

首阳虽饿死，万古终无愧。

俯仰怀高风，吁嗟劝来世。

16. 梁寅《食蕨》

梁寅（1303—1389），字孟敬，新喻（今江西省新余县）人。明初学者。元末累举不第，后征召为集庆路（治所在今江苏南京市）儒学训导，晚年结庐石门山，四方士多从学，称其为"梁五经"，著有《石门词》。

食蕨

薇蕨生固殊，类同若兄弟。

夷齐昔茹薇，蕨亦吾所嗜。

味非驼峰美，味非熊掌异。

但慕夷齐风，嗜此心不愧。

17. 张昱《夷齐采薇图》

张昱，字光弼，庐陵人。元末明初诗人，推崇诗坛盟主杨维桢。元朝时官至江浙行省左、右司员外郎、行枢密院判官。酒中曾笑曰："我死埋骨湖上，题曰诗人张员外墓足矣。"明时，太祖朱元璋招入京师，见其老迈，说："可闲矣！"厚赐遣还，因自号可闲老人。年八十三卒。

夷齐采薇图

死生旦暮理之常，休叹斯人饿首阳。

叩马数言虽不用，君臣大义凛如霜。

18. 乌斯道《山居杂言二首 其一》

乌斯道（约1367年前后在世），字继善，号春草，浙江慈溪人。洪武四年（1371）应征知奉化，后调江西永新令。十年（1377）乞休，民为之立两。长于诗文，精书法，小楷行草，各臻其妙。善画山水，苍劲秀远，在倪、黄之间，亦工写竹。

山居杂言二首 其一

登山采薇蕨，薇蕨正柔止。

朝行白云中，暮行清风里。

笔之充我肠，其味淡而美。

山翁笑相谓，子计殊晚矣。

19. 王世贞《杂诗六首 其六》《采薇操》等三首

王世贞（1526—1590），字符美，号凤洲，弇州山人，太仓（今属江苏）人。嘉靖进士，官至茵京刑部尚书。因其父为严嵩所害，曾作长诗《袁江流钤山冈》《太保歌》等，揭露严氏父子罪恶。与李攀龙同为后七子首领，主张散文唐以后勿论，诗采汉魏六朝与盛唐诸家，倡导复古模拟，在当时产生了不良影响。晚年主张稍有改变。对戏曲也有研究，所撰《艺苑卮盲》，是其文学观点的汇集，其中论述南北曲产生原因及其优劣，时有创见。一说传奇剧本《鸣凤记》也是他的作品。

杂诗六首　其六

采薇吴山阿，行行日将夕。

道逢羽衣子，授我药五色。

谓我当服之，与天无终极。

生趣久已沦，安能淹兹域。

饰申以待归，留者翻为客。

顾叹此寸心，千载谁当白。

采薇操

上山采薇，斧冰炊之。

旷荡八垠，顾瞻若縻。

何所非人，季昆是依。

达者互贤，曷救其非。

句吴之乡，彼髡庶几。

元驭学士于新观种花挑野菜前后戏呈得十二首　其七

野菜经春百味新，长镵一柄便周身。

首阳薇蕨元何限，始解夷齐未尽贫。

20. 蔡羽《采薇二首》

蔡羽（？—1541），南直隶苏州府吴县（今属江苏）人，明代文学家、书法家、书法理论家，"吴门十才子"之一。字九逵，因居江苏吴县洞庭西山，自号林屋山人，又称左虚子、消夏居士。乡试14次皆落第，由国子生授南京翰林孔目，好古文，师法先秦、两汉，自视甚高，所作洞庭诸记，欲与柳宗元争胜。善书法，长于楷、行，以秃笔取劲，姿尽骨全。

采薇二首

其一

采薇南山下，忽忆千里人。

岂无临歧言，一别今几春。

旧交容易新，新交容易亲。

缄书重复启，曲折情难陈。

勿陈逢彼怒，人心不逮故。

愿言秉子德，千秋爱贞素。

其二

采采中阿薇，终日不成束。

越乡无的音，日暮乱心曲。

饥乌啼我旁，忽复止渠屋。

延仁恶昼长，梦见恶夜促。

梦见犹平生，人言讵可凭。

去服一何馨，爱言藏新縢。

21. 翁方纲《题采薇图》

翁方纲（1733—1818），清代书法家、文学家、金石学家。字正三，一字忠叙，号覃溪，晚号苏斋。直隶大兴（今属北京）人，乾隆十七年进士，授编修。历督广东、江西、山东三省学政，官至内阁学士。精通金石、谱录、书画、辞章之学，书法与同时的刘墉、梁同书、王文治齐名。论诗创"肌理说"，著有《粤东金石略》《苏米斋兰亭考》《复初斋诗文集》等。

题采薇图

西山萧寥冰雪冷，

两人相对形与影。

蕨薇半筐孰记之，

万古此心长耿耿。

22. 金朝觐《和咏孤竹旧里元韵》

金朝觐，清朝嘉庆、道光年间东北文学的重要诗人。他用诗歌描绘了东北的自然风貌、人文风俗。金朝觐的山水诗歌既描写了东北和蜀地的美景，又蕴含了人生的感悟，不仅展现出诗人对美的关爱，也展现出诗人敏锐的思维，为清代东北文学的发展做出了贡献。著有《望海》《昆明湖》《阅江楼》《乌拉草三首》等。

和咏孤竹旧里元韵

何事当年扶义起，于心求所安而已。

采薇歌罢渺难寻，山上清风山下水。

23. 丘逢甲《山兰》等三首

丘逢甲（1864—1912），客家人，祖籍嘉应州镇平（今广东蕉岭），字仙根，又字吉甫，号蛰庵、仲阏、华严子，别署海东遗民、南武山人、仓海君。辛亥革命后以仓海为名。晚清爱国诗人、教育家、抗日保台志士。

山兰

序：东山之阳，幽芳茁焉。嗟呼！湘累沈矣，而九畹之艺杳然，世之以当门忌而锄之者多矣，毋惑抱香者之不为出山想也。爰被声律，用代琴操。

剑叶萋葳千仞冈，文琴声断到今藏。

洞天供养难为俗，香国逃名不愿王。

高士在山饶远志，佳人绝代抱幽芳。

九州地尽灵根露，早合寒薇共首阳。

重九日游长潭六首　其六

题注：长潭在镇平城西十五里所谓"长潭夜月"八景之一，乃石窟溪之北口。乙未稿，清光绪二十一年作

> 流水渺然去，陆来乃舟归。
> 此行非揽胜，清节怀采薇。
> 颇闻潭中景，印月生清辉。
> 何不乘夜游？酌酒临苔矶。
> 山高秋月小，松露凉琴徽。
> 此时发浩唱，独鹤秋空飞。
> 秋空苦积阴，此境安可希！
> 姑留不尽意，后会良非稀。
> 长歌归去来，菊香秋满衣。
> 孤棹出潭口，寒碧山四围。
> 城笳吹暮云，东峰下斜晖。

台湾竹枝词　其一

> 东宁西畔树降旗，六月天兴震叠师。
> 从此东周遗老尽，更无人赋采薇诗。

24. 阮偍《次东山偶忆兰溪渔者》

阮偍（1761—1805），字进甫，号省轩，别号文村居士。著名文人阮攸之兄。后黎朝景兴四十四年（1783年）举人，旋补侍内，官翰林院供奉使，签书枢密院事等职。及阮文惠灭黎，复仕西山朝，历官翰林院侍书、东阁大学士、兵部左奉护、中书省左同议等职。入阮朝后，屡被召留京城，不数年，受迫而卒。曾于清乾隆五十四年（1789）即景盛三年（清乾隆六十年，1795）两度担任乙副使一职出使清朝。有《桂轩甲乙集》《华程消遣集》。

次东山偶忆兰溪渔者

东鲁行车雨雪飞，偶怀闲客钓鱼矶。

二伦情谊心相合，十载穷通命每违。

不审役形当世事，何如拭目看时机。

首阳今日无人问，也任夷齐采尽薇。

二圣篇

1. 屈原《九章·橘颂》

屈原（约公元前339—278），战国时期楚国诗人、政治家。"楚辞"的创立者和代表者。屈原的作品有25篇，即《离骚》1篇，《天问》1篇，《九歌》11篇，《九章》9篇，《远游》《卜居》《渔父》各1篇。据《史记·屈原列传》司马迁语，还有《招魂》1篇。

九章 其八 橘颂

后皇嘉树，橘徕服兮。

受命不迁，生南国兮。

深固难徙，更壹志兮。

绿叶素荣，纷其可喜兮。

曾枝剡棘，圆果抟兮。

青黄杂糅，文章烂兮。

精色内白，类可任兮。

纷缊宜修，姱而不丑兮。

嗟尔幼志，有以异兮。

独立不迁，岂不可喜兮？

深固难徙，廓其无求兮。

苏世独立，横而不流兮。

闭心自慎，不终失过兮。

秉德无私，参天地兮。

愿岁并谢，与长友兮。

淑离不淫，梗其有理兮。

年岁虽少，可师长兮。

行比伯夷，置以为像兮。

2. 东方朔《嗟伯夷》

东方朔（生卒年不详），本姓张，字曼倩，西汉平原郡厌次县（今山东省德州市陵县）人。西汉时期著名的文学家。汉武帝即位，征四方士人。东方朔上书自荐，诏拜为郎。后任常侍郎、太中大夫等职。他性格诙谐，言辞敏捷，滑稽多智，常在武帝前谈笑取乐，他曾言政治得失，陈农战强国之计，但当时的皇帝始终把他当俳优看待，不以重用。东方朔一生著述甚丰，有《答客难》《非有先生论》的名篇。亦有后人假托其名作文。明人张溥汇为《东方太中集》。

嗟伯夷

穷隐处兮窟穴自藏。

与其随佞而得志兮。

不若从孤竹于首阳。

3. 吴隐之《酌贪泉赋诗》

吴隐之（？—414），字处默，东晋濮阳鄄城人，曾任中书侍郎，左卫将军，广州刺史等职，官至度支尚书，著名廉吏。

酌贪泉赋诗

古人云此水，一歃怀千金。

试使夷齐饮，终当不易心。

4. 阮瑀《作隐士诗》

阮瑀（约 165—212），字元瑜，陈留尉氏（今河南开封）人，汉魏文学家，建安七子之一。年轻时曾拜蔡邕为师。因得名师指点，文章写得十分精练，闻名于当时。相传曹操闻听阮瑀有才，为搜罗人才，召他做官，阮瑀不应，后曹操又多次派人召见，匆忙中阮瑀逃进深山。曹操不甘心，命人放火烧山，这才逼出阮瑀，勉强应召。所作章表书记很出色，当时军国书檄文字，多为阮瑀与陈琳所拟。名作有《为曹公作书与孙权》。诗有《驾出北郭门行》，描写孤儿受后母虐待的苦难遭遇，比较生动形象。明人辑有《阮元瑜集》。

作隐士诗

四皓隐南岳，老莱窜河滨。

颜回乐陋巷，许由安贱贫。

伯夷饿首阳，天下归其仁。

何患处贫苦，但当守明真。

5. 阮籍《咏怀诗十三首》

阮籍（210—263），三国时期魏诗人，字嗣宗，陈留（今属河南）尉氏人。竹林七贤之一，是建安七子之一阮瑀的儿子。曾任步兵校尉，世称阮步兵。崇奉老庄之学，政治上则采取谨慎避祸的态度。阮籍是"正始之音"的代表，著有《咏怀》《大人先生传》等，其著作收录在《阮籍集》中。

咏怀诗十三首

其一

我徂北林，游彼河滨。

仰攀瑶干，俯视素纶。

隐凤栖翼，潜龙跃鳞。

幽光韬影，体化应神。

君子迈德，处约思纯。

货殖招讥，箪瓢称仁。

夷叔采薇，清高远震。

齐景千驷，为此埃尘。

嗟尔后进，茂兹人伦。

荜门圭窦，谓之道真。

咏怀

步出上东门，北望首阳岑。

下有采薇士，上有嘉树林。

良辰在何许，凝霜沾衣襟。

寒风振山冈，玄云起重阴。

鸣雁飞南征，鹍鸡发哀音。

素质游商声，凄怆伤我心。

咏怀

朝出上东门，遥望首阳基。

松柏郁森沉，鹂黄相与嬉。

逍遥九曲间，徘徊欲何之。

念我平居时，郁然思妖姬。

6. 曹操《度关山》等二首

曹操（155－220 年 3 月 15 日），字孟德，一名吉利，小字阿瞒，沛国谯县（今安徽亳州）人，汉族。东汉末年杰出的政治家、军事家、文学家、书法家，三国中曹魏政权的缔造者。曹操精兵法，善诗歌，抒发自己的政治抱负，并反映汉末人民的苦难生活，气魄雄伟，慷慨悲凉；散文亦清峻整洁，开启并繁荣了建安文学，给后人留下了宝贵的精神财富，史称建安风骨。鲁迅评价其为"改造文章的祖师"。同时曹操也擅长书法，尤工章草，唐朝张怀瓘在《书断》中评其为"妙品"。

度关山

天地间，人为贵。

立君牧民，为之轨则。

车辙马迹，经纬四极。

黜陟幽明，黎庶繁息。

於铄贤圣，总统邦域。

封建五爵，井田刑狱。

有燔丹书，无普赦赎。

皋陶甫侯，何有失职？

嗟哉后世，改制易律。

劳民为君，役赋其力。

舜漆食器，畔者十国，

不及唐尧，采椽不斫。

世叹伯夷，欲以厉俗。

侈恶之大，俭为共德。

许由推让，岂有讼曲？

兼爱尚同，疏者为戚。

善哉行

古公亶甫，积德垂仁。

思弘一道，哲王于豳。

太伯仲雍，王德之仁。

行施百世，断发文身。

伯夷叔齐，古之遗贤。

让国不用，饿殂首山。

智哉山甫，相彼宣王。

何用杜伯，累我圣贤。

齐桓之霸，赖得仲父。

后任竖刁，虫流出户。

晏子平仲，积德兼仁。

与世沈德，未必思命。

仲尼之世，主国为君。

随制饮酒，扬波使臣。

7. 陶潜《读史述九章·夷齐》

陶渊明（352 或 365—427），字元亮，又名潜，私谥"靖节"，世称靖节先生。浔阳柴桑人。东晋末至南朝宋初期伟大的诗人、辞赋家。曾任江州祭酒、建威参军、镇军参军、彭泽县令等职，最末一次出仕为彭泽县令，八十多天便弃职而去，从此归隐田园。他是中国第一位田园诗人，被称为"古今隐逸诗人之宗"，有《陶渊明集》。

读史述九章·夷齐

二子让国，相将海隅。

天人革命，绝景穷居。

采薇高歌，慨想黄虞。

贞风凌俗，爰感懦夫。

8. 卢思道《仰赠特进阳休之诗》

卢思道（531 年—582），字子行，北朝隋之际诗人，范阳（今河北涿州）人。年轻时师事"北朝三才"之一邢劭（字子才），以才学重于当时，仕于北齐。齐宣王卒，朝臣各作挽歌 10 首，择善者用之，思道十得其八，时称"八米卢郎"。北齐末待诏文林馆。北周灭齐后入长安，官至散骑侍郎，隋开皇元年卒。

仰赠特进阳休之诗　其六

闻风伯夷，懦夫自立。

祖道疏傅，行人陨泣。

公之戾止，僚友胥集。

瞻彼高山，每怀靡及。

9. 白居易《效陶潜体诗十六首》

白居易（772—846），字乐天，号香山居士，又号醉吟先生，祖籍
太原，到其曾祖父时迁居下邽，生于河南新郑。为躲避徐州战乱，白
居易得以在宿州符离度过了童年时光。是唐代伟大的现实主义诗人，
唐代三大诗人之一。白居易与元稹共同倡导新乐府运动，世称"元
白"，与刘禹锡并称"刘白"。白居易的诗歌题材广泛，形式多样，语
言平易通俗，有"诗魔"和"诗王"之称。官至翰林学士、左赞善大
夫。公元 846 年，白居易在洛阳逝世，葬于香山。有《白氏长庆集》
传世，代表诗作有《长恨歌》《卖炭翁》《琵琶行》等。

效陶潜体诗十六首　其十六

济水澄而洁，河水浑而黄。

交流列四渎，清浊不相伤。

太公战牧野，伯夷饿首阳。

同时号贤圣，进退不相妨。

谓天不爱民，胡为生稻粱。

谓天果爱民，胡为生豺狼。

谓神福善人，孔圣竟栖遑。

谓神祸淫人，暴秦终霸王。

颜回与黄宪，何辜早夭亡。

蝮蛇与鸩鸟，何得寿延长。

物理不可测，神道亦难量。

举头仰问天，天色但苍苍。

唯当多种黍，日醉手中觞。

10. 吴筠《高士咏》

吴筠，字贞节，一作正节，唐朝华州华阴（今陕西华阴县）人。

性高鲠，少举儒子业，进士落第后隐居南阳倚帝山。天宝初召至京师，请隶入道门。后入嵩山，师从道教上清派法主潘师正，受授上清经法。与当时文士李白等交往甚密。玄宗多次征召，应对皆名教世务，并以微言讽帝，深蒙赏赐。后被高力士谮言所伤，固辞还山。东游至茅山，大历十三年（778）卒于剡中，弟子私谥"宗元先生"。

高士咏其七·伯夷叔齐

夷齐互崇让，弃国从所钦。

聿来及宗周，乃复非其心。

世浊不可处，冰清首阳岑。

采薇咏羲农，高义越古今。

11. 岑参《东归晚次潼关怀古》

岑参（约715—770），唐代边塞诗人，南阳人，太宗时功臣岑文本重孙，后徙居江陵。岑参早岁孤贫，从兄就读，遍览史籍。天宝三载（744）进士。初为率府兵曹参军。后两次从军边塞，先在安西节度使高仙芝幕府掌书记；天宝末年，封常清为安西北庭节度使时，为其幕府判官。代宗时，曾官嘉州刺史，世称岑嘉州。大历五年（770）卒于成都。

岑参工诗，长于七言歌行，代表作是《白雪歌送武判官归京》。现存诗360首。对边塞风光、军旅生活以及少数民族的文化风俗有亲切的感受，故其边塞诗尤多佳作。风格与高适相近，后人多并称"高岑"。有《岑参集》十卷，已佚。今有《岑嘉州集》七卷（或为八卷）行世。《全唐诗》编诗四卷。

东归晚次潼关怀古

暮春别乡树，晚景低津楼。

伯夷在首阳，欲往无轻舟。

遂登关城望，下见洪河流。

自从巨灵开，流血千万秋。

行行潘生赋，赫赫曹公谋。

川上多往事，凄凉满空洲。

12. 李白《杂曲歌辞·少年子》等二首

李白（701 年 2 月 8 日—762 年 12 月），字太白，号青莲居士，又号"谪仙人"，是唐代伟大的浪漫主义诗人，被后人誉为"诗仙"。有《李太白集》传世，代表作有《望庐山瀑布》《行路难》《蜀道难》《将进酒》《梁甫吟》《早发白帝城》等多首。

杂曲歌辞·少年子

青云少年子，挟弹章台左。
鞍马四边开，突如流星过。
金丸落飞鸟，夜入琼楼卧。
夷齐是何人，独守西山饿。

上留田行

行至上留田，孤坟何峥嵘。
积此万古恨，春草不复生。
悲风四边来，肠断白杨声。
借问谁家地，埋没蒿里茔。
古老向余言，言是上留田，
蓬科马鬣今已平。
昔之弟死兄不葬，他人于此举铭旌。
一鸟死，百鸟鸣；一兽死，百兽惊。
桓山之禽别离苦，欲去回翔不能征。
田氏仓卒骨肉分，青天白日摧紫荆。
交柯之木本同形，东枝憔悴西枝荣。
无心之物尚如此，参商胡乃寻天兵。
孤竹延陵，让国扬名；
高风缅邈，颓波激清。
尺布之谣，塞耳不能听。

13. 徐寅《逐臭苍蝇》

徐寅,字昭梦,福建莆田人。登乾宁进士第,授秘书省正字。依王审知,礼待简略,遂拂衣去,归隐延寿溪(现留于绥溪公园,系莆田二十四景之一)。著有《探龙》《钓矶》二集,诗265首。

逐臭苍蝇

逐臭苍蝇岂有为,清蝉吟露最高奇。

多藏苟得何名富,饱食嗟来未胜饥。

穷寂不妨延寿考,贪狂总待算毫釐。

首阳山翠千年在,好奠冰壶吊伯夷。

14. 卢仝《扬州送伯龄过江》

卢仝(795—835),唐代诗人,汉族,"初唐四杰"之一卢照邻的嫡系子孙。祖籍范阳(今河北省涿州市),生于河南济源市武山镇(今思礼村),早年隐少室山,自号玉川子。他刻苦读书,博览经史,工诗精文,不愿仕进。后迁居洛阳。家境贫困,仅破屋数间。但他刻苦读书,家中图书满架。仝性格狷介,颇类孟郊;但其狷介之性中更有一种雄豪之气,又近似韩愈。是韩孟诗派重要人物之一。

扬州送伯龄过江

伯龄不厌山,山不养伯龄。

松颠有樵堕,石上无禾生。

不忍六尺躯,遂作东南行。

诸侯尽食肉,壮气吞八纮。

不唧溜钝汉,何由通姓名。

夷齐饿死日,武王称圣明。

节义士枉死,何异鸿毛轻。

努力事干谒,我心终不平。

勿谓贤者喻,勿谓愚者规。

伊吕代封爵,夷齐终身饥。

彼曲既在斯,我正实在兹。

泾流合渭流，清浊各自持。

天令设四时，荣衰有常期。

荣合随时荣，衰合随时衰。

天令既不从，甚不敬天时。

松乃不臣木，青青独何为。

15. 周昙《三代门　夷齐》

周昙，生卒年不详，籍贯未详。唐代诗人。唐末曾任国子直讲。著有《咏史诗》八卷，今台湾省"中央图书馆"有影宋抄本《经进周昙咏史诗》三卷。《全唐诗》将其编为二卷，共195首，这种形式与规模的组诗在中国文学史上颇为罕见。

三代门　夷齐

让国由衷义亦乖，不知天命匹夫才。

将除暴虐诚能阻，何异崎岖助纣来。

16. 魏野《寓兴》

魏野（960—1019），字仲先，号草堂居士，北宋诗人。他原为蜀地人，后迁居陕州（今河南陕县）。诗效法姚合、贾岛，苦力求工；但诗风清淡朴实，并没有艰涩苦瘦的不足。他一生清贫，却又不随波逐流，为后人称道。代表诗作有《寻隐者不遇》等。

寓兴

伯夷非好饿，展禽非好黜。

圣人不私己，动为万世则。

夷齐苟就禄，贼乱何由窒。

展禽苟便去，何人肯佐国。

其迹则有殊，其道万为一。

17. 释智圆《读史》

释智圆（976—1022），字无外，自号中庸子，又称潜夫，天台宗山外派的著名学者。宋乾兴元年（1022 年），智圆浙世，年仅 47 岁。

读史

我爱包胥哭，一哭救楚国。

事君尽其忠，垂名千世则。

我爱鲁连笑，一笑却秦军。

折冲樽俎间，流芳至今闻。

我爱伯夷仁，揖让持其身。

饿死首阳下，耻事干戈君。

后世窥窃辈，故非姬发伦。

内藏篡弑谋，外蹑武王尘。

伯夷若不去，名教胡以伸。

后人非三贤，细碎何足云。

哭叹禄位卑，笑喜膏粱珍。

山林亦寒饿，行怪非求仁。

留心寡兼济，所谋惟一身。

抚书想三贤，清风千古振。

18. 杜衍《远蒙运使度支以资政范公所寄黄素小字韩文公伯夷颂许昌文公淮西富公题诗于后才翁复缀雅什兼寄长安晏公公亦有作衍久兹休退人事仅废不意雅故未遗悉以副本为贶俾愚继之对此怔忪既感且愧率成拙句奉呈敢言亦骥之乘聊为续貂之比耳》

杜衍（978—1057），字世昌，北宋大臣。越州山阴（今浙江绍兴）人。大中祥符元年进士。历仕州郡，以善辨狱闻。宋仁宗特召为御史中丞，兼判吏部流内铨，改知审官院。庆历三年任枢密使，次年拜同平章事，为相百日而罢，出知兖州。以太子少师致仕，封祁国公，谥正献。

远蒙运使度支以资政范公所寄黄素小字韩文公伯夷颂许昌文公淮西富公题诗于后才翁复缀雅什兼寄长安晏公公亦有作衍久兹休退人事仅废不意雅故未遗悉以副本为贶俾

愚继之对此怔忪既感且愧率成拙句奉呈敢言亦骥之乘聊为
续貂之比耳

> 希文健笔钞韩文，文为首阳山下人。
> 宁止一言旌义士，欲教万古劝忠臣。
> 颂声益与英声远，事迹还随墨迹新。
> 当世宗工复题咏，尤宜率土尽书绅。

19. 梅尧臣《和普公赋东园清心堂》

梅尧臣（1002—1060），字圣俞，汉族，宣州宣城（今属安徽）人。北宋著名现实主义诗人，世称宛陵先生。梅询从子。初以恩荫补桐城主簿，历镇安军节度判官。于皇祐三年（1051）始得宋仁宗召试，赐同进士出身，为太常博士。以欧阳修荐，为国子监直讲，累迁尚书都官员外郎，故世称"梅直讲""梅都官"。嘉祐五年（1060）卒，年五十九。梅尧臣少即能诗，与苏舜钦齐名，时号"苏梅"，又与欧阳修并称"欧梅"。为诗主张写实，反对西昆体，所作力求平淡、含蓄，被称为宋诗的"开山祖师"。曾参与编撰《新唐书》，并为《孙子兵法》作注。另有《宛陵先生集》60 卷、《毛诗小传》等。

和普公赋东园清心堂

> 寂寞外物乱，境清心亦清。
> 彼皆居深谷，此独处重城。
> 夷齐食薇蕨，千古首阳名。

20. 韩绛《跋文正公手书伯夷颂墨迹》

韩绛（1012—1088），字子华，开封雍丘（今河南杞县）人，韩亿第三子。宋仁宗（1023—1063）庆历二年（1042）高中进士甲科第三名探花（榜眼是王珪，第四名是王安石），除太子中允、通判陈州。历户部判官，擢右正言、知制诰，迁龙图阁直学士、翰林学士、御史中丞。元祐二年（1087），以司空、检校太尉致仕。三年卒，年七十七，谥"献肃"。

跋文正公手书伯夷颂墨迹

高贤忠义古今同，手笔遗编法甚工。

宝轴传家当不朽，追怀余思凛生风。

21. 张耒《感遇》

张耒，北宋文学家，擅长诗词，为苏门四学士之一。早年游学于陈，学官苏辙重爱，从学于苏轼，苏轼说他的文章类似苏辙，汪洋淡泊。其诗学白居易、张籍，多反映下层人民的生活以及自己的生活感受，风格平易晓畅。著作有《柯山集》50 卷、《拾遗》12 卷、《续拾遗》1 卷。

感遇

周王仗黄钺，自谓将天威。

孤竹两君子，采薇旁笑之。

岂徒惊世俗，趋死乃如归。

周衰楚蒙吏，快辩多文词。

高言毁二子，至与盗跖齐。

夷齐固齐圣，于道岂无知。

轻身立世教，争夺尚如斯。

22. 强至《伯夷诗》

强至（1022—1076），字几圣，杭州（今属浙江）人。仁宗庆历六年（1046）进士，充泗州司理参军，历官浦江、东阳、元城令。英宗治平四年（1067），韩琦聘为主管机宜文字，后在韩幕府六年。熙宁五年（1072），召判户部勾院、群牧判官。熙宁九年（1076），迁祠部郎中、三司户部判官。不久卒。其子强浚明收集其遗文，编《祠部集》40 卷，曾巩为之序，已佚。

伯夷诗

昔纣为不道，毒心无生灵。

四海如在鼎，谁能救将烹。

周武从天人，戎衣举仁兵。

伯夷独何为，乃谏不听行。

纣徒久厌主，一朝倒戈迎。

天下既宗周，大册书武成。

夷义愈为耻，宁死弗苟生。

周粟恶不食，双目且饿瞑。

纣无王者实，徒有王者名。

虽曰臣伐君，纣德匹夫轻。

吁夷岂不知，意在销奸萌。

23. 刘敞《咏古诗》等四首

刘敞（1019—1068），北宋史学家、经学家、散文家。字原父，一作原甫，临江新喻（今江西新余）人。庆历六年与弟刘攽同科进士，以大理评事通判蔡州，后官至集贤院学士。刘敞学识渊博，欧阳修说他"自六经百氏古今传记，下至天文、地理、卜医、数术、浮屠、老庄之说，无所不通；其为文章尤敏赡"，与弟刘攽合称为北宋二刘，著有《公是集》。

咏古诗

赵国弃鸣犊，孔圣为之回。

西伯善养老，伯夷以为归。

驰驱西楚郊，徘徊太皞墟。

周汉多封君，不祀既忽诸。

三坟基皇德，八索总道枢。

若人岂欺我，虞夏亦典谟。

万里如浮云，古风讫无余。

往矣不可追，喟然为踌躇。

杂诗其一

伯夷逃西山，尼父居九夷。

世苟不我用，我方从此辞。

道悠岂忌远，义丰不云饥。

世非乏贤士，为问从者谁。

由也实好勇，叔齐固同时。

舍此乃无人，籧篨而戚施。

远矣千岁后，怆焉我心悲。

杂诗其二

凿井取泉饮，上山采薇食。

岂不信憔悴，所愿皆我力。

泉也非难致，薇也亦易得。

志士耻徒饱，众人苟所获。

牺牲畏刍拳，樊笼害羽翼。

悟理宜在早，无为晚更惑。

瑞竹

耸节偶相并，雪霜终不迷。

应将古人比，孤竹有夷齐。

24. 苏泂《次韵古梅》等二首

苏泂，字召叟，山阴人。生卒年均不详，约宋宁宗庆元末前后在世。少从其祖游宦入蜀，长而落拓走四方。曾再入建康幕府。从陆游学诗。与之唱和者，有辛弃疾、刘过、王柟、潘柽、赵师秀、周文璞、姜夔、葛天民等，皆一时名士。著有《泠然斋集》20 卷，诗集 1 卷。

次韵古梅

独立枝南万事非，岁寒引去合知几。

伯夷自信西山饿，公望何须东海归。

笛外数声空入梦，江头一树忽斜晖。

相看有愧垂垂老，莫遣无端片片飞。

松桂堂

伯夷能使鄙夫宽，此老传家不在官。

魂梦犹能教儿息，九原风节更高寒。

25. 唐庚《哀贤》

唐庚（1070—1120），字子西，人称鲁国先生。眉州丹棱唐河乡（今属四川省眉山市丹棱县）人。北宋诗人。宋哲宗绍圣（1094）进士（清光绪《丹棱县志》卷六），宋徽宗大观中为宗子博士。经宰相张商英推荐，授提举京畿常平。张商英罢相，唐庚亦被贬，谪居惠州。后遇赦北归，复官承议郎，提举上清太平宫，后于返蜀道中病逝。

哀贤

仁庙乃文考，裕陵真武王。

先帝几于成，主上贤于康。

时亦有二子，采薇登首阳。

其一犹行歌，其一今云亡。

功在百世外，懦夫心胆张。

齐侯但多马，名灭身未僵。

26. 方岳《双头兰》等二首

方岳（1199—1262），南宋诗人、词人。字巨山，号秋崖。祁门（今属安徽）人。绍定五年（1232）进士，授淮东安抚司使官。淳祐中，以工部郎官充任赵葵淮南幕中参议官，后调知南康军。后因触犯湖广总领贾似道，被移治邵武军。后知袁州，因得罪权贵丁大全，被弹劾罢官。后复被起用知抚州，又因与贾似道的旧嫌而取消任命。

双头兰

夷齐首阳饿，宇宙难弟兄。

同心倚雪厓，世外一羽轻。

紫茎孕双苗，岂有儿女情。

贤哉二丈夫，万古离骚情。

湘源庄舍

馋虎过新蹄，怒狸争旧穴。

悲哉两翁姥，西山采薇蕨。

27. 王十朋《伯夷》

王十朋（1112—1171），字龟龄，号梅溪，生于乐清四都左原（今浙江省乐清市）梅溪村。南宋著名政治家、诗人，爱国名臣。绍兴二十七年（1157）他以"揽权"中兴为对，中进士第一，被擢为状元。官秘书郎。卒谥忠文。有《梅溪集》等。

伯夷

避纣穷居北海滨，归来端为有仁人。

武王不听车前谏，饿死西山志亦伸。

28. 姜特立《啖笋》

姜特立（生卒年代不详）字邦杰，浙江丽水人。以父恩补承信郎。淳熙中（公元1181年左右）累迁福建兵马副都监；擒海贼姜大獠。赵汝愚荐于朝，召见，献诗百篇。除阁门舍人，充太子宫左右春坊。太子即位，除知阁门事。恃恩纵恣，遂夺职。帝颇念旧，复除浙东马步军副总管。宁宗时，官终庆远军节度使。特立工于诗，意境超旷。作有《梅山稿》六卷，续稿十五卷，《直斋书录解题》行于世。

啖笋

自从孤竹夷齐死，清节何人萃一门。

惟有此君无俗韵，至今风味属诸孙。

29. 王称《感寓》其七等二首

王称，也写作王偁，字季平。南宋眉州（今四川眉山市）人。庆元间（1195—1200）为吏部郎中。后任承政郎，龙州知州，最后官至直秘阁。

感寓
其七

驱车首阳下，望古怀清芬。

斯人久已化，令名今尚存。

让国就伦命，杀身以成仁。

如何有千驷，寂寞身无闻。

拟古九首
其三

夷齐圣之清，天地钟间气。

仁哉让国心，忠矣谏伐意。

首阳虽饿死，万古终无愧。

俯仰怀高风，吁嗟劝来世。

30. 许及之《题有竹轩》

许及之（？—1209），字深甫，温州永嘉（今浙江温州）人。孝宗隆兴元年（1163）进士。淳熙七年（1180）知袁州分宜县。以荐除诸军审计，迁宗正簿。十五年，为拾遗。光宗受禅，除军器监、迁太常少卿，以言者罢。绍熙元年除淮南东路运判兼提刑，以事贬知庐州。召除大理少卿。宁宗即位，除吏部尚书兼给事中。以谄事韩侂胄，嘉泰二年拜参知政事，进知枢密院兼参政。嘉定二年卒。有文集三十卷及《涉斋课藁》九卷（《宋史·艺文志》），已佚。

题有竹轩

家世岂孤竹，夷齐真二难。

清风与直节，一一耸高寒。

31. 刘克庄《杂咏伯夷》等六首

刘克庄（1187—1269 年），初名灼，字潜夫，号后村，莆田县人，初为靖安主簿，后长期游幕于江、浙、闽、广等地。诗属江湖派，作品数量丰富，内容开阔，多言谈时政，反映民生之作，早年学晚唐体，晚年诗风趋向江西派。词深受辛弃疾影响，多豪放之作，散文化、议论化倾向也较突出。有《后村先生大全集》。程章灿《刘克庄年谱》对其行迹有较详细考证，侯体健《刘克庄的文学世界》展现了其文学创作各个方面，探索精微。

杂咏伯夷

木主来西土，檀车济孟津。

只应千万世，瞻仰首阳人。

叙伦五言

季历并公旦，均为未尽伦。

吾评千万世，两个采薇人。

夜读传灯杂书六言

悠然东篱把菊，登彼西山采薇。

重华去我已久，神农没矣安归。

竹溪再和余亦再作

掇英可以忘忧，采薇可以求仁。

忙杀遮西日客，愧死攫白昼人。

离郡五绝

赫赫戎衣定，区区扣马非。

如何孤竹子，嫌粟不嫌薇。

盘龙栾大

豪杰争鹅炙，神仙食马肝。

岂知有薇蕨，布满首阳山。

32. 郑思肖《夷齐西山图》等二首

郑思肖（1241—1318），宋末诗人、画家，连江（今属福建）人。原名不详，宋亡后改名思肖，因肖是宋朝国姓赵的组成部分。字忆翁，表示不忘故国；号所南，日常坐卧，要向南背北。亦自称菊山后人、景定诗人、三外野人、三外老夫等。曾以太学上舍生应博学鸿词试。郑思肖擅长作墨兰，花叶萧疏而不画根土，意寓宋土地已被掠夺。有诗集《心史》《郑所南先生文集》《所南翁一百二十图诗集》等。

夷齐西山图

扣马痴心谏不休，既拼一死百无忧。

因何留得首阳在，只说商家不说周。

苦怀其二

滔滔流波澜，百川俱颓靡。

竞美吕望贵，独欠伯夷死。

小恩尚思报，大义反忘耻。

国家三百年，果何负于尔。

33. 刘攽《杂诗其二》

刘攽（1023—1089），北宋史学家，刘敞之弟。字贡夫，一作贡父、赣父，号公非。临江新喻荻斜（今属江西樟树）人。庆历进士，历任曹州、兖州、亳州、蔡州知州，官至中书舍人。一生潜心史学，治学严谨。助司马光纂修《资治通鉴》，充任副主编，负责汉史部分，著有《东汉刊误》。

杂诗其二

伯夷饿首阳，太公封营丘。

同时海滨人，将老归西周。

世故莽难量，后王异前修。

徒让千乘邦，不如畜阴谋。

良知命分然，何怨复何尤。

尘埃采薇诗，益使夸者羞。

自兹奸雄人，日日希公侯。

34. 文天祥《无题》等二首

文天祥（1236—1283），字宋瑞，又字履善，号文山，南宋庐陵（今吉安）人。抗击侵略的伟大民族英雄。历任签书宁海军节度判官厅公事、刑部郎官、江西提刑、尚书左司郎官、湖南提刑、知赣州等职。

无题

张元帅谓予国已亡矣杀身以忠谁复书之予谓商非不亡夷齐自不食周粟人臣自尽其心岂论书与不书张为改容因成一诗

高人名若浼，烈士死如归。

智灭犹吞炭，商亡正采薇。

岂因徼后福，其肯蹈危机。

万古春秋义，悠悠双泪挥。

和夷齐西山歌

（一）

彼美人兮，西山之薇矣。

北方之人兮，为吾是非矣。

异域长绝兮，不复归矣。

凤不至兮，德之衰矣。

(二)

小雅尽废兮，出车采薇矣。

戎有中国兮，人类熄矣。

明王不兴兮，吾谁与归矣。

抱春秋以没世兮，甚矣吾衰矣。

35. 舒岳祥《伯夷》等二首

舒岳祥，幼年聪慧，7 岁能做古文，语出惊人。晚年潜心于诗文创作，虽战乱频繁，颠沛流离，仍奋笔不辍。诗文与王应麟齐名。1256 年中进士，授奉化尉。

伯夷

四海归周莫不臣，首阳山下饿夫身。

清风万古何曾死，愧死当时食粟人。

伯夷

士如圭璋，自然廉隅。

一日无耻，不可以居。

上帝降衷，毁败是虞。

迁史作传，爰首饿夫。

36. 王禹偁《读史记列传》

王禹偁（954—1001），北宋白体诗人、散文家。字符之，济州巨野（今山东省巨野县）人。太平兴国八年进士，历任右拾遗、左司谏、知制诰、翰林学士。敢于直言讽谏，因此屡受贬谪。宋真宗即位，召还，复知制诰。后贬至黄州，故世称王黄州，后又迁蕲州病死。王禹偁为北宋诗文革新运动的先驱，文学韩愈、柳宗元，诗崇杜甫、白居易，多反映社会现实，风格清新平易。词仅存一首，反映了作者积极用世的政治抱负，著有《小畜集》。

读史记列传

西山薇蕨蜀山铜，可见夷齐与邓通。

佞倖圣贤俱饿死，若无史笔等头空。

37. 傅梦得《读夷齐传》

傅梦得（1215—1257），字崇甫，今江西省进贤县人。"少长，纳之义方"，父亲在几百里外的临江新淦（今江西新干县）当小官，自己在家跟从伯父生活，且"尤工笔法"有"仿佛晋宋间"之气象。他虽没有科考背景，平生也没有出仕，只是尽守孝道，知书达礼，为父亲尽师训之责。一直过着"优哉游哉，与诗会友"的隐士生活。

读夷齐传

要使清风激懦顽，饿夫宁死首阳山。

当年若食周家粟，未必名垂万古间。

38. 陈耆卿《夷齐咏》

陈耆卿，字寿老，号筼窗，台州临海人。生卒年均不详，约宋理宗宝庆初前后在世。受学于叶适，为适所倾服。嘉定七年（1214）登进士。十一年，尝为青田县主簿。十三年，为庆元府府学教授。官到国子监司业。耆卿著有《筼窗初集》三十卷，续集三十八卷，《郡斋读书附志》以有论孟记蒙、赤城志等，并传于世。

夷齐咏

商道昔波荡，周王网九围。

二子如冥鸿，翩然独高飞。

周粟固可耻，薇亦周之薇。

云胡挟孤愤，了不悟众诽。

天地有正气，日月无斜晖。

惜哉权一字，谬误无已时。

39. 邓文原《伯夷颂》

邓文原，人称邓巴西、素履先生，迁寓浙江杭州。又因绵州古属巴西郡，人称邓文原为"邓巴西"。历官江浙儒学提举、江南浙西道肃政廉访司事、集贤直学士兼国子监祭酒、翰林侍讲学士，卒谥文肃。其政绩卓著，为一代廉吏，其文章出众，也堪称元初文坛泰斗，《元史》有传。著述有《巴西文集》《内制集》《素履斋稿》等。擅行、草书，传世书迹有《临急就章卷》等。元代的邓文原与赵孟頫、鲜于枢齐名，号称元初三大书法家，邓文原尤以擅章草而闻名。

伯夷颂

心田垂世远，手泽历年殊。

谁购山阴叙，真还合浦珠。

身惟名不朽，书与道同符。

诸老珍题在，犹堪立懦夫。

40. 方回《范文正公楷书昌黎伯夷颂平江李使君信之久藏真本以归文正远孙族长士贵祠以少牢复其家》

方回（1227—1305），汉族，徽州歙县（今属安徽）人。元朝诗人、诗论家。字万里，别号虚谷。

范文正公楷书昌黎伯夷颂平江李使君信之久藏真本以归文正远孙族长士贵祠以少牢复其家

班固人表吾尝疑，第一武王二伯夷。

我谓伯夷可第一，武未尽善宜二之。

退之第一唐文人，希文第一宋辅臣。

韩为夷颂范为写，三绝谁为什袭珍。

星奎运蹢三百年，皇祐庆历诸钜贤。

逮至渡江乾淳后，珠题玉跋盈长篇。

范氏衮衮饶公侯，幽州梧州至苏州。

行军元昊惊破胆，义庄睦族春复秋。

子子孙孙居吴中，指李后人今黄龚。

锦囊偶贮此三绝，燕香夜寒吐长虹。

衮衣绣衣观且夸，故国乔木兴咨嗟。

大尹不吝归赵璧，祠以少牢复其家。

提学翰林索我诗，肯捐此宝真复奇。

授者良难受者易，即此可刊遗爱碑。

41. 陈普《咏史（上）·尚父伯夷》

陈普，字尚德，号惧斋，世称石堂先生。南宋淳祐四年（1244）生于宁德二十都石堂（今属蕉城区虎贝）。南宋著名教育家、理学家，其铸刻漏壶为世界最早钟表之雏形。

咏史（上）·尚父伯夷

春来秋叶在枯枝，底用端著更拂龟。

二老东来元并辔，马前何害不相知。

42. 契玉立《公所书伯夷颂卷敬题范文正尾》等二首

契玉立（约1331年前后在世），字世玉，其先回纥人，居契辇河上，因以契为氏。生卒年均不详。延祐进士。至正中，为泉州路达鲁花赤，考求图志，搜访旧闻，成《清源续志》二十卷。后迁海南道肃政谦访使。玉立工诗，著有世玉集《元诗选》传于世。

公所书伯夷颂卷敬题范文正尾

文正千年士，精忠凛不亡。

勋名山岳重，翰墨日星光。

乔木参天古，幽兰叠砌芳。

我来拜祠下，端欲濯沧浪。

吉州道中三首　其三

涧壑昂藏郁翠松，半空清响伯夷风。

顽廉懦立知谁听，夜雪深关骤玉骢。

43. 干文传《敬题范文正公所书伯夷颂卷尾》

干文传（1276—1353），字寿道，号仁里，晚号止斋，平江（今江苏苏州）人。先世以武弁入官，父干雷龙始以文易武。10 岁能属文，用荐为吴及金坛两县学教谕，后长饶州慈湖书院。延祐二年（1315）登进士第，授昌国州同知，历长洲、乌程两县尹，升婺源、吴江知州。至正三年（1343）召入朝，预修《宋史》，书成，授集贤待制，不久以嘉议大夫、礼部尚书致仕。干文传长于政事，其治行往往为诸州县之最，有古循吏之风。韩伯高廉访浙西，曾作《乌程谣》以纪其绩。喜接引后进，考试江浙、江西乡闱，所取士后多知名。为文务雅正，不事浮藻。《元诗选·三集》录其诗 5 首，题《仁里漫稿》。生平事迹见《元史》卷一八五、《元诗选·三集》小传、《元史类编》卷二七、《元书》卷九O 等。

敬题范文正公所书伯夷颂卷尾

孤竹身为百世师，范公手染退之辞。

不知青社挥毫日，得似天章论道时。

44. 汪泽民《敬题范文正公所书伯夷颂卷尾》

汪泽民（1273—1355），字叔志，徽之婺源州人。生于元世祖至元十年，卒于惠宗至正十五年，年83 岁。

敬题范文正公所书伯夷颂卷尾

青青首阳薇，皎皎孤竹子。

求仁亦何怨，清风千万祀。

昌黎述玄圣，雄文剧颂美。

伟哉青社书，感激有深旨。

列宿丽寒旻，群鸿戏秋水。

李侯信卓荦，不惜百金市。

分符守吴会，开缄授云耳。

故物传卫公，遗璧归孔氏。

一玩三叹息，当思继前轨。

45. 胡长孺《题范文正公书伯夷颂后二首》

胡长孺（1249—1323），一作艮儒，字汲仲，号石塘，婺州永康人。生于淳祐九年，卒于英宗至治三年，终年75岁。咸淳中从外舅徐道隆入蜀，铨试第一名。授迪功郎，监重庆府酒务，拜福宁州倅。宋亡，退栖永康山中。至元二十五年（1288）下诏求贤，有司强之，拜集贤修撰舆宰相，议不合，改扬州教授。至大元年（1308）转台州路宁海县主簿。延祐元年，转两浙都转运盐使，司长山场盐司丞，以病辞后，不复仕，隐杭州虎林山以终。门人私谥纯节先生。

题范文正公书伯夷颂后其一

名并日星真细事，义参天地在彝伦。

寥寥千古空遗迹，薇满西山意自春。

题范文正公书伯夷颂后其二

伯夷清节韩公颂，范老银钩韩子传。

屋壁遗书还孔氏，谁人得似使君贤？

46. 胡助《敬题范文正公所书伯夷颂卷尾》

胡助（1278—1355），字履信，一字古愚，自号纯白老人，婺州东阳人（今东阳市南马镇东湖村）。始举茂才，为建康路儒学学录，历美化书院山长、温州路儒学教授，两度为翰林国史院编修官，三为河南山东燕南乡试考官，秩满授承事郎太常博士致仕。著有《纯白斋类稿》30卷，《四库全书》有录。

敬题范文正公所书伯夷颂卷尾

翰墨尝托文章传，文章益重节义全。

使无节义照今古，文章翰墨空婵娟。

特立独行不顾众，万世标准权亦用。

吏部雄文破鬼胆，为渠唤醒西山梦。

范公相望余千龄，人物自与皋夔并。

黄素细书《伯夷颂》，白头不草《太玄经》。

一字千金价无让，虹光夜彻星斗上。

夷清韩颂高平书，再拜莫作文翰想。

奸臣袭藏犹畏仰，面无生色沘流颡。

珠还毡复子孙贤，我信斯文天未丧。

佳辞善书常有余，呜呼，节义不可一日无。

47. 刘基《杂诗四十首 其四十》

刘基（1311—1375），明代文学家。字伯温，处州青田（今浙江青田）人。元末进士，做过地方官，因受压抑排斥弃官归隐。后被朱元璋邀请出山，受到重用。明朝建立后，又与宋濂等人修订朝廷规章制度，封诚意伯。因为遭到皇帝疑忌，忧愤而死。诗歌散文都有一定成就。写有寓言体散文集《郁离子》。著有《诚意伯集》20 卷。

杂诗四十首 其四十

夷齐值明时，饿死西山阳。

四老生乱世，采芝以徜徉。

李业遇公孙，欲盖反受殃。

严陵辞故人，万古清名扬。

性也实有命，君子顺其常。

漫漫云间鸟，冥冥随风翔。

海宇岂不宽，六翮有短长。

浩歌向日月，曲尽意茫茫。

48. 江源《咏古五首　其一　夷齐》

江源，明代诗人，作者生平不详。

咏古五首　其一　夷齐

嗟来何足吝，饥食首阳薇。

竟抱固穷节，千载非所知。

49. 何景明《游西山二首　二》

何景明（1483—1521），字仲默，号白坡，又号大复山人，信阳浉河区人。自幼聪慧，8 岁能文，弘治十五年（1502）19 岁中进士，授中书舍人，并任内阁。正德初，宦官刘瑾擅权，何景明谢病归。刘瑾诛，官复原职。官至陕西提学副使。何景明是明代"文坛四杰"中的重要人物，也是明代著名的"前七子"之一，与李梦阳并称文坛领袖。其取法汉唐，一些诗作颇有现实内容。性耿直，淡名利，对当时的黑暗政治不满，敢于直谏，曾倡导明代文学改革运动，著有辞赋 32 篇，诗 1560 首，文章 137 篇，另有《大复集》38 卷。墓地在今信阳师范学院大复山。

游西山二首

二

郁郁西山岑，遥遥山上阪。

俯观清涧流，仰觑白云返。

处世亦何促，谁能遂仰偃。

夷齐归首阳，黄绮在商巘。

此道久不复，斯人苦难挽。

扼衣谢尘涂，吾驾日已远。

50. 李贤《夷齐》

李贤（1409—1467），字原德，谥文达，邓（今河南邓州市）人。一生从政三十余年，为官清廉正直，政绩卓著，为一代治世良臣。官至少保、吏部尚书、大学士，廉洁奉公，政绩卓著。曾奉敕编《大明一统志》，并著有《鉴古录》《体验录》《看书录》《天顺日录》《古穰文集》等书。

夷齐

父命天伦不忍违，弟兄辞国世应稀。

能存大义惭周粟，万古清风重采薇。

51. 黄省曾《咏伯夷叔齐》

黄省曾（1490—1540），明代学者，字勉之，号五岳山人，黄鲁曾之弟。吴县（今江苏苏州）人，先世为河南汝宁人。生于弘治丙辰年，殁于嘉靖丙午年，年五十一。《明儒学案》记其"少好古文，解通《尔雅》。为王济之、杨君谦所知"。嘉靖十年（1531）以《春秋》乡试中举，名列榜首，后进士累举不第，便放弃了科举之路，转攻诗词和绘画。交游极广，王阳明讲学越东，往见执子弟礼，又请益于谌若水，学诗于李梦阳。长于农业与畜牧，诗作以华艳胜。

咏伯夷叔齐

高风生首阳，幽姿发孤竹。

姬周羞采薇，神农忆深谷。

叩马惊太公，扬□远黄屋。

胶鬲巳就官，微子亦侯服。

于嗟命之衰，饿死西山陆。

至今日月下，千载沈芳馥。

52. 孙承恩《古像赞》等二首

孙承恩，明华亭（今上海市松江）人，字贞甫，号毅斋。正德进士，授翰林编修。愤于权贵专横，称病不出。世宗即位，入朝奉使南安，与修《明伦大典》。后任礼部右侍郎、吏部左侍郎、礼部尚书。时世宗笃信道教，斋官修醮，独不肯戴黄冠，辞官归乡，闭户读书。著有《让溪草堂稿》《文简集》。

古像赞

求仁得仁，去国如屣。

叩马一谏，君臣大义。

乾坤清气，萃子一身。

独立万古，邈焉无伦。

夷齐图

其一

炮烙烟消四海苏，文孙威德已弘敷。

钜桥虽有陈陈粟，不济空山两饿夫。

其二

孤竹先生铁肺肝，采薇甘死首阳山。

乾坤不朽君臣义，万古清风激懦顽。

53. 夏原吉《憩苏州文正书院观公所书伯夷颂碑》

夏原吉，(1367—1430)，明初重臣。字维喆，汉族，湖南省湘阴人，祖籍德兴。早年丧父，遂力学养母。以乡荐入太学，选入禁中书制诰。以诚笃干济为明太祖朱元璋所重。建文时任户部右侍郎，后充采访使。任内政治清明，百姓皆悦服。靖难之役后，明成祖即位，委夏原吉以重任，与塞义并称于世。成祖后又相继辅佐仁、宣二宗，政绩卓越。明宣宗宣德五年卒，年65岁。赠太师，谥忠靖。

憩苏州文正书院观公所书伯夷颂碑

忠厚堂深客到稀，时凭雕楯看穹碑。

银钩铁画中书字，玉振金声吏部辞。

千古读来千古惧，万年立处万年奇。

潇潇落日怀贤泪，何独襄阳石下垂。

54. 林熙春《无题》

林熙春，字志和，号仰晋，生于嘉靖三十一年（1552），海阳龙溪

（今潮安庵埠）宝陇村人。传称林熙春是他老父亲晚年由偏妾所生。出生后父母相继亡故，家境中落，全凭嫂嫂抚养成人。但据志书所载，林熙春于明万历十一年（1583）中进士后，授四川巴陵县令，不久即"以内艰归"。所谓"内艰"，即母丧（按，俗称父丧为外艰，母丧为内艰，统称丁忧丁艰）。据此，乃母似应逝于他登第授官之后。当然，这也不排除林熙春视嫂为娘的可能。据称，林熙春为报答嫂恩，登第后还特为其嫂在屋旁挖塘放养乌耳鳗，抵今池塘尚在。

无题

独向高堂坐，清风问伯夷。
不知孤竹国，何似首阳芝。
布被煖如纩，藜羹甘若饴。
人生各有志，吾自得吾师。

55. 李宪噩《孤山伯〈夷碣〉志待清处》

李宪噩，字怀民，以字行。号十桐，高密人。诸生。有《十桐草堂诗集》。

孤山伯夷《碣志》待清处

宁识待清处，云中孤庙寒。
一峰临海远，千载此人难。
寂历晓风吹，霏微秋雨漫。
山前名利客，日日往来看。

56. 邓林《夷齐采薇图》

邓林，明代诗人，生平不详。

夷齐采薇图

死生旦暮理之常，休叹斯人饿首阳。
叩马数言虽不用，君臣大义凛如霜。

57. 魏师段《谒二圣》

魏师段，湖广黄冈县人，明崇祯年间岁贡，保定巡抚魏公韩子。清顺治十八年至康熙七年任汤阴县令，九年七月补卢龙知县，十三年升肇庆府同知，十九年调潞安府同知。

谒二圣

孝友由来莫与京，我来圣域拜先生。
同抛国是成仁志，一恁天伦泯怨声。
庙貌荒城留古迹，松风空谷响芳名。
不知世有征咏事，故向岐周扣马鸣。

58. 王好问《读〈伯夷传〉》

王好问，字裕清，别号西塘，乐亭人。登嘉靖庚戌（二十九年，1550）进士。授太常博士，擢御史。按秦晋，在职 8 年。寻迁大理寺少卿，晋太仆，历通政使、工部侍郎，转刑、户二部，累擢南京右都御史、户部尚书。归数月卒，赐祭葬，赠太子少保。有《春熙轩集》36 卷行世。

读《伯夷传》

纲常万古同天久，功利须臾过眼无。
请看渭水鹰扬者，不薄西山二饿夫。

59. 陈振家《伯夷叔齐》

陈振家，山西祁县洛阳村人，原山西祁县水利局工会主席，著名民间武术家，戴氏心意拳第六代传人，晋商镖局武术教练，中国深州李老农研究会副会长，师从王映海先生。在太原省级、洪洞全国、太谷、香港国际武术大赛中各得金牌一枚；在平遥、灵石、北京等地的武术套路和擂台搏击赛中均得过银牌、铜牌及前五名的优异成绩；在山西永济市全国武术邀请赛上荣获优秀裁判员奖，并协助中央电视台《走遍中国》栏目成功塑造形意拳代表人物李洛能的形象。著有《原传戴氏心意拳》。

伯夷叔齐

弃承君父业，来截武王辔。

泥古顽难化，徒知唯德依。

不谙人肉宴，但叹道心微。

无故惭周粟，终归去采薇。

孤竹篇

1. 周瑛《翠湖杂咏　其七　清风亭》

周瑛，明成化五年进士，历官广德知州、南京礼部郎中，弘治年间改任湖广镇远知府，升任四川右布政使。弘治十三年（1500）致仕。周瑛为官多年，较能秉公办事，他在总结自己从政经验时说："以理处物是谓之义，以心处理是谓之利。"他认为为官办事要公，公即理，亦即仁、义，损害民族利益的官不能做，他是根据朱熹的政治思想施政的。一生著述甚丰，有《书纂》《翠渠诗文集》《翠渠摘稿》《翠渠摘稿选》《政本政均》《祠山杂录》《广孝慈录》《正德漳州府志》《弘治兴化府志》《莆阳拗史》以及与邑人黄仲昭同修的《兴化府志》等。周瑛擅书法，是明代著名的大书法家。其书法"体势奇伟，神格高古"，有《百梅录》寸楷行世，后人称他"书法遒劲，独步当时"。在今莆田、洞庭湖等地尚遗留有其墨宝。至今流传有许多关于他的动人故事，其中以为皇帝书写"太子殿"三字时飞马投笔为"太"字加点闻名。

翠湖杂咏　其七　清风亭

独向高堂坐，清风问伯夷。

不知孤竹国，何似首阳芝。

布被煖如纩，藜羹甘若饴。

人生各有志，吾自得吾师。

2. 张弼《尝论世无神仙如伯夷叔齐可谓神仙也巳信笔一绝》

张弼（1425—1487），字汝弼，家近东海，故号东海，晚称东海翁。松江府华亭县（今上海松江）人。明宪宗成化二年进士，久任兵部郎，议论无所顾忌，出为南安（今江西大余）知府，律己爱物，大得民和。长于诗文，草书甚佳，被评为"颠张复出"。尝自言吾书不如诗，诗不如文，著有《东海集》。

尝论世无神仙如伯夷叔齐可谓神仙也巳信笔一绝

服食求神仙，何如孤竹子。

一食西山薇，万古当不死。

3. 曹宗《题夷齐国》

曹宗（1452—1487），明代人，又名曹宗道，出生于广东省潮州市饶平县东界油园（今所城镇神前）。幼时被称为神童，弱冠中科举人，入太学，为祭酒（国子监长官）邱琼山所赏识，使著《春秋通典》。官至国子监佐教（朝廷最高学府助教）。为诸生时，曾上书《土田檄》至潮州府，知府以《杨贵妃背海棠图》嘱他题诗，他挥笔而成曰："兰汤浴罢着衣裳，背立东风醉海棠。只为洗儿些个事，至今无面见三郎。"博得府尹嘉赞。所著诗文颇多，除保留于《东里志》手抄本外，余多毁于兵祸。

题夷齐国

周家有粟及鲧孤，甘作阳山两饿夫。

岂是不知天命改，君臣大义未应无。

4. 徐准《孤竹风清》。

徐准（1541—1614），字子式，号守吾，唐山镇人（山东桓台）。少年入私塾，家贫乏食，饥不敢言，忍泪苦读。21岁考中秀才，其父病故，受聘到新城王家教塾学，教学之余仍刻苦研习。所得薪金，如数交给母亲，以抚养两弟、两妹成人。明隆庆四年考中举人，十二年中进士，由中书舍人升任工部都水司主事、直隶永平府知府，兴利除弊，勤于政事。时值黄河决口，窜淮入江，淹没田庐，侵及明孝陵。

徐准上书献策，开辟海口，分引黄水之势，得以批准施行。他因功升任河南按察使。后为云南布政使，加衔方伯，被誉为朝中四君子之一。

孤竹风清

两岸齐开落玉虹，孤城半没断碑蒙。

凭虚一望秋彪爽，起懦廉顽百世同。

5. 王好问《孤竹怀古》

（作者生平见前注）

孤竹怀古

镐京商邑总蓬莱，千载何人吊墨胎？

啼鸟似伤人世改，野花还向故园开。

荒城隐隐水声去，古殿岿岿山势来。

一望凄然成旷感，尘车欲发更徘徊。

6. 方经《孤竹古城》

方经，字世才，湖广黄陂县人，上举人任，明朝天顺三年为滦州儒学训导，资识英敏，勤学善诲，一时士习为之丕振，至六年乞归，士子皆为羡慕。

孤竹古城

何年孤竹改卢龙？一片荒城宿莽中。

独向夷齐祠下拜，山河犹自起清风。

7. 曹代萧《游孤竹城》

曹代萧，字莒岸，河南商丘人。万历二十四年进士，初授刑部主事，升员外郎、郎中，出为嘉兴知府，万历二十七年任永平知府二十九年四月擢山西按察司副使，兵备昌平。

游孤竹城

水绕青山湛四围，墨胎遗庙转霏微。

仁留兄弟乾坤老，义重君臣日月辉。

商薇此日盘堪供，周粟当年志不违。

亭亭惟有寒岩竹，似叹人间万事非。

8. 李锴《蓟门怀古其二　孤竹》

李锴（1686—1755），字铁君，号眉山，又号豸青山人，晚号焦明子、后髡生，汉军镶（一作正）白旗人。由笔帖式，举博学鸿词，复举经学。晚隐于盘山，筑斗室曰睫巢，与陈梓称南陈北李。通四声，辨小篆，性倜傥，勤读书，不事生产，好游览山水。工诗古文，书法王羲之，尤工草书，旁及术数。乾隆八年（1743）尝临黄庭经册。卒年七十。著《睫巢集》《江南社诗》《腐雅菊谱》《陈梓删后文集》。

蓟门怀古其二　孤竹

亦知天眷已西临，独信民彝待力任。

叩马责难君父义，采薇之死弟兄心。

漆书旧简清风在，草蔓荒祠古色深。

历历遗歌著仁暴，不胜凄绝一长吟。

9. 屈大均《孤竹吟》等二首

屈大钧（1630—1696），初名邵龙，又名邵隆，号非池，字骚余，又字翁山、介子，号菜圃。汉族，广东番禺人。明末清初著名学者、诗人，与陈恭尹、梁佩兰并称"岭南三大家"，有"广东徐霞客"的美称。曾与魏耕等进行反清活动，后避祸为僧，中年仍改儒服。诗有李白、屈原的遗风，著作多毁于雍正、乾隆两朝，后人辑有《翁山诗外》《翁山文外》《翁山易外》《广东新语》及《四朝成仁录》，合称"屈沱五书"。

孤竹吟

我行逾万里，徬徨思故乡。

黄鹄虽失所，不从燕雀翔。

驾言登孤竹，东北望边疆。

惊沙如白雪，杀气为严霜。

游子一何微，落叶同飘飏。

独智世不容，接舆久佯狂。

神龙为蟪螟，白刃莫能伤。

大义劫天下，汤武诚不祥。

夷齐忧无臣，叩马空慨慷。

白日何昭昭，浮云复茫茫。

吁嗟命之衰，挥涕归首阳。

送从弟无极归里　其一

云中有二老，采薇何从容。

洞房隐青岩，卉木交蒙茏。

处幽含圣神，被我太古风。

我祖蹈云天，窈窕相追从。

《离骚》合经术，规谏心无穷。

子其玩微词，追琢为楚风。

谗邪譬云蜕，君子喻虬龙。

金相而玉质，惊采开童蒙。

10. 赵端《恭和魏总宪望孤竹感怀》

赵端，字又吕，浙江钱塘人，贡生，康熙十九年任抚宁知县。慈惠明敏，厘剔奸弊，民畏而爱之，尤留心学校，奖励生童，设乡塾，置学田，立义冢；又于城北设冰窖，免山海运驮之累，境内晏然，不愧民牧。

恭和魏总宪望孤竹感怀

驱车右北平，孤竹遗风古。

缅怀采薇人，高义长虹吐。

逃名非所知，祇不愧仰俯。

孔孟许成仁，黄农歌自苦。

只今千载下，祠庙荒烟雨。

后贤景余芳，努力勤救补。

宪府肃双旌，神君凛铜虎。

卓哉希圣心，清风满三辅。

11. 祁凤《孤竹故城》

祁凤，山西举人。正统间任永平府训导，升南阳府教授。后入盐山县籍。

孤竹故城

孤城遗迹尚依然，一吊风生万里天。

薇老空山闲暮雨，祠荒故国锁寒烟。

12. 艾元征《游孤竹城》

艾元征，字允洽，号长人，山东济阳人。顺治三年进士，授弘文院检讨，迁左春坊左庶子兼书院侍读。历任礼部右侍郎兼东阁学士、国史院学士。康熙二年擢户部右侍郎，四年转左侍郎，九年调吏部，迁左都御史，十一年晋刑部尚书。

游孤竹城

天高露冷塞风清，吊古遥入孤竹城。

故垒果曾余晚照，长河浩荡泻秋声。

求仁自恬西山饿，去国宁知后日名。

扣马数言殊坦率，止应虞夏识衷情。

13. 师范《夷齐故里》

师范，清光绪年间滇西人，生平不详。

夷齐故里

寒山叠叠水粼粼，木落霜天代写真。

两让都堪全父子，一言端可定君臣。

未闻以暴能移暴，始信求仁自得仁。

殷社已墟周社屋，里名千古不容湮。

肥如怀古

题记

肥如，指今卢龙县。殷商时期为孤竹国地，春秋属北燕，后为肥子国。秦汉至晋均属幽州辽西郡，西汉时期，初置肥如县。隋开皇十八年（598）于肥如地境始设卢龙县，属北平郡。

《汉书注》应劭曰："晋灭肥，肥子奔燕，燕封于此。肥，国也，如，往也，因以为县也。"肥如，即"肥子所至"之意。周景王十五年（530），晋灭肥国，肥子奔燕，燕封之为肥子国，都邑在今卢龙县北潘庄镇沈庄一带。西汉时期，卢龙一带为肥如侯蔡寅的封地，置肥如侯国于此。汉高祖六年（201）三月庚子，刘邦封车骑将军蔡寅为肥如侯于此，食千户（蔡寅为汉献帝时左中郎将、东汉史学家蔡邕的十四祖）。蔡邕三传至蔡奴，奴薨，无子，国除。元康四年（62），蔡寅曾孙肥如大夫蔡福又封为肥如侯，蔡福死后，无子，肥如国彻度废除。汉景帝后元三年（141），肥如国改置为肥如县，属辽西郡。自西汉景帝后元三年（前141）至隋开皇六年（586），今卢龙县地曾置肥如县，属辽西郡，历时727年。北魏时置平州，治所在肥如城，领辽西郡和北平郡。《魏书·灵征志》记载："高宗太安五年（459）春三月，肥如城内大火，官私庐舍焚烧略尽，唯有东西二寺佛图像舍火独不及。"北魏熙平二年（517）七月，修肥如城。北齐时期，肥如城仍为平州州治。隋朝时，滦河以东地区仅设卢龙县，辖域相当于今唐山、秦皇岛两市辖地。隋开皇六年（586）省肥如入新昌县，十八年（598）改新昌为卢龙县。唐武德元年，又复肥如县，二年改为卢龙县，复开皇旧名。1985年，在卢龙县潘庄镇沈庄村南山龙虎寺遗址先后发现石斧、石磨棒、鬲足、陶纺轮、陶网坠、夹砂红陶片、兽骨化石等商代遗物。确认沈庄一带为肥如城旧址。在七百余年的历史长河中，勤劳智慧的肥如人民也为历史留下了许多珍贵的物质财富与精神财富。

1. 蔡邕《饮马长城窟行》等五首

蔡邕，字伯喈，陈留（今河南省开封市陈留镇）人，乃肥如侯国蔡寅十四世孙。东汉末年文学家、书法家，汉献帝时权臣董卓当政时拜左中郎将，故后人也称他"蔡中郎"。汉末三国时期著名才女蔡琰之父。汉灵帝熹平四年，蔡邕等正定儒家经本六经文字。蔡邕认为这些经籍中，由于俗儒穿凿附会，文字误谬甚多，为了不贻误后学，而奏请正定这些经文。诏允后，邕亲自书丹于碑，命工镌刻，立于太学门外，碑凡46块，这些碑称《鸿都石经》，亦称《熹平石经》。据说石经立后，每天观看及摹写人坐的车，有1000多辆。

饮马长城窟行

青青河边草，绵绵思远道。

远道不可思，宿昔梦见之。

梦见在我傍，忽觉在他乡。

他乡各异县，展转不可见。

枯桑知天风，海水知天寒。

入门各自媚，谁肯相为言。

客从远方来，遗我双鲤鱼。

呼儿烹鲤鱼，中有尺素书。

长跪读素书，书中竟何如。

上有加餐食，下有长相忆。

歌

练余心兮浸太清。涤秽浊兮存正灵。

和液畅兮神气宁。情志泊兮心亭亭。

嗜欲息兮无由生。

踔宇宙而遗俗兮眇翩翩而独征。

答对元式诗

伊余有行，爰庚兹邦。

先进博学，同类率从。

济济群彦，如云如龙。

君子博文，贻我德音。

辞之集矣，穆如清风。

答卜元嗣诗

斌斌硕人，贻我以文。

辱此休辞，非余所希。

敢不酬答，赋诵以归。

翠鸟诗

庭陬有若榴，绿叶含丹荣。

翠鸟时来集，振翼修形容。

回顾生碧色，动摇扬缥青。

幸脱虞人机，得亲君子庭。

驯心托君素，雌雄保百龄。

2. 金昌绪《春怨》

金昌绪（生卒年不详），生平不详，余杭（今属浙江）人，唐代诗人。现今仅存诗《春怨》一首，却是好诗，广为流传。诗题一作

《伊州歌》。这首诗写一个女子思念她远征在外的丈夫。诗中没有正面写她是如何思念，而是写她梦中去辽西和征夫相会。这就从另一个侧面把她的真挚深情有力地表达出来。但天明莺啼，将好梦惊醒，于是要赶去树上黄莺，"莫教枝上啼"希望把梦一直做下去。诗的春怨主题反映得十分生动活泼，同时含蓄而有余味。诗人落笔生花，写出了新意，试不言怨而独深。

春怨

打起黄莺儿，莫教枝上啼。

啼时惊妾梦，不得到辽西。

3. 茅溁《辽西歌》

茅溁，字平仲，明散曲家。丹徒人。性嗜学，善音律，肆意古文诗歌，与邬佐卿唱和，酒人剑客喜与之交。挟吴姬游塞上20年，击筑酣歌。归里后营别墅著书，旁搜古篆籀，审音律。著有《韵谱本义》《四友斋集》。

辽西歌

裨将分屯三十营，营营火炮震天鸣。

纵教胡马如征雁，不敢衔芦过北平。

4. 东荫商《永平》

东荫商，字云雏，华阴人。明崇祯九年举人，清顺治年间与人合撰《华山经》《洛川志》。

永平

肥子城高北斗悬，燕关东去路依然。

谁知戎骑挥戈地，翻见边疆撒堠年。

春转渔阳霜压碛，云开碣石水连天。

墨胎社稷今何处，独有西山二子传。

飞将雄魂

题记

　　西汉时期，卢龙属右北平郡。李广为右北平郡太守。李广（？—前119），陇西成纪（今甘肃天水秦安县）人，西汉时期的名将。汉文帝十四年（前166）从军击匈奴因功为中郎。景帝时，先后任北部边域七郡太守。武帝即位，召为未央宫卫尉。元光六年（前129），任骁骑将军，领万余骑出雁门（今山西右玉南）击匈奴，因众寡悬殊负伤被俘。匈奴兵将其置卧于两马间，李广佯死，于途中趁隙跃起，奔马返回。后任右北平郡太守。匈奴畏服，称之为飞将军，数年不敢来犯。元狩四年（前119），漠北之战中，李广任前将军，因迷失道路，未能参战，愤愧自杀。

　　司马迁的《史记·李将军列传》记载，李广在任右北平太守期间，李广出猎，见草中石，以为虎而射之，中石没镞，视之石也。因复更射之，终不能复入石矣。广所居郡闻有虎，尝自射之。及居右北平射虎，虎腾伤广，广亦竟射杀之。明天顺五年（1461）《大明一统志·永平府》记载："射虎石，在府城南八里，汉将李广夜出见虎，弯弓射之，至没羽，比明乃知为石。"弘治十四年（1501）《永平府志·古迹》记载："南山石虎，在府城南五里，山有石，状如伏虎，相传汉李广为右北平太守时，出猎夜归，疑为虎，射之没镞，即而视之，乃石也。"成语"精诚所至，金石为开"出于此典故。光绪《永平府志》记载："虎头石，在（永平）府城南六里，状如虎踞，旧传为汉李广射虎处。其下滦（河）、漆（青龙河）合流。"向有渡口，曰"虎头唤渡"，乃为卢龙"古八景"之一。人们在李广射虎处还修建李广祠，直到民国时期尚存。

飞将军篇

1. 高适《塞上》等二首

高适（704—约765），字达夫、仲武，汉族，唐朝渤海郡（今河北景县）人，后迁居宋州宋城（今河南商丘睢阳）。唐代著名的边塞诗人，曾任刑部侍郎、散骑常侍、渤海县侯，世称高常侍。

高适与岑参并称"高岑"，有《高常侍集》等传世，其诗笔力雄健，气势奔放，洋溢着盛唐时期所特有的奋发进取、蓬勃向上的时代精神。开封禹王台五贤祠即专为高适、李白、杜甫、何景明、李梦阳而立。后人又把高适、岑参、王昌龄、王之涣合称"边塞四诗人"。

塞上

东出卢龙塞，浩然客思孤。

亭堠列万里，汉兵犹备胡。

边尘涨北溟，虏骑正南驱。

转斗岂长策，和亲非远图。

唯昔李将军，按节临此都。

总戎扫大漠，一战擒单于。

常怀感激心，愿效纵横谟。

倚剑欲谁语，关河空郁纡。

送浑将军出塞

将军族贵兵且强，汉家已是浑邪王。

子孙相承在朝野，至今部曲燕支下。

控弦尽用阴山儿，临阵常骑大宛马。
银鞍玉勒绣蝥弧，每逐嫖姚破骨都。
李广从来先将士，卫青未肯学孙吴。
传有沙场千万骑，昨日边庭羽书至。
城头画角三四声，匣里宝刀昼夜鸣。
意气能甘万里去，辛勤动作一年行。
黄云白草无前后，朝建旌旄夕刁斗。
塞下应多侠少年，关西不见春杨柳。
从军借问所从谁，击剑酬歌当此时。
远别无轻绕朝策，平戎早寄仲宣诗。

2. 王昌龄《出塞》等二首

王昌龄（698—757），字少伯，京兆长安（今陕西省西安市）人，被誉为唐代"七绝圣手"，又有"诗家夫子王江宁"之称。历任汜水尉、校书郎等职，后被贬为江宁丞、龙标尉。安史之乱后回归乡里，被刺史闾丘晓所杀。存诗180多首。

出塞

秦时明月汉时关，万里长征人未还，
但使龙城飞将在，不教胡马度阴山。

从军行

大将军出战，白日暗榆关。
三面黄金甲，单于破胆还。

3. 卢纶《和张仆射塞下曲》

卢纶（739—799），字允言，出生于蒲（今山西永济），祖籍范阳涿县（今河北涿州市），是范阳卢氏北祖第四房，中国唐朝中期诗人，大历十才子之一。卢纶曾于唐玄宗天宝末年中进士，但是安史之乱爆发，未能为官，避乱于江西九江一带。乱平后，卢于唐代宗大历年间重新应试，但屡试不第。大历六年（771），受宰相元载和王缙先后举荐，出任集贤学士、秘书省校书郎，后升任监察御史。大历十一年（776），元载和王缙在政治斗争中失败，卢纶受此牵连，终身不得重用。唐德宗建中元年（780），任昭应县令，贞元年间入河中节度使浑瑊幕，任检校户部郎中，后世遂以卢户部称之。卢诗工于写景，形象鲜明，语言简练，边塞诗气势不凡，尚有盛唐气象，其中尤以《塞下曲》数首最为有名。

和张仆射塞下曲

林暗草惊风，将军夜引弓。

平明寻白羽，没在石棱中。

4. 温庭筠《伤温德彝》

温庭筠（812—886），本名歧，字飞卿，太原祁（今山西省祁县）人，唐代诗人。做过随县和方城县尉，官终国子助教。著有《温飞卿诗集》。

伤温德彝

昔年戎虏犯榆关，一破龙城匹马还。

侯印不闻封李广，他人丘垅似天山。

5. 陈陶《塞下曲》

陈陶，字嵩伯，自号三教布衣，鄱阳剑浦人。（《全唐诗》作岭南人，此从《唐才子传》）生卒年及生平均不详，约唐武宗会昌初（841）前后在世。工诗，以平淡见称。屡举进士不第，遂隐居不仕，自称三教布衣。853年左右避乱入洪州西山。咸通中（886年左右）严撰节度江西，尝往山中，每谈辄竟日。尝遣妓建花往侍，陶笑而不答。莲花赋诗求去，有"处士不生巫峡梦，虚劳云雨下阳台"之句。临别，陶亦赋诗以送。相传他后来白日升天而去。（《全唐诗》作"大中时，游学长安。南唐升元中，隐洪州西山。后不知所终"。

塞下曲

边头能走马，猿臂李将军。

射虎群胡伏，开弓绝塞闻。

海山谙向背，攻守别风云。

只为坑降罪，轻车未转勋。

6. 陶翰《燕歌行》

陶翰，唐代诗人，男，润州丹阳（今属江苏）人，官宦之家出身，字号不详，生卒年亦不详，开元十八年登进士及第，连登博学宏词、拔萃二科，授华阴丞。天宝年间，思陟大理评事、太常博士，官终礼部员外郎。

燕歌行

诸君留楚调，听我留燕歌。

家在辽水头，边风意气多。

出身为汉将，正值戎未和。

雪中凌天山，水上度交河。

大小百余战，封侯竞蹉跎。

7. 陈子昂《感遇》

陈子昂（约661—702），中国唐代文学家，初唐诗文革新人物之一。字伯玉，梓州射洪（今属四川）人。因曾任右拾遗，后世称陈拾遗。青少年时轻财好施，慷慨任侠。24岁举进士，以上书论政得到武后重视，授麟台正字，后迁右拾遗。曾因"逆党"反对武后而株连下狱。在26岁、36岁时两次从军边塞，对边防颇有些远见。38岁辞官还乡，后被县令段简迫害，冤死狱中，时年42岁。其存诗共100多首，其中最有代表性的有《感遇》诗38首，《蓟丘览古赠卢居士藏用》7首和《登幽州台歌》。其诗风骨峥嵘，寓意深远。

感遇

朔风吹海树，萧条边已秋。

亭上谁家子，哀哀明月楼。

自言幽燕客，结发事远游。

赤丸杀公吏，白刃报私仇。

避仇至海上，被役此边州。

故乡三千里，辽水复悠悠。

每愤胡兵入，常为汉国羞。

何知七十战，白首未封侯。

8. 李梦阳《李广》

李梦阳（1472—1530），字献言，号崆峒子，甘肃庆阳人，明代文学家，明代文坛"前七子"之一。弘治进士，授户部主事。因榷税触怒势要，被捕下狱，后获释。刘瑾擅权，代尚书韩文草疏劾瑾，被勒令致仕。及瑾被诛，迁江西提学副使，亦为权贵所恶，去职。工诗及古文，以复古自命，倡言必秦汉，诗必盛唐，有《崆峒子集》。

李广

李广昔未遇，射猎谁见称。

君主犹未识，他人岂不轻。

日从田间饮，夜止灞上亭。

醉尉前呼呵，小吏亦见凌。

一朝剖符郡，飞盖赴北平。

凭轼览百邑，树羽宁干城。

亭障不设燧，枥马跃顿缨。

弯弓射虎归，淡淡黄云生。

自从结发战，舍镝无虚名。

威慑五单于，胡人寙寐惊。

孰知身运乖，数奇竟无成。
壮颜逐年衰，白发忽见婴。
寄言雄图者，俟命莫吞声。

9. 王世贞《吊故李北平广》

（作者生平见前注）

吊故李北平广

闻道匈奴骑，犹惊飞将锋。
马蹄终自老，猿臂欲谁封。
得一中原重，无双异代容。
长令草间镝，霜色满卢龙。

虎头石篇

1. 徐准《石虎名高》

（作者生平见前注）

石虎名高

常将仰手接飞鸢，此夜挽弓石可穿。
莫谓侯封无觅处，至今猿臂畏祁连。

2. 陈所立《虎头石》

陈所立，初名长浚，字以哲，一字敬贻，号如有生，又号黄庭山人。福建长乐人，少司马陈省子。万历丙子（1576）举人，历淮安同知，擢永平府，终贵州兵备副使。雅尚经术，集诸生较文艺，终日不倦。肥漆水涨，障城筑砖堤，栽莲芰，以资民利。承乃父志，续营六平山，遂成景观。摩崖多出其手，至今留存数十处。

虎头石

寝石于菟未易寻，弯弧宁致镞痕深。

将军不必皆猿臂，要使人持射虎心。

3. 尤侗《虎头石》

尤侗（1618—1704）明末清初著名诗人、戏曲家，曾被顺治誉为"真才子"；康熙誉为"老名士"。字展成，一字同人，早年自号三中子，又号悔庵、晚号良斋、西堂老人、鹤栖老人、梅花道人等，苏州府长洲（今江苏省苏州市）人。于康熙十八年（1679）举博学鸿儒，授翰林院检讨，参与修《明史》，分撰列传 300 余篇、《艺文志》5 卷，二十二年告老归家。四十二年康熙南巡，得晋官号为侍讲，享年八十七岁。侗天才富赡，诗多新警之思，杂以谐谑，每一篇出，传诵遍人口，著述颇丰，有《西堂全集》。

虎头石

将军射虎阳山下，视之石也虎所化。

至今石虎尚狰狞，当日将军何叱咤。

数奇不遇高皇封，时去反遭醉尉骂。

世上谁无万户侯，过此张弓不敢射。

4. 陈廷敬《射虎行》

陈廷敬（1639—1712），字子端，号说岩，晚号午亭，清代泽州府阳城（山西晋城市阳城县）人。顺治十五年（1658）进士，后改为庶吉士。初名敬，因同科考取有同名者，故由朝廷给他加上"廷"字，改为廷敬。

历任经筵讲官（康熙帝的老师），《康熙字典》的总裁官，工部尚书、户部尚书、文渊阁大学士、刑部尚书、吏部尚书，《康熙字典》总修官等职。陈廷敬工诗文，器识高远，文辞渊雅，有 50 卷《午亭文编》收入《四库全书》，其中诗歌 20 卷，还有《午亭山人第二集》3 卷等作品。

射虎行

北平太守飞将军，城南射猎天气昏。

射虎中石没羽箭，至今石戴霜花痕。

萧关昔日良家子，结发从军动边鄙。

寂寞南山忆夜行，霸陵亭尉醉呵止。

一朝飞盖来北平，三边夜无刁斗声。

将军善射出天性，射敌欲尽兼射生。

虎也腾伤上猿臂，将军意气轻搏刺。

怒形威振万物伏，精爽足可贯厚地。

我来访古卢龙傍，广不逢时吾黯伤。

吹箫屠狗有异表，时来起作诸侯王。

5. 陈天植《题汉飞将军射虎石》

陈天植，永嘉人，贡生，康熙三年任山海关管关通判。宽和沉静，事治民安，至修边城，修澄海楼，修关志，其功尤著。

题汉飞将军射虎石

猿臂将军勇绝伦，提戈万里净烟尘。

至今渝水沙边石，犹畏当年射虎人。

6. 宋赫《虎头石》

宋赫，字东野，抚宁人。因所居村名野各庄，在邑之东北，故自号东野，人称东野先生。乾隆三十三年（1768）科举人。性耿介不与俗谐，久困名场，穷而工诗，以舌耕为业。著有《东野诗草》。

虎头石

衰草槭槭秋欲暮，落叶萧萧埋荒路。

残碑剥落戍烟横，云是昔人射虎处。

当年射虎人已去，此石依然卧林坞。

引弦注矢石饮羽，石犹如此况其虎。

飞将军，北平守，虏骑望风尽北走。

卢龙祠庙何其多，从无人与浇杯酒。

卫青天幸辄有功，李蔡为人仅下中。

将军善射空猿臂，七十余战终不利。

岂是吾相不当侯，至竟耻对刀笔吏。

将军才气雄无双，将军数奇不肯降。

太息为摩草中石，千载悠悠空滦江。

我生何幸罢烽燧，携尊今日真大醉。

归去不须觅封侯，何物知有霸陵尉。

7. 张山《过虎头石诗》

张山，字景君，清乐亭县人。嘉庆庠生。躬耕养亲，以诗文自娱。著有《退思斋文稿》《诗稿》《文话》等。

过虎头石诗

轻舟南下绿波皴，草色山光两岸青。

射虎遗踪何处问，矶头闲杀钓鱼人。

8. 刘文麟《射虎石》

刘文麟（1815—1867），字仁甫，号仙樵，辽阳城东沙浒人，刘名震之子。自幼聪敏好学，9 岁能作诗，23 岁、24 岁先后参加乡试和会试，皆榜上题名，"丁酉中举人、戊戌成为进士"，一时传为辽阳文坛佳话。道光十九年（1839）出任广东平远知县，为总督林则徐所器重。时逢庚子年（1840）鸦片战争爆发，刘文麟写下了一系列悲壮的诗篇，是最早以鸦片战争为背景进行文学创作的诗人，因此，当今学者称刘文麟为"中国近代文学史第一人"。以后到海南文昌县任知县。咸丰元年（1851），到河南任沈丘县令。"为官九十九日，沈丘无盗"，因揭发官署积年库亏，被借故参劾而降职，怒而弃官还乡。先受聘主讲沈阳萃升书院，后回到辽阳故里，闭门读书著书，著有《仙樵诗钞》

12 卷。同治六年，病逝于辽阳。

射虎石

男山卧石作卧虎，掉尾磨牙侍人过。

狂风四卷边云阴，模糊月黑青枫林。

猿臂将军瞥眼见，马上腾身疾于电。

硬弓十夫挽不开，霹雳一声弦激箭。

猛气所到山为摧，狐兔惊号伥鬼窜。

古人去矣不更回，我经山下重徘徊。

跃上虎身拍虎背，瘢痕细认爬苍苔。

垂头踡伏不敢动，犹恐将军复飞来。

9. 张九鼎《舟泊虎头石》

张九鼎，字象之，号雪樵，清乐亭人，庠生。著有《得未曾有斋诗抄》《诗话类编》等。

舟泊虎头石

枫叶萧萧两岸秋，惊涛似雪打行舟。

此生合有看山分，又乘风帆到虎头。

10. 张太复《李将军射虎石歌》

张太复，清代人，原名景运，字静旃，号春岩，别号秋坪，南皮（今河北南皮）人。拔贡生，官浙江太平知县，改迁安教谕。博学工诗，性好游，足迹遍天下。洪亮吉、张问陶皆慕与交。间作山水，极秀逸。书出入晋、唐。有《因树山房诗钞》《令文游览集》《晋游草》《清画家诗史》

李将军射虎石歌

世无飞将军，有虎不敢射。

岂知精诚之所贯，白羽一发乃没石。

君不见北平太守南山来，驰骋林薄披蒿莱。

马头倏然见伏虎，须磔猥毛太首怒。

大黄满彀去若飞，白草飕飕风偃树。

树风倒卷虎不动，弃弓大笑射已洞。

只有肉虎寝南皮，谁知顽石同丽龟。

持弓引满一再发，石光迸火镞不没。

乃知得失判俄顷，无心有心间一发。

猗欤飞将军，善射能通神。

不得当单于，壮志空轮囷。

若令飞而食肉万里外，挂弓天山清翰海。

区区一虎何足射，况乃顽石历碨磊。

沧桑陵谷几变迁，剩有虎石垂千年。

天阴月黑恐行客，英风猛气相回旋。

将军新故堪歔欷，欲把狂吟销意气。

只愁落日归骑迟，犹有都亭呵醉尉。

边塞烽烟

题记

　　卢龙自古乃边塞之地，在唐之前就从未有过安定的岁月，即使有，也只是暂时的，在卢龙边塞这片苍茫之地，是岁有其变，时有其变的。江山易主，但河山是永恒的。敌人暂时占领了这里，王师北上，当有光复之时。卢龙塞内有一段古长城，由喜峰口至山海关一段，其中卢龙地区就有刘家口、桃林口、重峪口，还有刘家营、桃林营、燕河营边关城垒，守城士卒多是从全国各地招募的兵丁。这些兵丁远离家门，来到边关守城戍边，寒来暑往，日月如梭，与亲人一别数十载。古代的交通通信又很困难，妻子儿女守望在遥远的家园，而戍边亲人的音信杳无，就是亲人战死于疆场，家人也无从得知。这种妻离子别、骨肉分离的生活是何其凄惨！而空守闺房、独向烛台的红颜女，在月残星疏、万籁俱寂的夜晚，孤影投壁，寒窗冷月，抱枕而眠。漫漫长夜，四野如漆，遥望远山不见，只闻秋雁孤鸣。诗人自古多情种，风流潇洒善解人意，诗人们是可怜那些红颜女的，对她们抱以同情，于是便留下了许多边塞传世之作。

边塞篇

1. 杨业《出塞》

杨业（？—986），原名重贵，戏说中又名杨继业，并州太原（今山西太原）人，北宋名将。官至云州观察使、判代州，赠太尉、大同军节度使。杨业的父亲杨信，曾任后汉的麟州刺史（今陕西神木）。少时倜傥任侠，善于骑射，喜好打猎，猎获总比他人多。读书不多，但忠烈武勇，甚有智谋。后汉被后周所灭，后汉河东节度使刘崇建立北汉。杨业弱冠即跟随刘崇，为保卫指挥使，以骁勇远近闻名。屡立战功，迁升建雄军节度使。宋太宗北征，素闻杨业之名。北汉投降之后，派使者召见杨业，即授右领军卫大将军。班师回朝后，又授郑州刺史。宋太宗以杨业"老于边事"，拜其为代州刺史兼三交驻泊兵马部署。太平兴国五年三月，在雁门关大破辽军，威震契丹。雍熙三年，随军北伐，因监军王侁威逼，毅然要求带兵出征，结果在狼牙村中伏大败，并且没有得到支援，最后被包围于陈家谷（今山西宁武），杨业见无人支援，拊膺大恸，再率帐下士兵回身力战，全身受到数十处创伤，士卒死伤殆尽。杨业面无惧色，手刃数十百人。马匹重伤不能前进，力竭为契丹军所擒。杨业无限悲愤，为表白忠心，绝食三日而死。

出塞

漠南胡未空，汉将复临戎。

飞狐出塞北，碣石指辽东。

冠军临瀚海，长平翼大风。

云横虎落阵，气抱龙城虹。

横行万里外，胡运百年穷。

兵寝星芒落，战解月轮空。

严谯息夜斗，骍马罢鸣弓。

北风嘶朔马，胡霜切寒鸿。

休鸣大道暨，幽荒日月同。

2. 薛道衡《昔昔盐》

薛道衡（540—609），字玄卿，河东汾阴（今山西万荣县）人。隋朝大臣，著名诗人，历仕北齐、北周。隋朝建立后，任内史侍郎，加开府仪同三司。隋炀帝时，出为番州刺史，改任司隶大夫。大业五年，逼令自尽，时年七十，天下冤之。他和卢思道齐名，在隋代诗人中艺术成就最高。著有文集 70 卷行于世，至今已佚，仅存《薛司隶集》一卷。事迹见《隋书》《北史》本传。

昔昔盐

重柳覆金堤，蘼芜叶校齐。

水溢芙蓉沼，花飞桃李蹊。

采桑秦氏女，织锦窦家妻。

关山别荡子，风月守空闺。

恒敛千金笑，长垂双玉啼。

盘龙随镜隐，彩凤逐帷低。

飞魂同夜鹊，倦寝忆晨鸡。

暗牖悬蛛网，空梁落燕泥。

前年过代北，今岁往辽西。

一去无消息，哪能惜马蹄。

3. 杨炯《从军行》

杨炯（650—692 或 693）唐代诗人。华阴（今属陕西）人。杨炯与王勃、卢照邻、骆宾王齐名，并称"初唐四杰"。他于显庆四年（659）举神童。上元三年（676）应制举及第。补校书郎，累迁詹事司直。武后垂拱元年（685）坐从祖弟杨神让参与徐敬业起兵，出为梓州司法参军。天授元年（690），任教于洛阳官中习艺馆。如意元年（692）秋后迁盈川令，吏治以严酷著称，卒于官。世称杨盈川。

从军行

烽火照西京，心中自不平。

牙璋辞凤阙，铁骑绕龙城。

雪暗凋旗画，风多杂鼓声。

宁为百夫长，胜作一书生。

4. 陈子昂《送著作佐郎崔融等从梁王东征》

（作者生平见前注）

送著作佐郎崔融等从梁王东征

金天方肃杀，白云始专征。

王师非乐战，之子慎佳兵。

海气侵南部，边风扫北平。

莫卖卢龙塞，归邀鳞阁名。

5. 杜审言《送崔融》

杜审言（约645—约708），字必简，襄州襄阳人（今湖北襄阳）。后迁河南巩县（今河南巩义），官修文馆直学士。唐高宗咸亨进士，唐中宗时，因与张易之兄弟交往，被流放峰州（今越南越池东南）。"诗圣"杜甫的祖父。曾任隰城尉、洛阳丞等小官，累官修文馆直学士，与李峤、崔融、苏味道被称为"文章四友"，是唐代"近体诗"的奠基人之一。作品多朴素自然。其五言律诗，格律谨严。原有集已散佚，后人辑有《杜审言诗集》。

送崔融

君王行出将，书记远出征。

祖帐连河阙，军麾动洛城。

旌旗朝朔气，笳吹夜边声。

坐觉烟尘埽，秋风古北平。

6. 高适《燕歌行》等二首

（作者生平见前注）

燕歌行

汉家烟尘在东北，汉将辞家破残贼。

男儿本自重横行，天子非常赐颜色。

摐金伐鼓下榆关，旌旆逶迤碣石间，

校尉羽书飞瀚海，单于猎火照狼山。

山川萧条极本土，胡骑凭陵杂风雨。

战士军前半死生，美人帐下犹歌舞。

大漠穷秋塞草衰，孤城落日斗兵稀。

身当恩遇常轻敌，力尽关山未解围。

铁衣远戍辛勤久，玉箸应啼别离后。

少妇城南欲断肠，征人蓟北空回首。

边庭飘摇那可度，绝域苍茫更何有。

杀气三时作阵云，寒声一夜转刁斗。

相看白刃血纷纷，死节从来岂顾勋，

君不见沙场征战苦，至今犹忆李将军。

7. 卢汝弼《边庭怨》

卢汝弼，字子谐，范阳人，景福进士。今存诗8首。（《才调集》作卢弼），登进士第，以祠部员外郎、知制诰，从昭宗迁洛。后依李克用，克用表为节度副使。其诗语言精丽清婉，词多悲气。诗8首，皆是佳作，尤以《秋夕寓居精舍书事》和《和李秀才边庭四时怨》（其四）两首为最善。《秋夕寓居精舍书事》写秋日乡思，依情取景，所取景物包括"苔阶叶""满城杵""蟏蛸网""蟋蟀声"等），以景衬情，写得情景交融，感人至深。《和李秀才边庭四时怨》写边庭生活，一片悲气弥漫之中又含着雄壮，十分动人心魄。

边庭怨

卢龙塞外草初肥，燕乳平芜晓不飞。

乡国近来音信断，至今犹自著春衣。

8. 于濆《边将录戍卒言》

于濆，字子漪，自号逸诗，男，晚唐诗人，里居及生卒年均不详，约唐僖宗乾符初前后在世（约874年前后）。唐懿宗咸通二年（861）举进士及第，仕终泗州判官。有集一卷，《新唐书艺文志》传于世。邢州尧山人，后游历至京兆（今陕西西安）。善以古风体为诗，一反"拘束声律而入轻浮"的唐代声律诗之风，曾"作古风三十篇，以矫弊俗"。于濆现存诗仅45首，收录于《全唐诗》599卷中。论及晚唐诗坛，于濆并不为时人所重，但他却是一位具有显著现实主义创作特色的诗人。其作品中反映社会现实和民生疾苦的诗，占据多一半比重，较同一流派诗人如曹邺，显得更有分量。代表作有《苦辛吟》《田翁叹》《陇头水》等，今传《于濆诗集》一卷。生平事迹散见于《新唐书》卷七二、《唐诗纪事》卷六一、《唐才子传》卷八。今人梁超然、毛水清有《于濆诗注》。

边将录戍卒言

二十属卢龙，三十防沙漠。

平生爱功业，不觉从军恶。

今年客冀城，知学弯弓错。

赤肉疼金疮，他人成卫霍。

目断望君门，君门苦寥廓。

9. 戎昱《塞下曲》

戎昱（744—800），唐代诗人。荆州（今湖北江陵）人，郡望扶风（今属陕西）。少年举进士落第，游名都山川，后中进士。宝应元年（762），从滑州、洛阳西行，经华阴，遇见王季友，同赋《苦哉行》。大历二年（767）秋回故乡，在荆南节度使卫伯玉幕府中任从事。后流寓湖南，为潭州刺史崔瓘、桂州刺史李昌夔幕僚。建中三年（782）居长安，任侍御史。翌年贬为辰州刺史。后又任虔州刺史。晚年在湖南零陵任职，流寓桂州而终。中唐前期比较注重反映现实的诗人之一。名作《苦哉行》写战争给人民带来的灾难。羁旅游宦、感伤身世的作品以《桂州腊夜》较有名。

塞下曲

北风凋白草，胡马日骎骎。

夜后戍楼月，秋来边将心。

铁衣霜雪重，战马岁年惊。

自有卢龙塞，烟尘飞自今。

10. 孟浩然《故西河郡杜太守挽歌》

孟浩然（689—740），唐代诗人，名浩，字浩然，湖北襄阳人，世称"孟襄阳"，以写田园山水诗为主，是唐代著名的山水田园派诗人。因他未曾入仕，又称孟山人。襄阳南门外背山临江之涧南园有他的故居。曾隐居鹿门山。孟浩然的诗在艺术上有独特的造诣，故后人把孟浩然与王维并称为"王孟"，有《孟浩然集》3卷传世。

故西河郡杜太守挽歌

天上去西征，云中护北平。

生擒白马将，连破黑雕城。

忽见刍灵苦，徒闻竹使荣。

空留左氏传，谁继卜商名。

11. 陶翰《塞下曲》

（作者生平见前注）

塞下曲

少年辞家从冠军，金装宝剑去邀勋。

不知马骨伤寒水，唯见龙城起暮云。

12. 李世民《饮马长城窟行》等二首

李世民（599—649），唐高祖李渊次子，祖籍陇西成纪，唐朝第二位皇帝，杰出的政治家、战略家、军事家、诗人。李世民少年从军，曾去雁门关营救隋炀帝。唐朝建立后，李世民官居尚书令、右武侯大将军，受封为秦国公，后晋封为秦王，先后率部平定了薛仁杲、刘武周、窦建德、王世充等军阀，在唐朝的建立与统一过程中立下赫赫战功。

公元 626 年 7 月 2 日（武德九年六月初四），李世民发动玄武门之变，杀死自己的兄长太子李建成、四弟齐王李元吉及二人诸子，被立为太子，唐高祖李渊不久退位，李世民即位，改元贞观。

李世民为帝之后，积极听取群臣的意见，对内以文治天下，虚心纳谏，厉行节约，劝课农桑，使百姓能够休养生息，国泰民安，开创了中国历史上著名的贞观之治。对外开疆拓土，攻灭东突厥与薛延陀，征服高昌、龟兹、吐谷浑，重创高句丽，设立安西四镇，各民族融洽相处，被各族人民尊称为天可汗，为后来唐朝一百多年的盛世奠定重要基础。公元 649 年 7 月 10 日（贞观二十三年五月己巳日），李世民因病驾崩于含风殿，享年 52 岁，在位 23 年，庙号太宗，葬于昭陵。李世民爱好文学与书法，有墨宝传世。

饮马长城窟行

塞外悲风切，交河冰已结。

瀚海百重波，阴山千里雪。

迥戍危烽火，层峦引高节。

悠悠卷旆旌，饮马出长城。

寒沙连骑迹，朔吹断边声。

胡尘清玉塞，羌笛韵金钲。

绝漠干戈戢，车徒振原隰。

都尉反龙堆，将军旋马邑。

扬麾氛雾静，纪石功名立。

荒裔一戎衣，灵台凯歌入。

于北平作

翠野驻戎轩，卢龙转征旆，
遥山丽如绮。长流萦似带。
海气百重楼，岩松千丈盖。
兹焉可游赏，何必襄城外。

13. 崔颢《辽西作》

崔颢（704—754），汴州（今河南开封市）人，唐代诗人。唐开元年间进士，官至太仆寺丞，天宝中为司勋员外郎。他秉性耿直，才思敏捷，其作品激昂豪放，气势宏伟，最为人称道的是他那首《黄鹤楼》，据说李白为之搁笔，曾有"眼前有景道不得，崔颢题诗在上头"的赞叹。《全唐诗》收录其诗42首。

辽西作

燕郊芳岁晚，残雪冻边城。
四月青草合，辽阳春水生。
胡人正牧马，汉将日征兵。
露重宝刀湿，沙丘金鼓鸣。
寒衣着已尽，春服谁与成。
寄语洛阳使，为传边塞情。

14. 杨巨源《卢龙塞行送韦掌记》

杨巨源（755—?），字景山，后改名巨济，唐代诗人，河中治所（今山西永济）人。贞元五年（789）进士。初为张弘靖从事，由秘书郎擢太常博士，迁虞部员外郎。出为凤翔少尹，复召授国子司业。长庆四年（824），辞官退休，执政请以为河中少尹，食其禄终身。杨巨源与白居易、元稹、刘禹锡、王建等人交好，甚受尊重。其诗格律工致，风调流美。事迹见《唐诗纪事》《唐才子传》

卢龙塞行送韦掌记

雨雪纷纷黑山外，行人共指卢龙塞。

万里飞沙压鼓鼙，三军杀气凝旌旆。

陈琳书记本翩翩，料敌能兵夺酒泉。

圣主好文兼好武，封侯莫比汉皇年。

15. 徐准《卢龙塞》

（作者生平见前注）

卢龙塞

燕呼黑水作卢龙，塞北风沙泣断蓬。

汉将已随羌笛老，秦人莫恨久从戎。

16. 戚继光《塞上和韵》

戚继光（1528—1588），字元敬，号南塘，晚号孟诸，卒谥武毅。汉族，山东蓬莱人（一说祖籍安徽定远，生于山东济宁微山县鲁桥镇）。明朝抗倭名将，杰出的军事家、书法家、诗人、民族英雄。戚继光在东南沿海抗击倭寇十余年，扫平了多年为虐沿海的倭患，确保了沿海人民的生命财产安全；后又在北方抗击蒙古部族内犯十余年，保卫了北部疆域的安全，促进了蒙汉民族的和平发展，写下了18卷本《纪效新书》和14卷本《练兵实纪》等著名兵书，还有《止止堂集》及在各个不同历史时期呈报朝廷的奏疏和修议。同时，戚继光又是一位杰出的兵器专家和军事工程家，他改造、发明了各种火攻武器；他建造的大小战船、战车，使明军水路装备优于敌人；他富有创造性地在长城上修建空心敌台，进可攻退可守，是极具特色的军事工程。

塞上和韵

飞羽卢龙塞，移军滦水东。

前驱皆大将，列阵尽元戎。

夜出榆关外，朝看朔漠空。

但期常献馘，不敢望彤弓。

17. 伊介夫《塞下曲》

伊介夫，字贞甫，号纯庵，北直隶涿城人，嘉靖二十年进士，任章丘令，通判南康，迁工部虞衡司主事、营膳司员外郎、都水司署郎中。升山东按察司佥事，分巡辽海东宁道。进山东布政司右参议，分守辽海东宁道。嘉靖中任山西按察使副使，整饬蓟州兵备。

塞下曲

团亭北去是滦河，往岁胡儿饮马多。

今日军中有飞将，帐房远徙过沙陀。

18. 梅国祯《出卢龙塞》

梅国祯，字克生，号衡湘，湖北麻城人。万历十一年进士，授国安知县，迁御史。二十年升太仆寺少卿。二十一年八月任大同巡抚右佥都御史。二十六年四月升兵部右侍郎，总督宣大山西军务。

出卢龙塞

晓风匹马渡滦河，极目胡天感慨多。

近塞卤营还历乱，弥山雉堞自嵯峨。

林间残雪经春冻，峡口孤云带雨过。

不少谋臣忧社稷，只应暂许郅支和。

19. 游智开《巡边诗》

游智开（1816—1899），字子代，湖南新化人。晚清官吏，以廉著称。咸丰元年（1851）举人，拣选知县同治四年（1865），署和州知州。在任常出巡四境察访；考核诸生，关心教育；筑濒江堤防，预防水患；改革征粮制度，减少胥吏勒索。旋补无为州，署泗州，严厉镇压民众反抗。曾国藩曾称其治行为江南第一。曾国藩为直隶总督，特调其署深州，再补滦州。所至之处，兴义学，减浮征，弛徭役，同时严厉镇压民众起事。同治十一年（1872），游智开擢永平知府。在永平8年，茸书院，筑城垣，修郡志，均著成效。永平濒海产盐，贫民多赖以为生。时部令禁私贩，改行官引。他上书称："民间少一私贩，即地方多一马贼。盐本宜行官引，永平则仍旧不便。"

巡边诗

马头日日傍边城，向晚城头月又明。

关塞万重天万里，西风何处雁飞声。

城堡篇

1. 赵大经《途中望长城》

赵大经，字春涧，山东德州人，举人，乾隆三十七年至四十年（1772—1775）任乐亭县令。

途中望长城

峰腰一线露边痕，匹马秋风为断魂。

长笑蒙恬伤地脉，何如李广将军屯。

深山虎乳巢墙缺，破障人归越塞门。

太息前朝增垒处，夕阳残堞易黄昏。

2. 刘仑《题燕河营行院》

刘仑，字山甫，号白崖，无为县人。嘉靖二十三年进士，授监察御史，后历任南通政司参议、太仆寺少卿，嘉靖三十九年任湖广巡抚。

题燕河营行院

剑戟森森战气横，云黄草白燕河城。

胡儿不敢边头牧，远向少间学院耕。

3. 刘景耀《桃林口》

刘景耀（？—1639），河南省河南府登封县（今河南省登封县）人，明朝末期政治人物、进士出身。天启二年（1622），登进士。后官至山东按察使金事。崇祯十二年（1639），担任山东巡抚。

桃林口

野水年年去不还，荒林面面出高山。

小舟晚泊鸳鸯渚，画角秋生虎豹关。

出塞将军谁侠骨，中原赤子正愁颜。

悲笳遥对猿啼急，暮日争如归鸟闲。

4. 敦诚《桃林口》

敦诚（1734—1791），姓爱新觉罗，与敦诚、恒仁、永忠、永奎是当时宗室诗人群的中坚人物。著有《四松堂集》，全书共5卷，共收入281首诗，43篇文章。

桃林口

废郭由来久，桃林有旧闉。

女墙生乱草，断堞走行人。

征客愁斜照，山禽送暮春。

前途渺何处，野老指迷津。

5. 陈廷敬《双望堡》

（作者生平见前注）

双望堡

千里营平道，青冥万仞山。

烟烽双望堡，征戍几人还。

塞柳春光断，边鸿夕照间。

萧条怀古意，匹马近榆关。

6. 顾学潮《双望村》

顾学潮，字小韩，江南元和人。乾隆二十九年，由附贡任滦州知州，廉明慈爱，实政惠民，于租种旗地民户尤加体恤，乾隆三十九年（1774）因政绩突出擢升永平知府。同年主持修编《永平府志》。乾隆五十一年闰七月十八日，谕内阁著顾学潮暂署浙江学政，乾隆五十五年八月，擢浙江巡抚。

双望村

邻邑多民事，频将晓色探。

秋声连海壮，雨意带山酣。

一统无中外，分村有北南。

区区尔我见，政体更谁谙。

永平盛世

题记

永平府古城始建于东汉建安十二年（207）。曹操率军北征乌桓，斩单于蹋顿而归。9月份，曹操屯兵于卢龙，修筑平州城，当时为土城。辽太宗大同元年（947），又在旧城以南拓建新城，新城与旧城连成一体，呈月牙状，故卢龙古城有"月牙城"之称。元代在此设永平路，成宗大德年间（1297—1307），在城西建起西城漕运码头。明洪武初改永平路为平滦府。洪武三年（1370），因闹水患，改平滦府为永平府。四年重修府城，"廓其东而大之"。整个城池为砖石结构，四周修筑城墙。城墙周长九里，高三丈六尺，底宽三丈，顶宽两丈。城设四门和水门，门上设城楼。嘉靖四十二年（1563）、万历八年（1580）、万历二十一年（1593）、万历二十七年（1599）、清乾隆三十一年（1766），先后多次重修。四门各有其名。东门分别为"高明""通辽""迎旭"；南门为"德胜""望海""观海"；西门为"镇平""护蓟""望京"；北门为"拱辰""威胡"等。永平府从明代洪武三年到清末，存在了600多年。明清时期，这里始终是京东地区政治、经济、文化的中心，号称"京东第一府"。永平盛世，自然成了诗佳吟咏的题材。

永平府篇

1. 王世贞《永平道中》等三首
（作者生平见前注）

永平道中

卢龙左冯翊，白马旧安西。

浴日沧溟小，摧天碣石低。

虎沈飞将羽，龙出慕容题。

驱传令支塞，问津卑耳溪。

荒祠孤竹并，让国大名齐。

回首哀兵镞，沾膺愧马蹄。

榆关秋一带，慎莫动征鞶。

卢龙署中有寄

山城小鱼鹇鸪啼，杨柳辞寒绿正齐。

我梦春归独不见，怕乘云雨到辽西。

卢龙署中偶成

朱帘翠箔过杨花，睡起中庭日未斜。

却似深闺娇小妇，楼头痴坐怨天涯。

2. 孙廷铨《永平道中》

孙廷铨，字枚先，颜神（今博山）大街人。明崇祯十二年他考中举人，翌年成进士，数年后官至兵部尚书、户部尚书、吏部尚书等要职。1662年（康熙元年），官拜内秘书院大学士，入参机务，在任年余，称"患怔忡之疾"，告病请归。1664年冬，孙廷铨回到故乡颜神镇，杜门谢客，焚香著书，写成《颜神杂记》等著作。

永平道中

烟开林下路，帘出水边家。

山市秋多枣，荒溪雨落瓜。

近边无广袖，列戍尚高牙。

树尽看城阙，危旌有暮鸦。

3. 顾炎武《永平》

顾炎武（1613—1682），原名绛，字忠清，苏州府昆山千灯镇人；后因仰慕文天祥学生王炎午的为人，改名炎武。因故居旁有亭林湖，被尊为亭林先生。明末清初杰出的思想家、经学家、史地学家和音韵学家，与黄宗羲、王夫之并称为明末清初"三大儒"。他一生辗转，行万里路，读万卷书，创立了一种新的治学方法，成为清初继往开来的一代宗师，被誉为清学"开山始祖"。顾炎武学问渊博，于国家典制、郡邑掌故、天文仪象、河漕、兵农及经史百家、音韵训诂之学，都有研究。晚年治经重考证，开清代朴学风气。其学以博学于文，行己有耻为主，合学与行、治学与经世为一。诗多伤时感事之作。其主要作品有《日知录》《天下郡国利病书》《肇域志》《音学五书》《韵补正》《古音表》《诗本音》《唐韵正》《音论》《金石文字记》《亭林诗文集》等。

永平

流落天涯意自如，孤踪终与世情疏。

冯欢元不曾弹铗，关令安能强著书。

榆塞晚花重发后，滦河秋雁独飞初。

从兹一览神州去，万里徜徉兴有余。

4. 尤侗《金人捧玉盘·卢龙怀古》

（作者生平见前注）

金人捧玉盘·卢龙怀古

出神京，临绝塞，是卢龙。想榆关、血战英雄。南山射虎，将军霹雳吼雕弓。大旗落日，鸣笳起、万马秋风。

问当年，人安在？流水咽，古城空。看雨抛、金锁苔红。健儿白发，闲驱黄雀野田中。参军岸帻，戍楼上、独数飞鸿。

5. 谷继宗《卢龙道中》

谷继宗，字嗣兴，号少岱。明代济南人。幼年家贫却勤奋好学，常去寺庙拣取未燃尽的木条，由母亲捆扎成束，供其晚上读书照明之用。正德八年（1513）乡试中举，嘉靖五年（1526）中进士。一生穷困潦倒，仕途坎坷，积忧成疾，导致双目失明。为避乡人，赴章丘投奔好友李开先。章丘士人闻之，纷纷携带礼品前去慰问，与之切磋诗文。居章丘三个月就作诗数百首，赠李开先的律诗长达 170 句。后幸遇良医，以针刺目，从而复明。卒于宜兴知县任上。谷继宗才思敏捷，长于文辞，乡人碑传多其所作。其诗集未及刊刻，崇祯十二年（1639）毁于火，故传世作品较少。卒后，乡人建坊曰"海岱精华"。

卢龙道中

白云卢龙道，青毡使客车。

日瞻沧海近，云带碧山斜。

烽火宵传警，材官晓建牙。

降王能款塞，归及报重华。

6. 綦汝楫《客有道卢龙风景者因赋二律》

綦汝楫，字松友，山东高密县伏家庄人。顺治十二年进士，选翰林院庶吉士，授编修，升检讨，十六年十月进侍讲。康熙六年二月内弘文院学士。著有《四友堂诗》。

客有道卢龙风景者因赋二律

人说卢龙胜，层城枕塞垣。

山深屯虎豹，关隘续轮辕。

落日尘沙静，寒烟草树昏。

孤峰高碣石，朔吹满郊原。

渤海初归客，幽燕绕梦思。

秋风李广石，暮雨伯夷祠。

这舍征鸿过，女墙画角悲。

川原连大漠，冰雪带春澌。

7. 李岱生《卢龙怀古》

李岱生，字千岩，号莱峰，山东高密县西隅人。顺治十五年登进士。康熙二年授福建工乐知县。上章为民请命，措辞益厉，竟以"催科政拙"罢官。"邑人称冤，遂为立生祠祀之。"以成就后学为己任，造门请业者甚众，诲之不倦。有《莱峰遗稿》行于世。

卢龙怀古

无人再出卢龙塞，谁更东临碣石云。

谊重犹推齐仲父，功高惟说李将军。

鸣笳偏在垂棠野，射猎多从孤竹坟。

欲尽残樽向何处，北平城上倚斜醺。

8. 陈廷敬《北平怀古》等二首

（作者生平见前注）

北平怀古

浅草塞沙路，春风数骑行。

常思射虎石，何处北平城。

没羽边云动，收弦塞月横。

书生无燕领，因而倍含情。

次北平

蓟门行巳尽，杳杳复孤征。

落日辽西郡，春风右北平。

登高望远海，饮马出长城。

不作关山使，谁知边塞情。

9. 爱新觉罗·玄烨《经永平城南》等二首

爱新觉罗·玄烨（满语发音：Hiowan Yei，1654 年 5 月 4 日—1722 年 12 月 20 日），清朝第四位皇帝、清定都北京后第二位皇帝。年号康熙，后世称呼为康熙帝。蒙古人称为恩赫阿木古朗汗（Enkh Am-gahan）或阿木古朗汗（蒙语"平和宁静"之意，为汉语"康熙"的意译）。

康熙帝 8 岁登基，14 岁亲政，在位 61 年，是中国历史上在位时间最长的皇帝。少年时就挫败了权臣鳌拜，成年又先后取得了对三藩、明郑、准噶尔的战争胜利，驱逐沙俄侵略军，以《尼布楚条约》确立中国在黑龙江流域的领土主权，举行"多伦会盟"取代战争，怀柔招抚喀尔喀蒙古。

康熙帝是中国统一的多民族国家的捍卫者，奠定了清朝兴盛的根基，开创出康乾盛世的局面，有学者将其尊为"千古一帝"，庙号圣祖，谥号合天弘运文武睿哲恭俭宽裕孝敬诚信功德大成仁皇帝，葬于景陵。

经永平城南

三代幽偏地，秦时右北平。

川原绵大陆，形胜借坚城。

晴日初迎辇，春风暗拂旌。

龙山遥入目，缥缈白云横。

永平驻跸

飒飒风声响画旗，滦河东岸猎归时。

庙堂几务亲裁决，非是行帏寐独迟。

10. 纳兰性德《临江仙·永平道中》

纳兰性德，原名成德，正黄旗满州人，大学士明珠长子。娶两广总督卢兴祖（祖籍永平府）之女为妻，赐淑人。康熙十五年进士，授乾清门三等侍卫，后循迁至一等。康熙二十一年二月，随扈东巡祭祖，路过永平府而作。

临江仙·永平道中

独客单衾谁念我，晓来凉雨飕飕。

缄书欲寄又还休。个侬憔悴，禁得更添愁。

曾记年年三月病，而今病向深秋。

卢龙风景白人头。药炉烟里，支枕听河流。

11. 阿桂《永平府》

阿桂，字广庭，号云岩，章佳氏，满洲旗人。大学士阿克敦子。乾隆三年举人，历迁吏部员外郎、军机章京，内阁学士、军机大臣、工部尚书、吏部尚书、武英殿大学士。

永平府

北平古郡镇幽燕，城外边峰际碧天。

孤竹祠荒云木杳，滦河水驶石染偏。

名高汉代推飞将，人乐清时罢守边。

漫向卢龙歌《出塞》，牛羊满地草芊芊。

12. 朱珪《恭和御制过永平府咏事元韵》

朱珪，字石君，号南崖，顺天府大兴人。乾隆十二年进士，历任福建粮道，湖北按察使，山西布政使，内阁学士，礼部佳郎，两广总督，吏、兵、户部尚书，协办大学士，太子太保，太子太傅等职务。

恭和御制过永平府咏事元韵

天兵振旅指东旋，埽荟雄风迅破坚。

王气云龙迟震业，使臣首鼠递惩惩。

义宣不杀迁三舍，仁算无遗出万全。

禹迹山河归一统，抚时揽胜更光先。

13. 王煦《卢龙怀古》

王煦，清代学者，所著的一部小学著作，由《证音》二卷、《诂义》二卷、《去复》一卷、《补逸》一卷、《检字》二卷共五部分组成。全书共证音80字，诂义114字，补逸字115个，删重文36个。王煦生活于乾嘉时期，致力于《周礼》《仪礼》《春秋》三传以及《史记》《汉书》等的研读，勤于经学，精研文字训诂。所著《说文五翼》体例完备，征引详瞻。该书较《说文》四大家之《说文解字注》《说文解字约注》《说文通训定声》等成书早，但被后起之书所淹没，在后世并没有得到充分的重视，至今未见研究《说文五翼》的专著或论文。

卢龙怀古

平州重镇控燕幽，拔地峰峦郭外周。

一带春云凝远塞，千家烟树覆层楼。

采薇公子常辞国，射虎将军竟不侯。

吊古闲行经晚渡，漆滦呜咽抱城流。

14. 欧阳绍洛《卢龙道中》

欧阳绍洛（1767—1841），初名绍洛，字念祖，一字洞东（一作硐东），湖南新化（一作善化）人。生于清高宗乾隆三十二年，卒于宣宗道光二十一年，年75岁。少孤贫，非其力不食，有梁伯鸾、徐孺子风。乾隆五十九年（1794）中举人。既屡武春官不遇，乃南走粤，北游燕、代。性野逸。敝衣垢履，公卿大夫间，剧谈豪饮，旁若无人。人亦多瞎就之。晚年，躬耕自食，奉母以致。其工于诗，与伍尧法式善、钱楷、谢启昆等相唱和，其湮郁刚介严凝之气，一寓于诗。所著有《碉东诗钞》十卷，《清史列传》行于世。

卢龙道中

畿东形胜数平州，有客来为汗漫游。

终古云烟迷海气，一天风雪拥边楼。

关山未改燕辽旧，鞍马频惊岁月周。

莫指遗踪夸射虎，汉家飞将不封侯。

15. 爱新觉罗·颙琰《恭和御制过永平府咏事元韵》

爱新觉罗·颙琰（1760年11月13日—1820年9月2日），原名永琰，清朝第七位皇帝，清军入关后的第五位皇帝，乾隆帝的第十五子。年号嘉庆，在位25年。乾隆二十五年（1760）十一月十三日出生，母孝仪纯皇后魏佳氏（汉族）。乾隆五十四年（1789），封为和硕嘉亲王。颙琰在位前四年并无实权，乾隆帝死后才独掌大权。颙琰对贪污深恶痛绝，他肃清吏治，惩治了贪官和珅等人。但他为了维护政权稳定对统治阶级的肃贪力度有限，以至于收效不大。终嘉庆一朝，贪污问题不仅没有解决，反倒更加严重。他在位期间正值世界工业革命兴起的时期，也是清朝由盛转衰的时期。这时期发生了白莲教之乱，八旗生计、河道漕运等问题也日益凸显，鸦片亦流入中国。清朝出现了中衰。嘉庆二十五年（1820）驾崩，庙号仁宗，谥号受天兴运敷化绥猷崇文经武光裕孝恭勤俭端敏英哲睿皇帝，葬于清西陵之昌陵。

恭和御制过永平府咏事元韵

天聪创业乾坤旋，告出七天出万全。

雄师八部入三边，直趋燕京攻何难。

六军鼓荡能摧坚，薄城弗取致何焉。

神威示儆舍弗搴，帝悯万姓德弥天。

以仁得之奚事虔，王师回指用维权。

夜趋永平奇兵连，一战克取黔黎安。

息众铙歌返旌旆，折冲留守命重臣。
圣谕严戒毋杀残，复设重镇刁大员。
偾辕败事启争端，明师乘势幸复还。
转败无计坑守官，夜弃三郡归汗颜。
天威震怒申命宣，功成不易惜弃捐。
拘囚赦死惩且劝，文皇功烈巍巍然。
宸怀念祖述辛艰，熙朝万世承乾乾。

16. 张山《发郡城》等二首

（作者生平见前注）

发郡城

乱山围不住，匹马出平州。
旧垒如峰立，长河带石流。
抗怀飞将事，回首少年游。
无限沧桑感，萧萧两鬓秋。

卢龙道中

匹马卢龙道，风沙二月天。
凿山通细路，叠石护高田。
野店难留宿，舟人横索钱。
不禁行役苦，僮仆亦凄然。

17. 刘文麟《永平府》

（作者生平见前注）

永平府

边风如箭客衣单，白草黄沙一望宽。
水为太清偏激急，山非甚竣自峰峦。

层厓细路征轮缓，落日孤城画角寒。
太息汉家飞将勇，不候因失幸臣欢。

18. 梅成栋《永平怀古》

梅成栋（1776—1844），清代诗人，字树君，号吟斋。天津人。嘉庆五年（1880），梅成栋与崔旭、姚元之皆出自清代著名诗人、书画家张问陶（号船山）门下，合称"张门三才子"。道光年间倡立辅仁学院，主讲席十余年。曾在天津水西庄与文人名士结成"梅花诗社"，有许多诗作在士林传诵，是当时天津诗坛公认的领袖。著有《欲起竹间楼存稿》《四书讲义》《管见篇》《吟斋笔存》等，辑有《津门诗抄》。

永平怀古

榆关遥接凤凰城，前代东征过北平。
隋主开疆勤远略，唐家拓土练团营。
中原膏血全输饷，海上创痍正苦兵。
纵有白袍能陷阵，愿消金甲乐时清。

19. 史梦兰《自滦州抵卢龙道中口号》

史梦兰（1813—1898），字香崖，直隶乐亭人。生于清仁宗嘉庆十八年，卒于德宗光绪二十四年，年86岁。少孤力学，于书无所不窥，尤长于史。每纵谈天下事，了如指掌。道光二十年（1840）举人。选山东朝城知县，以母老不赴。筑别业于碣石山，名曰止园，奉母其中，藏书数万卷，日以经史自娱。曾国藩总督直隶，手书招致，深器之。幕中方宗诚、吴汝纶、游智开皆折节与交。国藩留主莲池书院，辞归。著述甚富，有《尔尔书屋诗草》8卷，《文钞》2卷，《叠雅》13卷，《异号类编》20卷，《古今谣谚补注》2卷，《古今风谣拾遗》4卷，《古今谚拾遗》6卷，《燕说》4卷，《双名录》1卷，《笔谈》8卷，《全史官韵》20卷，及《舆地韵编》200卷，均《清史列传》并行于世。

自滦州抵卢龙道中口号

乱峰合沓接榆关，滦水萦回路几弯。

日暮不逢人射虎，短衣匹马过秋山。

20. 师范《永平道中次南池韵》等二首

（作者生平见前注）

永平道中次南池韵

漠膜黄山带野平，朔风吹送晚鸦声。

石桥沙碛空春水，落日寒烟见古城。

山接九边青不断，柳当三月翠初生。

即今海宇无征战，漏永严关角自鸣。

永平郡郭闻钟

荡荡古卢龙，孤城索万峰。

河流吞郡阔，草色入关浓。

国已迷肥子，碑犹纪暮容。

临边无限感，坐倚一楼钟。

21. 张太复《登北平郡城》

登北平郡城

群峰四绕郁崔巍，睥睨横空亦壮哉。

石矗虎头衔日落，河翻龙势破山来。

凉风朔雪三冬尽，白草黄云万里开。

一望榆关接辽沈，当年戈甲仰边才。

22. 齐乔平《登北平城楼》

齐乔平，清代诗人，生平不详。

登北平城楼

西风吹朔漠，白露下遥天。

日落千峰静，河流一带烟。

采薇歌尚在，射虎事空传。

不尽苍茫意，低徊念古贤。

23. 张凤翔《晚登永平城楼》

张凤翔（1874—1960），字采丞，滦州丘家营人，是清廷废止科举之前硕果仅存的末科举人。中举之后的第二年，不再殿试进士，但全国千余名举人仍然礼送北京参考，是为"贵胄学堂"，即皇族子弟学校考选 17 名"教习"，张凤翔以第一名入选，时人视之为"状元"，永平知府曾经大礼招待，传为一时美谈。他不但熟读经史子集，诗文书画俱精，而且是继乐亭史梦兰先生之后又一位冀东文史大家，曾主修《滦县志》，也指导过民国二十年《卢龙县志》的编撰工作。

晚登永平城楼

危楼直上与云齐，绕郭峰峦一望迷。

万点星光天咫尺，满城灯火屋高低。

长街露冷秋虫咽，绝塞风凉战马嘶。

乡思怦怦消不得，几声归雁过河西。

名胜杂咏

题记

卢龙历史悠久，千年孤竹，八百年肥如，六百年永平，书写了卢龙光辉的历史。卢龙是全国屈指可数的"千年古县"。这里名胜古迹颇多，特别是明清时期，永平八景、卢龙八景、石门十景，在历史的隧道里一路辉煌。

胜境篇

1. 徐准《阳台列屏》

（作者生平见前注）

阳台列屏

削就芙蓉挂碧空，开门放入画图工。

浮云但顾无相蔽，西望长安咫尺中。

2. 陈所立《阳台列屏》等二首

（作者生平见前注）

阳台列屏

万壑千崖列作屏，胡尘隔断杳然青。

射飞校尉多乘障，雁度峰头不敢停。

3. 李士模《雪峰寺回舟即事》

李士模，字可庵，山东高密人，进士出身。顺治十四年任卢龙知县。才识优长，遇事立剖。卢邑无专志，公留心纂辑，以备一邑文献。约束胥吏，不假辞色，蠹弊悉除，升大理寺评事。

雪峰寺回舟即事

薄暮垂山蔼，中流落照红。

舟行蓼影上，人语水声中。

4. 张凤祥《过雪峰寺》

过雪峰寺

轻舟过处水溶溶，两岸山光拥万重。

层叠僧楼深嶂里，西风吹下数声钟。

5. 杨在汶《舟泊雪峰寺》

杨在汶，字鲁田，乐亭人。清咸丰年间任邢台教谕。著有《除经草堂诗草》。

舟泊雪峰寺

前路瞑烟稠，蒲帆傍岸收。

钟声山寺晚，渔火大江秋。

夜久霜侵幔，天寒月入舟。

晓来红日上，荡舟起沙鸥。

6. 徐准《钓台月白》等二首

（作者生平见前注）

钓台月白

皎洁冰轮碧槛前，融融河水漾清涟。

一丝钓罢矶头者，问是桐江是渭川。

7. 韩应庚《游清风台》

韩应庚，字希白，东胜左卫人。万历五年（1577）第三甲第十七名进士，授彰德府推官（掌管狱颂的官职），以治绩卓异，万历十年六月升福建道监察御史。治务廉明宽厚，深得民众爱戴。万历二十年（1592）即称病辞官归隐乡里，时年47岁，日日与亲故徜徉于山水间，于永平府城南20里石矶上筑室，名曰钓台（今卢龙县城南钓鱼台村），在钓台上修筑月台楼，以图书花鸟自娱。

游清风台

其一

台枕滦涛秋气清，冥冥征雁暮云横。

龙沙断崖疑无路，鸟道通天忽有城。

商飨历朝伏腊火，神留千古子臣情。

首阳多少登临者，谁步西山第二程。

其二

清风台上兴将狂，稽首宫墙肃趋跄。

揖逊依稀追帝舜，形神隐约忆商汤。

霞标古殿苍松秀，云绕孤城碧水凉。

莫谓二贤身世邈，一堂生气共天长。

8. 范文程《清风台》

范文程，字宪斗，号辉岳。天命间归太祖，参与帷幄，官秘书院大学士。世祖定鼎中原，开国规制，文程定者为多。累加太傅。

清风台

让国清风百世师，阴阴松桧隐空祠。

黄农事业应无异，山水萧森自不移。

石动鼋鼍分大壑，城荒乌鹊下高枝。

接篱同醉花间酒，绝胜襄阳防习池。

孤竹城空隐夕阳，山中笳鼓漫悠扬。

穿林闲听松衫韵，隔岭遥闻薇蕨香。

漆水波澜交宛转，滦河岛屿自苍茫。

登临宾佐多清兴，长啸高台明月光。

9. 周体观《清风台》

周体观（1618—1680），字伯衡，直隶遵化（今河北省遵化市）人。顺治五年（1648）中举，顺治六年（1649）进士，出为江南按察司副使分巡池太道、江西布政司参政分守南瑞道。著有《晴鹤堂集》《南洲草》。致仕后寄居河南浚县，子孙多以科名显。

清风台

独上清风台，豁达见林野。

滦江卷石回，激岩向台泻。

中流孤竹祠，寒烟翻古瓦。

君王绝世代，荒庭谁下马。

婀娜长干树，扁舟杂欲舍。

西山何蜿蜒，幽光开豁閜。

墨胎良故墟，首阳无乃假。

引酒敬吊之，怆然泪双洒。

寂寞两先生，断手后来者。

10. 张元《登清风台》

张元，清代雍正举人。

登清风台

层台临断岸，陡倚俯云林。

大义存天地，清风自古今。

为闻先圣论，因见昔贤心。

披拂归来晚，余芬尚满襟。

11. 爱新觉罗·弘历《清风台》

爱新觉罗·弘历，清高宗，年号乾隆。生于康熙五十年（1711），卒于嘉庆四年（1799）。在位 60 年，退位后又当了三年太上皇，终年 89 岁。乾隆即位之初，实行宽猛互济的政策，务实足国、重视农桑、停止捐纳、平定叛乱等一系列活动中，充分体现了他的文治武功。乾隆帝向慕风雅，精于骑射，笔墨留于大江南北，并是一个有名的文物收藏家。清宫书画大多是他收藏，在位期间编纂的《四库全书》共收书 3503 种，79337 卷，36304 册，其卷数是《永乐大典》的三倍，成为我国古代思想文化遗产的总汇。

清风台

滦水延环曲抱州，崇台百尺枕清流。

乔松古籁佛衣落，快与前贤共唱酬。

12. 爱新觉罗·颙琰《清风台》

（作者生平见前注）

清风台

百尺崇台俯绿州，滦河几曲绕栏流。

图成四景重摛藻，天籁泠然空外酬。

13. 张山《登清风台二首》

（作者生平见前注）

登清风台二首

其一

故国荒孤竹，城门寂寞开。

前贤留胜迹，我辈上高台。

山水清双眼，黄农付一杯。

秋风蕨薇老，欲去复徘徊。

其二

犹记初来日，匆匆卅五年。

回头迷指爪，有梦扰云烟。

14. 秦羽丰《登偏凉绝顶望清风台》两首

秦羽丰，嘉庆举人，永平府滦州海阳书院山长。

登偏凉绝顶望清风台

其一

振衣直上白云颠，放眼崇楼意惘然。

边土由来多胜迹，清风终古说名贤。

都将完节还苍昊，未恤残疆付逝川。

断碣荒山空怅望，聊堪杯酒酹江天。

其二

高歌长剑舞诗筵，为爱黄农矢志坚。

太息飞熊随辇后，谁同叩马哭军前。

中流片石颓波挽，残照孤城古道连。

懦立顽廉师百世，美人香草自年年。

15. 于绍先《丁丑七月十八日侍郡守游公暨志局君游清风台》

于绍先，同治监生，永平府经历。

丁丑七月十八日侍郡守游公暨志局君游清风台

出郭二十里，首阳矗崔嵬。

滦河走山角，急流不复回。

言念思古人，遗迹绝尘埃。

人生各有志，不须后人猜。

高台蹑屐上，远眺何旷哉。

宾客延入座，徐徐清风来。

望古古已杳，安得相追陪。

16. 游智开《登清风台》

（作者生平见前注）

登清风台

扁舟泛滦河，湛湛清见底。

临流峙层台，影落清波里。

凭高纵远怀，今古长如此。

双鹄翩翱翔。邈矣谁能企？

感兹发遥音，松壑涛声起。

17. 史梦兰《丁丑七月十八日侍郡守游公暨志局诸君游清风台》

（作者生平见前注）

丁丑七月十八日侍郡守游公暨志局诸君游清风台

小住太公祠，言寻清圣庙。

凌晨起披衣，同泛滦讲棹。

太守游兴豪，诸子皆英妙。

饮具排舟中，酒杯与茶灶。

把盏望西山，指点众言笑。

须臾到庙门，一径入窈窕。

崇台云外倚，拾级共展眺。

楼影印澄波，松涛激飞瀑。
溪上百鸟飞，柳外秋蝉噪。
残暑尚未退，新凉此先到。
醉后披襟当，泠泠透毛窍。
缅怀古人心，不禁发长啸。
昔待天下清，避居北海隩。
岂非以独夫，腥闻遍四墺。
一旦武王来，坶野宣誓诰。
待清清有期，应惬中心好。
胡为扣马谏，责之以仁孝。
求仁固得仁，易暴讵以暴。
且师已出矣，焉能反涣号。
八百国来同，前徒戈尽到。
尚父方鹰扬，早罢渭滨钓。
二老皆圣人，底事不同调。
特以君臣义，须为万世告。
借此扶纲常，非云妄讥诮。
后来篡弑徒，往往神器盗。
谁具汤武志，动称古是效。
墨胎见及此，数言揭其要。
质之于太公，当以心相照。
彼功在永清，此圣以清造。
一饿足千古，争光并两曜。
今来挹清风，尘虑净如埽。
薄言采蕨薇，聊当苹蘩荐。

18. 白培极《清风台》

白培极，光绪滦州诗人。

清风台

阡原禾黍自犹犹，何处风来六月秋。

脱屣顿思王子去，于人俱美谢公游。

樽前鹅鹳铺平泽，潭底鱼龙浮晚湫。

我与月明潜有约，离骚清酒一渔舟。

19. 王立柱《登清风台》

王立柱，光绪抚宁学者。

登清风台

小艇茶瓜主客同，一帆洄溯圣人风。

滦江十里沿朝旭，孤竹千秋仰闷宫。

画壁寰题辉御气，高台斗酒会诗雄。

清吟莫讶清逾甚，坐对西山俗藻空。

20. 赵建邦《清风台》

赵建邦，光绪乐亭学者。

清风台

三十年前此旧游，山城无恙枕寒流。

幸陪太守重登览，喜有群贤迭唱酬。

雅集大难应快饮，清风长在况新秋。

林峦未暮归舟促，一路高吟惊白鸥

21. 姚永锡《清风台词六首》

姚永锡，光绪乐亭学者。

清风台词六首

其一

孤竹之西首阳山，台榭崔嵬耸汉间。

一自两贤隐此处，首阳山右亦不顽。

其二

升阶拾尽层层级，入室恍在云霄立。

此地本非号崇天，仿佛帝座同呼吸。

其三

四围豁目兴不孤，漫持斗酒相歌呼。

阶下薇香接俎豆，钱驷虽富骨已枯。

其四

当年式食不果腹，而今余韵留松竹。

凌空奏响杂檐铃，倚槛遥听涤烦溽。

其五

我忆昔年有谢公，品格意气称豪雄。

百尺危楼今已矣，却怪怀人错临风。

其六

世人谁能绘风声，无声无形绘不成。

留得此台千古在，倒映滦江水亦清。

22. 柳梦寅《万柳庄》排律十六韵

柳梦寅（1559—1623），字应文，号於于堂，朝鲜全罗道兴阳县人，朝鲜李朝时期著名的汉文学家。中文科状元，历任艺文检阅、关东亚使、弘文馆修撰、汉城左尹、承政院都承旨、礼曹参判等官职。后因政治原因逃到扬州西山隐居，最终被捕入狱获死刑，座谥义贞。作为质正官、问安使、圣节使等于万历二十年（1592）、二十三年（1595）、二十七年（1599）三次出使中国。有248篇散文保存至今，收入《於于集》，还有稗说体散文集《於于野谈》传世。

万柳庄

巾我河车指王京，诸天无际是三清。

朝来失路青霞迥，物外沾衣白露生。

怪石当溪蹲老虎，晴钟殷郭吼长鲸。

茅龙展尾纡清涧，辽鹤舒翎抗画甍。
殹羽凉荫藏小店，拂天高柳满平垧。
临风袅袅齐垂线，匝地森森乱擢茎。
径掺白毡飘落絮，门张翠幄掷流萤。
清尊系马寻芳兴，玉手攀条惜别情。
嫩叶正浓红女织，新枝初畅葆蕤倾。
凋霜啄木秋声急，残绿寒蜩夕吹轻。
万里三游人不识，天高地迥我何征？
神仙缥缈吾身是，山海微茫上界行。
秀闼朱门清画掩，寒衣衰草暮鸦鸣。
风烟淡淡愁山色，歌笑悠悠送水声。
鹤背明参思北极，鳌头归路查东瀛。
烟波梦断卢龙塞，乡客应寻旧姓名。

23. 徐准《漆流带玉》

（作者生平见前注）

漆流带玉

双流潎潎汇平城，好向溪边濯我缨。
万顷琉璃看不足，波光偏映晚霞明。

24. 陈士元《咏夷齐井》

陈士元（1516—1597），字心叔，号养吾，小名孟卿，一号江汉潜夫，又称环中愚叟，明代湖北应城西乡陈岭人。嘉靖十三年（1534），受学业于余胤绪。嘉靖十六年（1537年）成乡举，编成《缶鸣集》。嘉靖二十二年（1543）编成《金陵集》。嘉靖二十三年（1544）中进士；二十四年（1545）任滦州知州。陈士元在滦州任期，为当地建文笔峰，造祭器，修仓廪，并编《滦州志》《海滨集》。嘉靖二十八年（1549）三月辞去官职，回归故里。

咏夷齐井

停车登古道，谒庙首阳岑。

不贪花柳色，渴寻甜水霖。

酌贪岂易志，处涸犹振鳞。

千古夷齐井，清流夜夜心。

25. 冯斗华《佛洞山》

冯斗华，直隶滦州人。万历二十五年举人，曾任山东长山知县。

佛洞山

崆巃山秀耸，登眺若穿空。

入洞幽难测，攀崖路可通。

晚江常载月，小艇任摇风。

兴剧归来晚，渔灯数点红。

注：佛洞山，在城南三十五里，一名窟窿山。洞在绝壁，下临滦河。自石龛左折半里，转龛右而出，冬暖夏凉。

26. 韩原善《揽胜楼》

韩原善，字继之，号鹏南，卢龙人。万历三十五年进士，授青浦知县。三十八年调知长洲。擢户部主事。天启间任辽东开原兵备佥事。

揽胜楼

半郭寒烟簇画楼，楼宾寒雁带霜愁。

浮杯对揖诸峰人，刻韵分敲五夜悠。

金谷频教添酒数，霜篱犹未减花筹。

更阑倒泻天河影，徒倚平看失斗牛。

27. 韩原洞《银杏树》

韩原洞，字开之，韩应庚次子，廪膳生。崇祯三年正月四日，后金兵攻打永平府城，原洞力战而死。

银杏树

老干扶疏竟插霄，万山俯视自逍遥。

月来影欲移千里，风过声如奏九韶。

众口漫传东汉迹，双桢又捧大明朝。

精灵俱可留今古，莫用攀枝叹寂寥。

注：在永平府城西郭家庄曾有古树二株，大可数围，相传为东汉时物。

28. 朱济美《饮飞布楼》

朱济美，明朝卢龙人。

饮飞布楼

三径幽闲任往还，红尘那得到玄关。

花因倦客飘珠玉，楼可舒眸接斗山。

麦浪翻云侵座上，野烧惊月照林间。

醉谈指破痴迷障，始觉英雄泪枉潸。

注：飞布楼在城东五里，乃韩金宪别墅。

29. 谈允谦《滦河泛舟》

谈允谦，字长益，明末镇江岁贡。少年能文，与冒襄、阎尔梅、顾景星、丁耀亢、潘陆等人从事结社活动，以诗文、气节互相砥砺。明亡后，往来于北京、湖广等地，与遗民志士相往还。著有《树萱草堂集》《李贺诗注》《山海经注》《三山志》等。

滦河泛舟

金源遗事若堪求，白鹊翎弹青鹊舟。

既净雨云开塞月，几多箫鼓在中流。

年来边地烽台熄，翻见江南画舸游。

闻此水归溟渤近，可容遵海向之罘。

30. 徐铉《秋日卢龙村舍》

徐铉，字鼎臣，广陵人。累官至吏部尚书。入宋，为太子率更令。太宗太平兴国初，直学士院。八年出为右散骑常侍，迁左常侍。

秋日卢龙村舍

置却人间事，闲从野老游。

树声村店晚，草色古城秋。

独鸟飞天外，闲云度陇头。

姓名君莫问，山木与虚舟。

31. 杨嗣昌《卢龙曲》

杨嗣昌，字文弱，金额武陵县人。万历三十八年中进士，崇祯四年二月任山石关内道、山东按察司佥事。五年三月擢右佥都御史，巡抚永平、山海诸处。七年秋，授兵部右侍郎兼佥都御史，总督宣府、大同、山西军务。崇祯十年升兵部尚书，次年六月改礼部尚书兼东阁大学士，仍掌兵部事。崇祯十四年正月，李自成陷洛阳，杀福王，二月张献忠袭襄阳，杀襄王，杨嗣昌忧惧而死。

卢龙曲

卢龙城下滦水碧，水中鲫鱼长一尺。

蓟州名酒日夜来，寒宵倚歌曙烟台。

卢龙东望接榆关，恰有寒风吹客颜。

一片芙蓉青不落，路旁愁绝兔儿山。

32. 纳兰性德《临江仙·卢龙大树》

（作者生平见前注）

临江仙·卢龙大树

雨打风吹都似此，将军一去谁怜？

画图曾见绿阴圆，旧时遗镞地，今日种瓜田。

系马南枝犹在否，萧萧欲下下长川。

九秋黄叶五更烟，只应摇落尽，不必问当年。

33. 张凤翔《千头岭》

张凤翔（1472—1501），字光世，号伎陵子，洵阳人。生于明宪宗成化八年，卒于孝宗弘治十四年，年30岁。生有异禀，目畏日近视，于暗处反明，灯月之下，犹如白昼。左手横书，兴到笔飞，瞬息满纸。登弘治十二年（1499）进士，官户部主事。凤翔与李梦阳为同年友，梦阳为作小传，至比之王勃。

千头岭

石径一线通，日影蔽云树。

险巇少人行，足底河声怒。

下视心骇然，目眩不敢顾。

登顿脚力穷，蹒跚频缩步。

东北最高峰，绝顶悬瀑布。

天晴风雨来，潇潇在云雾。

下岭日已昏，野寺钟声度。

回首晚烟中，峰影青无数。

注：千头岭在卢龙城南15里，有石山毗邻青龙河。

34. 辛进修《冯家山》

辛进修，康熙十五年例贡生，康熙十八年任抚宁教谕一职。

冯家山

山因姓著久知名，一带春岩望倍清。

石壁窗侵云蠹色，松涛梦讶海潮声。

杖盘危径千峰绕，耳入绝巅万籁鸣。

寄语主人悬榻俟，从兹樽雪有余情。

七里山塘绝点尘，明眸皓齿截肪新。

为思好句传江永，未敢微辞赋洛神。

35. 张星炳《夷齐里》

张星炳，字叙墀，号粤生。河南固始人，光绪六年（1880）进士，翰林。光绪二十三年（1897）任汀州知府。1904年创办汀郡中学堂，并兼任总办官。政暇，常到校巡视，以坚固卓绝砥行励学勉励学生，以宏教育。在汀十年为官严饬吏治，爱民如子，政声卓异。光绪三十二年（1906）冬，调升福州知府，来秀（满族）继任知府，曾任民国总统府高等顾问，卒年73岁。

夷齐里

摇落江湖此结庐，何期得傍古人居。
粟知难与西周比，薇幸犹餐北海余。
菏戴一方新制笠，携持几卷旧残书。
儿今授室余将老，归思多年已渐除。

首阳山篇

1. 曹叡《相和歌辞》

曹叡（204—239），字元仲，沛国谯县（今安徽亳州）人，魏文帝曹丕长子，母文昭皇后甄氏，三国时期曹魏第二位皇帝，227—239年在位，即魏明帝。曹叡能诗文，与曹操、曹丕并称魏氏"三祖"，原有集，已散佚，后人辑有其散文二卷、乐府诗十余首。

相和歌辞

步出夏门，东登首阳山。
嗟哉夷叔，仲尼称贤。
君子退让，小人争先。
惟斯二子，于今称传。
林钟受谢，节改时迁。
日月不居，谁得久存？
善哉殊复善，弦歌乐情。

商风夕起，悲彼秋蝉。

变形易色，随风东西。

乃眷西顾，云雾相连。

丹霞蔽日，彩虹带天。

弱水潺潺，叶落翩翩。

孤禽失群，悲鸣其间。

善哉殊复善，悲鸣在其间。

朝遊青冷，日暮嗟归。

蹙迫日暮，乌鹊南飞。

绕树三匝，何枝可依。

卒逢风雨，树折枝摧。

雄来惊雌，雌独愁栖。

夜失群侣，悲鸣徘徊。

芃芃荆棘，葛生绵绵。

惑彼风人，惆怅自怜。

月盈则冲，华不再繁。

古来之说，嗟哉一言。

惴惴寡弱，如熙春阳。

2. 于濆《感怀》

（作者生平见前注）

感怀

采薇易为山，何必登首阳。

濯缨易为水，何必泛沧浪。

贵崇已难慕，谄笑何所长。

东堂桂欲空，犹有收萤光。

3. 吴融《首阳山》

吴融（850—903），晚唐诗人。字子华，越州山阴（今浙江绍兴）人。

首阳山

首阳山枕黄河水，上有两人曾饿死。

不同天下人为非，兄弟相看自为是。

遂令万古识君心，为臣贵义不贵身。

精灵长在白云里，应笑随时饱死人。

4. 杜甫《过宋员外之问旧庄》

杜甫（712—770），字子美，汉族，祖籍襄阳，生于河南巩县。自号少陵野老，唐代伟大的现实主义诗人，与李白合称"李杜"。杜甫在中国古典诗歌中的影响非常深远，被后人称为"诗圣"，他的诗被称为"诗史"。后世称其杜拾遗、杜工部，也称他杜少陵、杜草堂。代表作有《春望》《北征》"三吏""三别"等名作。杜甫共有约1500首诗歌被保留下来，集于《杜工部集》，其诗对中国文学和日本文学都产生了深远的影响。

过宋员外之问旧庄

宋公旧池馆，零落首阳阿。

枉道只从人，吟诗许更过。

淹留问耆老，寂寞向山河。

更识将军树，悲风日暮多。

5. 胡曾《首阳山》

胡曾，唐代诗人，邵阳（今属湖南）人。生卒年、字号不详。咸通中，举进士不第，滞留长安。咸通十二年（871），路岩为剑南西川节度使，召为掌书记。乾符元年（874），复为剑南西川节度使高骈掌书记。乾符五年，高骈徙荆南节度使，又从赴荆南。后终老故乡。以《咏史诗》著称，共150首，皆七绝。

首阳山

孤竹夷齐耻战争，望尘遮道请休兵。

首阳山倒为平地，应始无人说姓名。

6. 张祜《首阳竹》

张祜（约 785—849），字承吉，邢台清河（一说山东德州）人，唐代诗人。出生在清河张氏望族，家世显赫，被人称作张公子，有"海内名士"之誉。张祜一生在诗歌创作上取得了卓越成就。"故国三千里，深宫二十年"张祜以是得名，《全唐诗》收录其 349 首诗歌。

首阳竹

首阳山下路，孤竹节长存。

为问无心草，如何庇本根。

7. 文彦博《题高平公（范文正）亲书伯夷颂卷后》

文彦博（1006—1097），字宽夫，号伊叟，汾州介休人。北宋时期著名政治家、书法家，被誉为介休三贤之一。天圣五年进士及第，历任殿中侍御史、转运副使等职。绍圣四年，降授太子少保，同年卒，年九十二。徽宗时，与司马光等并入元祐党人碑，后追复太师，谥号忠烈。历仕仁、英、神、哲四朝，荐跻二府，七换节钺，出将入相 50 年。任殿中侍御史期间，秉公执法，曾成功地抵御西夏入侵，被世人称为贤相。有《文潞公集》40 卷。

题高平公（范文正）亲书伯夷颂卷后

（题注：范自青州书寄许下）

书从北海寄西豪，开卷才窥辣发毛。

范墨韩文传不朽，首阳风节转孤高。

8. 石延年《首阳》

石延年（994—1041），北宋官员、文学家、书法家。字曼卿，一字安仁，南京宋城（今河南省商丘市睢阳区）人。早年屡试不中，宋真宗年间以右班殿直，改太常寺太祝，累迁大理寺丞，官至秘阁校理、太子中允。北宋文学家石介以石延年之诗、欧阳修之文、杜默之歌称为"三豪"。宋仁宗康定二年（1041）二月四日，卒于京师开封，年48岁。石曼卿尤工诗，善书法，著有《石曼卿诗集》传世。

首阳

逊国同来访圣谟，适观争国誓师徒。

耻生汤武干戈日，宁死唐虞揖让区。

大义充身安是饿，清魂有所未应无。

始终天地亡前后，名骨虽双此行孤。

9. 郭士道《首阳山行》

郭士道，宋代诗人，生平不详。

首阳山行

首阳山，青龍嵸。

上耸紫盖凌瑶空，下周林壑盘苍龙。

嵯峨自太古，崒嵂镇寰中。

黄河西来绕其下，日夕云气开鸿濛。

恍疑鬼神护，又似丹青工。

诸峰不敢并，苍翠光玲珑。

我生癖性爱山水，见此奇绝摩双瞳。

忽忆武王收诸夏，夷齐叩马来山东。

风云变化适际会，耻逐龙虎争奇功。

归来守岩穴，郁郁抱孤忠。

朝采山上蕨，暮拾山下蓬。

渴饮涧中水，热眠云外松。

既不学赤松子，又不侣商山翁。

丹诚耿耿照白日，劲节凛凛摩苍穹。

首阳青青万古色，不改夷齐之心胸，直与天地相始终。

千载扶名教，二子功无穷。

我歌首阳歌未歇，泠然八表生清风。

10. 范梈《首阳山图》

范梈（pēng）（1272—1330），元代官员、诗人，与虞集、杨载、揭傒斯齐被誉为"元诗四大家"。字亨父，一字德机，人称文白先生，清江（今江西樟树）人。历官翰清江林院编修、海南海北道廉访司照磨、福建闽海道知事等职，有政绩，后以疾归。其诗好为古体，风格清健淳朴，用力精深，有《范德机诗集》。

首阳山图

山漠漠兮谷逶迤，中有二士形容饥，

问之不答告者谁？

在昔父死人致国，弟让兄辞俱去之。

一朝隐居北海北，去乱就治归人师。

遇世偶有战伐事，叩马垂血陈愧辞。

君王知名义臣直，直不退听将奚为？

见兵不果事乃定，耻食其粟隐于斯。

终然饥死兹山下，到今称诵犹当时。

白旄黄钺不可追，功业甚盛德甚衰。

救民水火事诚危，三纲一失谁扶持？

是以圣人表其怨，谓彼仁者良由兹。

首阳之坟高几尺，自古富贵埋没野草空累累。

我欲酹北斗，荐以黄金卮。

展图涕涟洏，此意画者宜不知。

11. 程朝京《首阳》

程朝京，字符直，号萝阳，徽州府休宁人。万历十一年登进士，万历二十三年任泉州知府，二十八年迁知永平府，三十四年五月擢福建漳南道副使。

首阳

二圣蹒跚卧首阳，千秋犹胜野薇香。

揖逊君公真慷慨，遥留征伐大昂藏。

乾坤不毁清风在，伏腊无穷滦水长。

孤竹城边旧时月，夜深燃唱绕沧浪。

12. 陈繗《东皋清隐》

陈繗，海南琼山苍原人，明弘治六年（1493）癸丑，毛澄榜进士，翰林院检讨。

东皋清隐

依稀城郭小江洲，深自深来幽自幽。

几曲沧浪花外雨，一方明月径边秋。

褰云锁断红尘梦，香茗搜空绿醑愁。

为问首阳孤竹下，谓谁还得这风流。

13. 杨宾《望首阳山》

杨宾（1650—1720），字可师，号大瓢、耕夫，浙江山阴人。清初地理学家、文学家、书画家。生于顺治七年，卒于康熙五十九年。少聪慧，8岁能擘窠书。及长，工诗古文，不乐仕进。年十三时，父坐累戍宁古塔，与弟宝请代不许，乃间关往诗。父殁，例不归葬，宾走京师，日哀诉于当道，因得迎母奉父柩归。康熙十七年（1678）侨寓吴门，巡抚举应"博学鸿儒"科，力辞去。宾侍父戍所时，著有《塞外诗》3卷，《大瓢偶笔》8卷，《杂文》1卷，《柳边纪略》《力耕堂诗稿》等。《清史列传》卷70，《杨宾传》。康熙二十八年九月途经永平府所作此诗。

望首阳山

垂鞭信马蹄，平沙入孤竹。

孤竹传者谁？二子伯与叔。

让国久无家，东海留芳躅。

岂至采薇时？不食还乡曲。

而以首阳名，专号兹山麓。

清风讵可攀？庙貌随时俗。

俎豆纵千秋，不饱他人粟。

我来大道旁，日暮仍驰逐。

安得拜衣冠，细摸残碑读。

14. 范秉诚《首阳山》

范秉诚，字绍儒，湖南桂阳人，湘军宗岳军统领。

首阳山

奉檄迢遥戍陇疆，翩翩戎驷共腾骧。

洗兵正喜临渭水，下马先宜拜首阳。

15. 段成己《首阳晴雪》

段成己（1199—1279），金文学家。字菊轩，绛州稷山（今属山西）人，克己之弟。金末进士，官至宜阳主簿。入元不仕，与兄避地龙门山中，能诗词。后人汇集其兄弟诗词为《二妙集》。

首阳晴雪

薇歌一曲对青山，万古千秋老翠峦。

望断空岩人不见，光摇银海玉峰寒。

16. 杨在汶《阳山晚眺》

（作者生平见前注）

阳山晚眺

乡关一路遥，孤岭上苕峣。

远树青围蓟，长河白入辽。

斜阳收急雨，野烧助飞飙。

忽听笳声起，城头月色饶。

17. 丁廷辅《游九莲庵》

丁廷辅，清代诗人，生平事迹不详。

游九莲庵

为防河源信马蹄，深幽疑是武陵西。

凡心到此皆冰释，小寺无名许鹤栖。

白石临流堪作枕，青松夹涧不成溪。

人间粉本从兹有，笑看龙眠一卷携。

18. 李锡朋《九莲庵》

李锡朋，生平事迹不详。

九莲庵

古刹阳山曲，凭临景物幽。

坐看青嶂合，行听细泉流。

籁发千松韵，凉生六月秋。

闲曹无个事，风雨也须游。

19. 张山《游九莲庵》

（作者生平见前注）

游九莲庵

一径入幽窈，风松起翠涛。

云阴山色重，石峭水声高。

选地安吟席，邀僧尽浊醪。

荒庵聊小憩，倚壁听蒲牢。

126

20. 陈赓《首阳望雪》

陈赓（1903—1961），原名陈庶康，1903 年 2 月 27 日生于湖南湘乡。出身将门，其祖父为湘军将领。中国无产阶级革命家、军事家、中国人民解放军大将，国家和中国人民解放军的优秀领导者，新中国国防科技、教育事业的奠基者之一。1955 年被授予大将军衔。曾获一级八一勋章、一级独立自由勋章、一级解放勋章。1961 年 3 月 16 日在上海去世，终年 58 岁。

首阳望雪

天风吹琼瑶，白冒首阳顶。

欲和采薇歌，千山冻云冷。

钓鱼台篇

1. 钟芳《重过钓台》

钟芳（1476—1544），字仲实、中实，号筼溪。出生于崖州高山所（今海南省三亚市崖城镇水南村）。原籍琼山县，是明代著名的文学家、史学家、哲学家、学者、政治家，当过文官、武官、法官、学官和财官的著名人物。钟芳才华出众，学识博而精，对律法、历史、医药、卜算等书籍，无不贯通，写出的文章"雄浑精深，气随理昌"。钟芳著作涉及政治、经济、文化、医学、军事等领域，其哲学著作《春秋集要》《学易疑义》两书，提出"知行本自合一，知以利行，行以践知"的哲学观点，是当时考生的辅导书籍。文学著作《筼溪先生诗文集》，分歌、赋、诗、词等；史学著作《皇极经世图》秉笔直书，修正了不少讹漏。《春秋集要》（12 卷）和《钟筼溪家藏集》（30 卷）被收入《四库全书》。其他著作有《续古今经要》《少学广义》《崖州志略》《养生经要》《皇极经世图》《读书札记》等 20 卷行世。他"上继文庄（丘浚），下启忠介（海瑞）"，具有承先启后的作用，被后世尊称为"岭南巨儒"。

重过钓台

采薇歌歇后，严濑激清波。

帝子自知己，客星将谓何。

道轻周衮黼，节系汉山河。

回首商岩老，应惭定策讹。

2. 霍韬《重过钓台二首》其一

霍韬（1487—1540），字渭先，号兀崖，南海县石头乡（现属广东省佛山市石湾区澜石镇）霍族人。霍韬平生勤奋上进，广博多学，文人学士多称他为渭崖先生。"大礼朝议"斗争之时，他援引古礼，揆之事体，主张嘉靖帝（明世宗），应尊生父"兴献王"为皇考，不同意群臣同议以兴献王为皇叔考之名称，义正词严，力排众议，并使得嘉靖帝最后采纳他的主张。事后升官，他也因避嫌媚上取宠，三次坚辞不受。嘉靖十五年（1536）才官至礼部尚书太子少保。嘉靖十九年（1540），霍韬在京暴病逝世，享年54岁。明帝追封为太师太保。谥文敏，运葬于广东省增城县境风箱冈对面山上，并在乡内建祠祀奉（祠现存），后人对他和石肯乡梁储、西樵大同乡方献夫，同称为明代南海县的"三老阁"。霍韬学博才高，著作甚多，有《诗经注解》《象山学辨》《程周训释》等。今有《霍文敏公全集》传世。

重过钓台二首　其一

古人穷达岂身谋，大舜也陪鹿豕游。

突见夷齐对汤武，错描箕颍高巢由。

若知饥溺共天下，肯控崔嵬兀敝裘。

后世只看名利重，却安渠渎逊清流。

3. 韩应庚《钓台》等四首

（作者生平见前注）

钓台

其一

结树青山里，栖迟得自由。
困来眠小榻，兴到轻驾舟。
事业渐鸣凤，生涯叹拙鸠。
尘缨何处濯，台下有清流。

其二

石壁青含雨，松台迥若悬。
碧潭鱼上下，斜洞鸟飞还。
波漾桐江月，水连渭水天。
倚楼频骋望，长啸欲携仙。

其三

不缘青山里，哪的遂初衣。
无复鸣驺人，惟余携鹤归。
摄生求药饵，托兴问鱼矶。
避远红尘路，栖庐向翠微。

台上吟

华阳陶隐君，仍号山中宰。
我已出世缘，询谋岂堪采。
孤竹城边水，阳山顶上薇。
并作渔台供，水香薇亦肥。
卸却惠文冠，栽成薜荔服。
闲来理钓丝，时复寻樵收。
辞别京华路，归来三十霜。
山居耽习静，身世两相望。

4. 韩应奎《钓台月白楼》

韩应奎,别号东轩,御史季弟。20 岁即登庚午(1570)榜,5 次参加进士考试,方得入选,历任华阴、蓬莱、乐安、温知县。政绩卓著,时人颂之。后卸甲归田,常以济世救人为己任。育有二子,长子韩原济,仲子韩原洁。庚午兵变,敌兵破城,二子俱为国捐躯。

钓台月白楼

载酒过滦江,登歌兴欲望。

台朝天北极,人在水中央。

月白庐烟淡,楼高海气凉。

一竿垂钓罢,清梦到羲皇。

5. 顾炎武《登钓台》

(作者生平见前注)

登钓台

我登钓台山,喟焉念先民。

韩公析胜年,隐此甘垂纶。

九原不可作,山水留清真。

于今有哲孙,逸韵追芳尘。

独抱文献怀,愧我非其人。

徒坚狷士节,与公映千春。

鸿爪虽暂留,龙性终难训。

结交尽四海,落落星向晨。

江湖倘相望,一笑情弥真。

6. 范承谟《永平秋月钓台泛月》

范承谟(1624—1676),字觐公,号螺山,辽东沈阳(今辽宁沈阳)人,汉军镶黄旗,清朝大臣,大学士范文程次子。范承谟进士出身,曾任职翰林院,累迁至浙江巡抚。他在浙江四年,勘察荒田,奏请免赋,赈灾抚民,漕米改折,深得当地民心。后升任福建总督。三藩之乱时，范承谟拒不附逆，被耿精忠囚禁，始终坚守臣节。康熙十五年（1676），范承谟遇害，后追赠兵部尚书、太子少保，谥号忠贞。

永平秋月钓台泛月

极望知流尽，轻舟岸岸移。

恰回丛树后，已在小桥西。

星动渔灯乱，天寒雁阵低。

隐沦何处觅，此地有夷齐。

7. 宋琬《游韩御史钓台》等二首

宋琬（1614—1673），清初著名诗人，清八大诗家之一，字玉叔，号荔裳，汉族，山东莱阳人。生于明万历四十二年（1614），清顺治四年（1647）进士，曾任户部河南司主事、吏部稽勋司主事、陇西右道佥事、左参政，康熙十一年（1672），授通议大夫四川按察使司按察使；翌年，进京述职，适逢吴三桂兵变，家属遇难，忧愤成疾，病死京都，时年59岁。宋琬的诗入杜、韩之室，与施闰章齐名，有"南施北宋"之说，又与严沆、施闰章、丁澎等合称为"燕台七子"。著有《安雅堂集》《二乡亭词》。

游韩御史钓台

先生耋岁返丘园，选胜垂纶此结轩。

到海遥看千派入，倚云高见一峰尊。

月明华表松杉影，雨洗丹梯杖履痕。

谁谓风流难再嗣，客星今已属诸孙。

游钓台作

未雨山如醉，既雨山如醒。

遥遥水云间，苍翠无时定。

我携筇竹根，扪萝践危磴。

平穿鸥鹭群，幽造鹿麋径。

高峰矗层霄，突兀有余劲。
鸣榔潭底遥，吹箫谷中映。
僧房水鸟栖，松际孤烟凝。
薄暮且投纶，阑干醉复凭。

8. 尤桐《陪周伯衡黄门游一柱峰、钓鱼台》四首
（作者生平见前注）

陪周伯衡黄门游一柱峰、钓鱼台

一

偶然走马看花回，却喜登临接赋才。
山势遥吞射虎石，水声长绕钓鱼台。
风吹古墓无人到，月白高楼有雁来。
弹指春光半零落，谁教轻放掌中怀。

二

平生荡桨在江崖，载酒河干望日斜。
疑有山僧点寺石，只无村女浣溪沙。
渡头客散空流水，马上人归满杏花。
紫塞东风暂行乐，严城灯火又悲笳。

三

去去方舟联骑回，登高谁继大夫才。
只今歌舞卢龙塞，何处江山戏马台。
寒菊一丛随客老，怨鸿万字背秋来。
相逢半是东南侣，莫惜风前数引杯。

四

望断楞加水一涯，行春桥傍画船斜。
笙歌子夜犹灯火，仕女轻妆杂縠纱。
绝塞自来绕白发，故人相对只黄花。
且堪痛饮添悲壮，楼堞当风叠鼓笳。

9. 蔡珽《钓台村南坡》等二首

蔡珽（？—1743），字若璞，号禹功，别号无动居士，又号松山季子，汉军正白旗人。康熙三十六年进士，历官翰林院掌院学士兼礼部侍郎，吏部、兵部尚书兼左都御史和正白旗汉军都统，署直隶总督。雍正初年曾赈直隶灾荒以印券给贫民，以工代赈，屡被参劾免官。雍正五年（1727）判斩监侯。乾隆八年卒。有《守素堂诗集》等。

钓台村南坡

朝阳上东岭，草树含辉光。

爱此南坡行，澹然松露香。

林禽啭幽哢，涧阴余夜凉。

徙倚坐白石，沉吟恋众芳。

青山寂无事，素心机亦忘。

清赏妙两惬，镇日同徜徉。

钓台村居

茆屋与尘隔，云峰自一关。

五株陶令柳，数亩谢家山。

晴岭卧黄犊，幽溪下白鹇。

如何垂钓客，日暮不知还。

10. 林养栋《钓台》

林养栋，广东番禺人。万历三十五年进士，万历三十六年任滦州牧，三十八年转任工部。善诗文，工书法，精隶楷，官至知府。

钓台

昔有严子陵，羊裘钓富春。

归来骢马者，白发对纶巾。

达人避朝市，山居复水居。

把钓临钓台，志固不在鱼。

11. 白瑜《秋日登钓台暮宿沙渚》

白瑜，字绍明，永平府卢龙县人，明万历二十三年乙未科进士（1595），选庶吉士，授兵科给事中（负责军事方面"抄发章疏同，稽察违误"），以直言敢谏闻名。据《永平府志》记载，"帝既岫立东宫，上太后徽号，瑜请推广孝慈，以敦厚持廉，惜人才，省冤狱四事进，皆引祖训及先朝事，以规时政，辞甚切。帝不能用。……帝于射场营乾德台。瑜抗疏力谏。又再疏请斥中官王朝栋、永寿。帝不能无憾。"天启三年（1623），白瑜升职为刑部左侍郎，卒于任上，死后追赠刑部尚书衔。白瑜一生刚正不阿，写入史册，《明史》记载："白瑜论郑氏狱，能持平，固卿贰之铮铮者欤。"

秋日登钓台暮宿沙渚

仙槎遥望斗牛边，袅袅商风荇蒂牵。
水浴矶头时隐见，云横雁字任蹁跹。
数敲棋韵杂歌扇，几点鱼灯起暮烟。
榻下主人能款客，疏星犹挂子陵川。

12. 韩原善《钓台》两首

韩原善，字继之，号鹏南，卢龙人。万历三十五年进士，授青浦知县，三十八年调知长洲，擢户部主事。天启间任辽东开原兵备佥事。

钓台

其一

一拳危石俯嵯峨，百尺长松洽薜萝。
封户止须苍壁在，锁牖时有碧云过。
桃源洞口青溪渡，渔父沧浪白苎歌。
浅濑频移垂钓石，严滩春雨几烟蓑。

其二

窥山一窦引樵青，石径渔矶傍水亭。

风磴松敲苍玉佩，云巢天绘欂金屏。

丈人舸舰迷前渚，孺子沧浪过别汀。

钓罢月明江欲晓，纶竿收尽满天星。

13. 韩广业《钓台》四首

韩广业，兵备韩原善之子。崇祯三年正月金兵攻克永平府城后，避难会稽，辞征不出。

钓台

其一

柔烟染黛列春屏，光隐玻璃夜不扃。

云缀天空狎乱碧，峰涵江静印双青。

晴沙向暖鸥分席，晓月余寒雁过汀。

百尺鱼矶清梦好，欣逢杖履近玄亭。

其二

危石留云径未封，奇看万仞玉芙蓉。

天开属户延惊雀，舟小鲸田蹑睡龙。

卜筑百年初见月，衣冠隔座敬闻松。

桃源极目人烟里，槐柳春迟叶几浓。

其三

钓罢纶竿石气舒，巨灵为凿水云居。

驯僧已老还驯鸽，种树多方更种鱼。

古雪喜曾呼白也，新碑惜未见黄初。

天涯兄弟俱白头，辋水何年共结庐。

其四

山云无计挽征车，寄卧渔舟志在鱼。

不信梅花开绝塞，却愁风雨有来书。

中原榛棘双眸尽，两地松楸十载余。

孺子沧浪歌有意，月明归棹理徐徐。

14. 陈所立《钓台》

(作者生平见前注)

钓台

一著羊裘动客星，非熊感遇也无情。

临流莫学任公子，月白江空负钓名。

15. 高辅辰《重过钓台》等三首

高辅辰，字钦亮，人称二亮先生，晚年自号南村病人。天启四年（1624）甲子科举人，后登崇祯十六年（1643）癸未科进士。初任河南安阳县令，仕清后又催补山东范县知县。未几以病辞官。两位藩臬大吏挽留担任乡试阅卷官，高三谢不赴，始奏回籍。不久，盐茶道刘顺、院傅两位侍御史，特保举出任直抚总督，高上疏回答病痊后再奉特旨，当吏部行文调取至京补授官职时，高辅辰再次辞假归田。继丁内艰三年后，屡征不起。平时遍游名山大川，交结海内名宿，诗酒唱和，悠闲自在。虽不做官领俸，但也不问稼穑。著有《存煦堂稿》、纂集《杂组》若干卷。卒年七十有五。

重过钓台

青山啼遍杜鹃红，十载并州客梦中。

重上新亭无限泪，酒阑何处苦东风。

登钓台吊韩开之烈士

立马松原下，遥江过鹜轻。

暗楸莲雨黛，高嶂鼍人声。

威斗麟栖冷，颌珠骊卧腥。

水仙空谷意，徒有碎琴情。

钓台和周给谏韵

穿水云根暗碧涯，隔河村碓野烟斜。

峰蓉侧挂玄鹰室，渚树圆分白鹭沙。

辋口斜川摩诘寺，茅轩驾浪杜陵家。

十年梦薄香炉枕，可听牛羊落日笳。

16. 管珍《九日游钓台》

管珍，江苏省武进人，清代画家，字阳复，号松崖。乾隆年间翰林，官至漕运总督。工花鸟，得恽寿平真髓，尤善设色牡丹。有《松崖集》。

九日游钓台

露桡舡涌客星来，朱鹭飞飞点碧苔。

万壑争鸣孤竹水，夹溪环抱富春台。

问天渔父何年钓，到日花源几树开。

重九风光容易得，白云黄叶正相催。

17. 曹玞《钓台》

曹玞，字公粹，上海人。随祖父至永平，补郡庠。

钓台

同云漠漠结秋阴，牢落穷途负壮心。

岳色江声俱暗淡，不知何地可登临。

千岩风雨送涛声，如此山林足香冥。

当日成连堪把臂，可能移我伯舆情。

18. 赵缵《秋日泛舟钓台》

赵缵，永平府滦州人，由拔贡康熙十一年任磁州知州。在任9年，上官颇称其才，同同知候补，卒于京邸。

秋日泛舟钓台

秋洁滦如镜，孤帆向日开。

衣沾云入座，酒泛翠浮杯。

滩送樯风驶，山迎人面来。

遥瞻峰突兀，疑是子陵台。

19. 高士麟《登钓台月白楼》

高士麟，永平府滦州人，乾隆岁贡。

登钓台月白楼

笑严陵登钓台，羊裘不自媒。

谁将归帝席，帝席殷勤念故人。

谁知一宿动星辰，君房卖菜果求益。

文叔躬耕岂为贫。

韩公亦既助为理，翻然拂袖钓烟水。

长啸酣歌石丈前，不辱不殆诚可已。

我今履公月白楼，上摩苍壁下碧流。

堕泪碑存邹湛去，山高水长千万秋。

20. 史梦兰《韩御史钓台歌》

（作者生平见前注）

韩御史钓台歌

一柱峰前水如注，旁有石矶临古渡。

舟人指点说遗踪，云是韩公栖隐处。

韩公化去三百年，至今遗爱留人间。

出为司李入侍御，绯鱼骢马鵷鸳班。

我昔少年读公传，如从纸上觌公面。

有脚阳春朱广平，雍梁兖豫行皆徧。

苍生待命皆殷殷，掉头忽尔辞朝绅。

十载恩膏布阴雨，半生富贵轻浮云。

古来勇退谁如此，乞归年甫逾强仕。

月白高楼当莵裘，图书花鸟供驱使。

钓台上山山峥嵘，钓台下水水澄清。

先生所乐在山水，山水因以先生名。

君不见，君家淮阴功第一，当年羞与哙等匹。

钓台一去不归来，终教吕雉囚钟室。

人生隐见须有时，塞翁祸福尤难知。

庙宇篇

1. 李颀《登首阳山谒夷齐庙》

李颀，汉族，河南颍阳（今河南登封市西）人，唐代诗人。开元十三年中进士，做过新乡县尉的小官，诗以写边塞题材为主，风格豪放，慷慨悲凉，七言歌行尤具特色。

登首阳山谒夷齐庙

古人已不见，乔木竟谁过。

寂寞首阳山，白云空复多。

苍苔归地骨，皓首采薇歌。

毕命无怨色，成仁其若何。

我来入遗庙，时候微清和。

落日吊山鬼，回风吹女萝。

石崖向西豁，引领望黄河。

千里一飞鸟，孤光东逝波。

驱车层城路，惆怅此岩阿。

2. 司马光《题夷齐庙》

司马光（1019—1086），字君实，号迂叟，是北宋陕州夏县涑水乡（今山西夏县）人，世称涑水先生。进士出身，历任馆阁校勘、同知礼院、天章阁待制兼侍讲、知谏院、御史中丞、翰林院学士兼侍读等职。熙宁三年（1070），他因与王安石政见不同，坚辞枢密副使，以端明殿学士出知永兴军（今陕西西安市），次年改判西京御史台，退居洛阳，专事著史15年。哲宗即位，高大后临政，召司马光入主国事，任命为相（尚书左仆射兼门下侍郎）。著有《资治通鉴》。

题夷齐庙

夷齐双骨已成灰，独有清名日日新，
饿死沟中人不识，可怜今古几多人。

3. 释智圆《夷齐庙》

（作者生平见前注）

夷齐庙

曾闻叩马犯君颜，万古清风满世间。
若使干戈为揖让，夷齐终不死空山。

4. 杨奂《题二贤祠》

杨奂，又名知章，字焕然，乾州奉天人。生于金世宗大定二十六年，卒于元宪宗五年，年70岁。早丧母，哀毁如成人。金末，尝作万言策，指陈时病，欲上不果。元初，隐居为教授，学者称为紫阳先生。耶律楚材荐为河南廉访使，约束一以简易。在官十年请老。卒，谥文宪。奂著作很多，有《还山前集》81卷，后集20卷（元史作《还山集》60卷，元好问作《奂神道碑》则称120卷），《近鉴》30卷，《韩子》10卷，《槃言》25篇，《砚纂》8卷，《北见记》3卷，《正统纪》60卷等传于世。

题二贤祠

从经操懿狃孤儿，世事尤非扣马时。
若道后人真可诳，空山焉有二贤祠。

5. 宋登春《过夷齐祠寄别襄垣殿下三首》

宋登春（约 1517—1584），字应元，号海翁、鹅池，明代诗人、画家，在世于嘉靖、隆庆、万历年间，真定府冀州新河县六户村（今河北省新河县新河镇六户村）人。少年失父母，依靠兄嫂生活，聪慧好学，能诗善画，且"诗祖少陵，画宗吴伟"。30 岁间，妻子儿女五人具丧，宋鹅池须发皆白，自号海翁。此后带义子（侄子）宋鲸弃家远游。他以书画为资，行程 5 万余里，北出居庸，南涉扬子，西越关陕，东泊沧海，广泛结交诗画文人。晚年定居江陵天鹅池（今湖北省石首县国家白天鹅自然保护区），更号鹅池，后于甲申年寒食节投钱塘江而死。宋鹅池一生诗作甚多，五言尤佳，清代才子纪晓岚对他的五言诗评价极高。清代御史陆陇其赞曰"遗稿十存一，光芒若鼎彝"。他的诗文遗著《宋布衣集》3 卷被收入《四库全书》，存诗 340 余首，文 30 多篇，多以游历览胜、思乡交友、即景抒情为题，语言质朴清丽，犹有杜甫陆游之风。

过夷齐祠寄别襄垣殿下三首

其一

春蕨生兮依依，春薇秀兮菲菲。

怅远人兮□□，□公子兮忘归。

其二

云扬兮南山，河流兮潺湲。

怀王孙兮不见，采薜荔兮烹兰。

其三

云袅袅兮行春，望帝子兮忧殷殷。

揽杜蘅兮河渚，结荷衣兮江濆。

6. 杨爵《谒夷齐祠》

杨爵（1493—1549），字伯修，号斛山，今富平县老庙镇笃祜村人。生于明孝宗弘治六年，卒于世宗嘉靖二十八年，年 57 岁。以学行有名。嘉靖八年（1529）进士，授行人。擢御史，以母老乞归。服阕，起故职。时年岁频旱，帝日夕建斋醮，经年不朝；爵上疏极谏，立下诏狱，历五年得释。抵家甫十日，又被逮系狱，三年始还。卒，谥忠介。爵所作诗文，多直抒胸襟。有《杨忠介集》13卷，《周易辨录》4卷（均四库总目），并传于世。

谒夷齐祠

其一

孟津河下谒夷齐，凄怆风霜盈陌衢。

愿借首阳方丈处，藏吾天地一残躯。

其二

晨朝停马拜荒祠，想见当年叩谏时。

却笑史迁传谬罔，武王安肯遽兵之。

7. 赵完璧《夷齐庙》

赵完璧（约1544年前后在世），字全卿，号云壑，晚号海壑，胶州人，生卒年不详，约明世宗嘉靖三十三年前后在世。由贡生官至巩昌府通判。完璧工诗，多触事起兴，吐属天然。有《海壑吟稿》11卷，《四库总目》行于世。

夷齐庙

二贤千载尚余休，古庙荒凉过客留。

秋圃空闻寒雁度，棠梨惟见野蜂游。

拾薇溪壑孤忠老，弃国烟霞百世谋。

8. 唐顺之《谒夷齐庙二首》

唐顺之（1507—1560），字应德，一字义修，号荆川，谥襄文。明朝南直隶武进（今属江苏常州）人，官右佥都御史卒。唐宋派文学家，嘉靖八才子之一，与归有光、王慎中两人合称"嘉靖三大家"。顺之亦善武，通兵法，晓武术。嘉靖八年（1529）会试第一，官翰林编修，后调兵部主事。当时倭寇屡犯沿海，唐顺之以兵部郎中督师浙江，曾亲率兵船于崇明破倭寇于海上。巡抚凤阳，1560 年四月丙申日至通州（今南通）去世。崇祯时追谥襄文，学者称"荆川先生"。

谒夷齐庙二首

其一

未访箕山冢，来经孤竹墟。

精光犹日月，冠冕肯泥涂。

国合归中子，心元避独夫。

千年北海辙，还见盍归乎。

其二

归周仍避纣，渭叟况同襟。

叩马何饶舌，采薇还苦吟。

当年谏武意，昔日事殷心。

生死知音在，明夷用独深。

9. 符锡《谒夷齐庙》

符锡，江西新喻（今新余）人。号符观子，诗人。符锡自小受父亲的影响与教育，青年时代就以文艺著称，举人出身。历任韶州（今广东韶关市）通判，太常典簿等职。明嘉靖十八年（1539）主持重建韶州大鉴禅寺，嘉靖二十年（1541）建韶州城，开四个城门，他命东门为"闻韶门"，谓意为韶乐从韶石山东来，开城门即纳韶。并曾任明代《韶州府治舆图》一书主编。著作有《童蒙须知韵语》《颖江渡稿》，撰《韶州府志》10 卷，《全明词》《全明诗》均有收录符锡的作品。

谒夷齐庙

揽辔骤平郊，牵舟涉滦沚。

荒城数亩余，道是孤竹里。

浊河背北流，团山当面起。

四顾无居民，绕郭但蓁芑。

夷齐去巳久，邑复沦边鄙。

肥如迄辽金，年岁不可纪。

日月重薄蚀，风节谁仰止。

突瞻庙邈崇，迅扫腥膻巳。

大明回离照，皇运寔天启。

蹇余何来兹，滥陪观风使。

造门俨冠裾，升堂荐芳芷。

时当春夏交，宿雨途不滓。

空阶苔鲜合，虚落麦苗薿。

主人足高兴，从者咸色喜。

临河复举觞，观渔旋庖鲤。

眷言百世师，允恊千秋祀。

矫翮戾丹霄，洪涛障孤砥。

昔闻鲁中叟，为国哂无礼。

伟哉圣之清，默契此玄旨。

胡雏何凶顽，悖乱灭人理。

当日据雄藩，迄今秽青史。

永怀清节风，背汗颡有泚。

10. 梅崖《夷齐祠二首》

梅崖，原名方仕，字梅崖，鄞县（今浙江宁波）人。善丹青，著有《图绘宝鉴续纂》。

夷齐祠二首

其一

驱马首阳巅，箕山亦何处。

深夜投古祠，清风在高树。

其二

首阳山下古贤祠，少小曾闻今见之。

四壁萧然风渐渐，犹疑不称采薇时。

11. 杨恩《夷齐祠》

杨恩，字用卿，号凤池，巩昌府陇西人（今甘肃省陇西县人）。万历二十三年（1595）乙未科进士，二甲第45名。授户部主事，监理通州（今河北通县）仓库事务。母丧服满起用后，再补户部主事，当时军务紧急，督粮山海关。博学能做文章，因有足疾归里，闭户著述。著有《渭滨》《草堂》《元亭》三稿和《农谈乐府》等。居家时关心地方文献，明熹宗天启元年（1621）修《巩昌府志》，评者认为文笔质朴而能反映实际。诗文散见于县志中。所作《拾菜》《纳粮户》《蕨根行》等古诗都真实地反映出明末政治黑暗、民不聊生的实况。

夷齐祠

千载清风说首阳，首阳原不是周疆。

荒冢野史流传误，始信忠名处处芳。

12. 徐琼《清节祠》

徐琼，字时庸，天顺进士。明代天顺进士，翰林累官侍读学士，历擢尚书。

清节祠

国统人推仲子承，首阳甘饿有余情。

两逃兄弟彝伦重，一谏君臣大义明。

殷地既非薇自老，周邦虽有粟无生。

故墟古庙昭旌额，篡逆相过愧岂生。

13. 王大合《吊夷齐庙》两首

王大合，四川什邡人，明万历二十年进士，御史王谣子。曾任户部分司主事、户部郎中，官至永平府知府。

吊夷齐庙

其一

采薇已辟东山谷，荐芷谁添北海尊。

小径杉松寒白日，荒祠烟火隔黄昏。

月明华表堪闻鹤，风急空山有断猿。

最是首阳俱浪迹，不须宋玉为招魂。

其二

滦江一曲北平东，江山岿然有故宫。

见说孟津传叩马，谁从渭水卜飞熊。

天寒半挂千山月，树老长吹万里风。

欲撷江蓠频酹酒，松云无数落烟空。

14. 朱禋《题夷齐祠》

（作者生平见前注）

题夷齐祠

兄避讴歌尊父命，弟辞轩冕重天伦。

采薇声断清风远，立懦廉顽亿万春。

15. 才宽《题夷齐祠》

才宽，字汝励，河北迁安人，明成化十四年（1478）进士。坦率直爽，心胸开阔，不拘小节，遇事裁决极快。初任山东商河县知县，考核成绩最佳。升任西安、淮安二府知府，有很多特殊的政绩，善于决断疑难讼案。后历迁河南布政使、都察院右副都御史、工部侍郎，出京任甘肃巡抚，后又转任尚书。因不依附于宦官刘瑾，被派出京总制陕北三边军务。正德四年（1509），正值外敌在河套一带活动，才宽率兵由兴武营出击敌人，贪胜深入，遇埋伏，中乱箭，死于沙场。消息传出后，皇上赐他太子太保衔，赐襄愍称号，并赐祭葬，封赏他的儿子为锦衣卫百户。入祀乡贤祠。

题夷齐祠

孤竹城墟清节祠，追崇新自圣明时。

无端今古风常在，有道精魂祭必知。

16. 金溴《题夷齐庙》

金溴，明成化举人，曾任兵部员外郎。

题夷齐庙

此地名传孤竹城，流风万古有余清。

伐商直谏忠臣义，殉国相逃同气情。

故垒春深芜自绿，荒祠夜静月空明。

幸逢郡守重恢复，轮奂辇飞庆落成。

17. 何文晋《题夷齐庙》

何文晋，明代诗人，生平事迹不详。

题夷齐庙

卢龙故城头，特立夷齐祠。

清风洒古今，义气动天地。

18. 杨祥《谒夷齐庙》

杨祥，永平卫人，天顺进士，户部主事。

谒夷齐庙

兴师牧野吊苍生，二圣由来耻战争。

不向军门上降表，敢于当道请休兵。

一时昆弟真情见，千载君臣大义明。

再拜祠前欲归去，清风时有飒然声。

19. 吴杰《题夷齐庙》两首

吴杰，明弘治进士，曾任永平府知府。

题夷齐庙

其一

夫子何许人，商季德之衰。

让国当年事，廉顽百世师。

耻食东周粟，甘忍西山饥。

苟从叩马谏，民心可熙怡。

其二

平滦古名都，孤竹旧封疆。

庙古丹青剥，城堙草木荒。

崇山峙盘礴，远水来微茫。

予忝守兹土，祀事严丞尝。

裸献明禋礼，君临夫子堂。

徘徊凝望久，寥落人心伤。

屋溜浸冠盖，墉穿损栋梁。

经营宁敢后，修葺讵容遑。

汇匠陶砖甓，抡材简豫章。

巍峨崇殿宇，廓大建宫墙。

黝垩施重壁，丹青炳上方。

庶几昭景贶，端可觅灵光。

清节题华扁，熏蒿蔼长廊。

山川掀地秀，草树发天香。

挹古迥宽厚，钟今启俊良。

清风播千世，地久与天长。

20. 祁凤《题夷齐祠》

祁凤，山西举人，正统年间任永平府儒学训导，升南阳府教授，后入盐山县籍。

题夷齐祠

荒城半没枕滦河，遗庙凄凉翳野萝。

父命是尊兄义厚，天伦为重弟情和。

一心逊国真无愧，千古清风凛不磨。

堪叹四山皆拱服，世人谁复动干戈。

21. 高第《谒夷齐庙》

高第，字登之，永平府滦州人。万历十七年（1589）进士。初令临颍，转户曹，升守大同，擢御史中丞巡抚大同，寻升兵部尚书。天启二年至七年，被劾闲住归里。崇祯初，诏复原官。崇祯十二年放还归里。著有《太极良知》《抚云疏稿》《籁真》等。

谒夷齐庙

树压荒城古庙幽，千年遗像意悠悠。

采薇高节首阳在，孤竹清风濡水流。

香火山翁频伏腊，沧桑世代几商周。

我来瞻拜增伤感，不为登临览胜游。

22. 韩应庚《谒夷齐庙》

（作者生平见前注）

谒夷齐庙

清圣非苦节，洒见纲常先。

君父固攸重，子臣情堪怜。

此情不自己，奚恤后誉延。

邈矣采薇事，市朝已数迁。

谁招饿夫魂，庙食首阳巅。

寒松复碧瓦，古殿生黄烟。

遗像俨生存，咫尺手足连。

> 拱拜瞻容色，恭逊蔼周旋。
> 盘无周室粟，陇有洞山田。
> 粢盛戒清酤，伏腊去肥鲜。
> 光灿北海滨，历历三千年。
> 高风自长久，污世空颠沿。
> 所以嗟贪夫，身没名不传。

23. 叶世英《夷齐庙》

叶世英，字春谷，浙江宁波人，进士。明万历二十四年任卢龙县知县。官至兵部主事。

夷齐庙

> 商周宫阙今何在，二圣祠前尚可寻，
> 沧海桑田成幻迹，天伦亲命不磨心。
> 碑残苔藓香遗墨，芷荐清芬蕨共歆。
> 更美一泓台下水，滔滔千古自成音。

24. 柳梦寅《夷齐庙》

（作者生平见前注）

夷齐庙

> 首阳苍翠郁嵯峨，滦水悠悠也自波。
> 土俗尚闻孤竹庙，邦人能唱采薇歌。
> 一时贤士知俱出，万古高名问孰多。
> 此地清风吹不尽，荒台只是旧山河。

25. 李文《重修夷齐庙感怀》

李文（1405—1489），陕西行都指挥使司西宁卫（今青海省西宁市）人，祖籍陕西省华阴县，李英从子，明朝军事将领，封高阳伯。明天顺四年（1460）8月，瓦剌部兵犯大同，李文因指挥失误，致使瓦剌军队突破雁门关，占领了今天的山西代县等地，李文也因此被削夺了高阳伯的封号，并被降职使用。明宪宗成化九年（1473）李文乞休回家，得到了朝廷的批准。戎马一生的李文开始了在西宁的闲居生活。李文被封高阳伯后，其家也就从东土司李英家族分化出来，回到青海后，李文便在今天的西宁南川建立了土司府，史称西土司衙门。明弘治二年（1489），李文病逝于西宁，并葬于旱坪山麓，享年84岁。感念李文的功绩，明王朝依旧追封他为高阳伯。

重修夷齐庙感怀

新庙辉煌壮一方，殷勤此日奠椒浆。
闻周养老来滨海，痛纠违天隐首阳。
千载清名昭日月，九天典祀荐蒸尝。
不因太守敦风化，依旧城阴遍野棠。

26. 薛穰《题夷齐祠》

薛穰，字有年，鄞（今浙江宁波）人。成化壬午（按成化无壬午，疑为天顺六年壬午至1462）举应天乡芦授知豚、滦二州。博学能文，诗宗唐人，书法学钟、王。

题夷齐祠

竹帛昭垂旧隐名，商周兴废总关情。
蓟门东下留遗庙，辽海西来见古城。
尼父独称贤迈古，邹人曾记圣偏清。
悠悠往事何须问，黄叶秋风感慨生。

27. 王玺《题夷齐祠》

王玺，明代医家。字昭时，直隶孤竹（今河北卢龙）人，尝任都指挥佥事等职，且有文略，兼通医学，撰有《医林类证集要》10卷行世，今存有刻本。

题夷齐祠

忆昔孤标不徇名，一时推让见真情。

耻居汤武兴师地，肥遁唐虞见国城。

薇老空山无故迹，风流百世有余清。

圣贤有意垂经史，一睹令人百感生。

28. 陆宽《题夷齐庙》

陆宽，曾任永平府滦州儒学训导，生平事迹不详。

题夷齐庙

孤竹遗庙接平原，烟草微茫迹尚存。

高祖一生轻富贵，清风千古播乾坤。

落成祠宇贤侯泽，血食春秋圣主恩。

愧我微官来此地，西风瞻拜荐蘩苹。

29. 邵逵《谒夷齐庙二首》

邵逵，曾任明朝永平府同知，生平事迹不详。

谒夷齐庙二首

其一

孤竹之城成荒芜，孤竹之庙何其都。

森森松柏栖寒鸟，蒲牢铁马惊城狐。

忆昔商季民力瘁，吊民伐罪相剪屠。

因心让国若泥涂，军民叩马声喧呼。

其二

弟让兄辞旧，周兴商灭时。

片言伸大义，一举破群疑。

清节新祠额，高风后世师。

九原如何作，聊与子同归。

30. 王玥《谒夷齐庙有感》

王玥，永平卫人，弘治进士，监察御史，生平事迹不详。

谒夷齐庙有感

逊国求仁已得仁，马头忠谏逆龙鳞。

一时穷饿甘心死，万事褒崇大义伸。

衰草寒烟迷故里，清风明月伴遗真。

剜苔几读荒碑字，孝弟由来出荩臣。

31. 周渲《谒夷齐庙二首》

周渲，明弘治举人，曾任永平府推官，生平事迹不详。

谒夷齐庙二首

其一

商纣当今禄永终，万夫天子匹夫穷。

人臣此日安于死，节义夷齐孰与同。

凛矣清风昭汗简，浩然正气愧奸雄。

圣朝祭典崇清节，茅草丘原落日红。

其二

逊国求仁已得仁，采薇甘死是人臣。

精忠耿耿寒星斗，劲节棱棱动鬼神。

哀草荒烟孤冢没，丞尝祀典一时新。

愧予小子未闻道，落月空梁亦效颦。

32. 吴祺《拜夷齐祠》等二首

吴祺，明弘治永平府滦州学正，生平事迹不详。

拜夷齐祠

商家锺虞甫迁移，四海宗周共戴之。

独向军门厉臣节，耻于当道树降旗。

半生蕨薇甘岑寂，万古纲常赖指麾。

昨拜祠前归去晚，清风一味弄寒漪。

夷齐庙抒怀七首

其一

有商之季国统危，庙貌匪故钟虞移。

箕子为奴微子去，剖忠刳孕人心离。

其二

兄辞弟让不受国，尧授舜禅非其时。

白鱼入舟蒙革命，赤火流屋兴义旗。

其三

片言激切金石烈，寸心忠赤天地知。

三分天下会朝一，分茅胙土因等差。

其四

洁身独耻食周粟，隐居甘嚼西山芝。

北海神龙不可致，丹山瑞凤谁能羁。

其五

首阳饿死兄弟俱，君臣父子名不亏。

维杨太守重清节，作庙复辟平滦基。

其六

山高水深地增胜，春牢秋醴无愆期。

兴废举坠首及兹，廉顽立懦功名垂。

其七

百代名教公扶持，千年血食恤如斯。

孔子仁分孟子圣，天下至今歌颂之。

33. 孙骥《夷齐新庙落成抒怀》

孙骥，曾任明弘治永平府通判，生平事迹不详。

夷齐新庙落成抒怀

当年让国岂沽名，自是天伦友爱情。

芳草绿茵祠下路，寒泉碧绕涧边城。

乾坤潜德丘山重，今古遗风玉雪清。

贤守驰情闻圣主，恩封新庙阐平生。

34. 王之屏《谒清节祠》

王之屏，长洲县人，嘉靖举人。曾任明万历永平府推官，明万历十四年（1586）河南提刑按察司副使。虽然王之屏考取了功名但并未出仕，居乡里常怀仁德之心，后葬于沂州城东北两里外祊河南侧。

谒清节祠

寒鸦栖古木，清节俨滦濆。

脱屣浑无国，承祧赖有君。

西山人已远，北海风犹存。

一圣邈难得，况乎亲弟昆。

35. 杜浚《拜夷齐庙》

杜浚，永平府昌黎县人，曾任礼部司务，生平事迹不详。

拜夷齐庙

众叛亲离事已非，商家城郭半陵夷。

微躯敢抗三军勇，大厦还将一木支。

崇报喜承昭代典，纲常无愧后人师。

仰瞻遗像徘徊久，带得清风满袖归。

36. 朱睿《拜新修夷齐庙》

朱睿，曾任永平府滦州儒学训导，生平事迹不详。

拜新修夷齐庙

遁迹烟霞意如何？犯颜匡复旧山河。

昌黎有颂应无愧，尼父称仁耿不磨。

新庙岂劳民力久，封碑重荷圣恩多。

黄堂感此情无极，一度停骖一咏歌。

37. 谢理《重修夷齐庙感怀》

谢理，曾任永平府儒学教授，生平事迹不详。

重修夷齐庙感怀

再新祠宇庆翚飞，松柏森森绕故基。

蕨薇半生甘寂寞，纲常千古赖扶持。

廉顽立懦功垂世，吊古寻幽事属谁？

最是苍茫怜义士，辄将疏雨洗残碑。

38. 李恭《谒夷齐庙》

李恭，曾任永平府儒学教谕，生平事迹不详。

谒夷齐庙

轲书尝美圣之清，元季难为两弟兄。

逊国遁世如脱屣，食薇甘死肯埋名。

万寻气节凌霜厉，一点仁心贯日明。

昨向故城游历处，高山景仰人起敬。

39. 郝隆《夷齐庙抒怀》

郝隆，永平府滦州人，曾任金华府知府，生平事迹不详。

夷齐庙抒怀

太守忠情达建章，清风耿耿动明皇。

春秋大祀新神庙，泉石还依旧女墙。

万古圣贤昭隐德，几多冠盖把余光。

丰碑记事无须颂，愿共尧天化日长。

40. 张廷纲《题夷齐庙》

张廷纲，弘治进士，永平卫人，曾以奉敕布告安南使身份为弘治十四年《永平府志》所作序言。

题夷齐庙

其一

纣恶滔滔水注河，商家元气付丝萝。

二难大义惭周粟，千古清风并蕙和。

自是白兮辎不染，由来坚矣磷难磨。

只缘宗社甘遮道，岂计前途已倒戈。

其二

首阳之巅幽且岑，滦江之水清且深。

试将一酹生刍意，不尽万古仁人心。

祠前满地多芳草，洞外长松广啼鸟。

登临感慨谿吟眸，数点青山云外小。

41. 唐守《读书清节祠》

唐守，永平府卢龙人，曾任衡州推官，生平事迹不详。

读书清节祠

孤城咽寒水，古庙照斜阳。

国让仁奚让，身亡义不亡。

墨胎有中子，殷民无二王。

圣庙额清节，只为重纲常。

42. 爱新觉罗·玄烨《夷齐庙》

(作者生平见前注)。

夷齐庙

滦河水清驶，荒山屹然峙。

上有孤竹城，乱石半倾圮。

堂庑既具观，庙貌亦俨尔。

缅怀商代末，天下渐披靡。

　　兹地实藩封，人民差可恃。

　　兄弟以义让，富贵如敝屣。

　　扣马谏武王，数语昭青史。

　　循迹首阳山，薇蕨何其美。

　　万载挹高风，顽懦闻之起。

　　苍苍台下松，荡荡台前水。

　　劲节与澄流，不愧相比拟。

　　停銮碧山阿，怀古未能已。

43. 爱新觉罗·弘昼《题夷齐庙》

　　爱新觉罗·弘昼（1711—1770），雍正帝第五子。雍正十一年（1733）三月封和亲王。

题夷齐庙

　　敬受吾皇令，抒诚谒二英。

　　孔称仁已得，孟曰圣之清。

　　维世纲常定，持身节操明。

　　愧他冰与雪，未许比晶莹。

44. 爱新觉罗·弘历《夷齐庙》等二首

　　（作者生平见前注）

夷齐庙

　　乾隆御制《夷齐庙诗序》：卢龙孤竹城，夷齐庙在焉。史称夷齐耻食周粟，饿死首阳。《诗》云：采苓采苓，首阳之颠。《疏》谓在河南蒲阪，而《庄子》则曰首阳山在岐山西北，曹大家云在陇西，《元和郡国志》谓首阳山在河南偃师，《说文》又谓在辽西。则是首阳凡五，各有证据，而其为夷、齐饿死之处则一也。将孰之从，唯《辽史》所载，营州临海军下刺史，本商孤竹国，今之卢龙，即辽营州地也。《尔雅》所举孤竹、北户，注谓孤竹在北。周时幅员不广，其以此处为极北，故宜。然则《说文》所谓首阳山在辽西者，此为近之。

殆以诗在《唐风》，而扣马而谏当武王伐纣之时，由是岐、陇、蒲、偃，皆附会其说耳。夷、齐清风在，天下何处非首阳，岂争疆域乎？冕旒而墨胎而以祀者，尤非其志。因系此诗而考其说如此。

> 轩冕泥涂是本肠，肯容儒雅污冠裳。
> 薇苓依旧西山岵，顽懦羞登夫子堂。
> 只为心惭踪异武，敢将口实罪归汤。
> 岂争陇右还蒲左，天下清风尽首阳。

> 得圣之清孰与齐，首山途便此凭跻。
> 为传公信及公达，底觉辽西复陇西。
> 何事宋朝锡圭冕，可知夫子视涂泥。
> 史迁慨羡青云士，未识浮名本稗秕。
> 墨胎可比伯夷贤，戊戌曾经此泐篇。
> 应劭又云国君姓，千秋究史轨真传。

夷齐庙四景

孤竹城

> 令支让国先延陵，孤竹谁知中子名？
> 太白一篇真卓识，淮南尺布独何情。

揖逊堂

> 堂名揖逊是谁题，回跖评量语不稽。
> 迁也亦知天道否，千秋尸祝属夷齐。

屈蟠松

> 清风台畔屈蟠松，偃折盘盘翠樾浓。
> 高咏西来采薇句，果然无碍后凋逢。

清风台

> 滦水延环曲抱州，崇台百尺枕清流。
> 乔松古籁佛衣落，快与前贤共唱酬。

45. 爱新觉罗·颙琰《恭和御制夷齐庙即事元韵》五首
（作者生平见前注）

恭和御制夷齐庙即事元韵

葆祠几度六飞临，二老孤忠感睿吟。
知命难从龄锡主，爱君共守岁寒心。
秋风古殿松杉老，夜月空阶猿鹤寻。
大节独标千万世，昭然遗迹兆民钦。

恭和御制夷齐庙元韵

弟兄清节标孤竹，逊让原根天性然。
心愿求仁不求位，名衷先圣与先贤。
封齐大业虽能建，扣马片言孰并传。
回首磻溪尘迹泯，崇祠终古立青天。

恭和御制夷齐庙四景

孤竹城

扣马登山往迹陵，严城犹著二难名。
千秋清节传青简，终古依依兄弟情。

揖逊堂

永怀胜迹孰留题，圣许求仁语可稽。
揖逊标名名实副，居人世代仰夷齐。

屈蟠松

本性坚于万古松，贞姿不谢绿常浓。
停銮静对蚪螭干，二老应欣盛世逢。

清风台

百尺崇台俯绿州，滦河几曲绕栏流。
图成四景重摛藻，天籁泠然空外酬。

夷齐庙·即事

孤竹遗踪古籍传，至今庙祀尚依然。

顽廉懦立清风着，扣马批鳞大节宣。

二老昭垂名总正，独夫直斥论终偏。

得仁何怨甘恬澹，展拜抒吟钦哲贤。

爱新觉罗·颙琰御制诗

巍然庙貌景前贤，昆弟同心节义宣。

扣马精诚贯天地，千秋信史美贞坚。

崇祠展谒慕高风，懦立顽廉济世功。

乐道得仁又何怨，浮云富贵总空空。

46. 顾炎武《谒夷齐庙》

（作者生平见前注）

谒夷齐庙

言登孤竹山，怃然思古贤。

荒祠寄山椒，过者生恭敬。

百里亦足君，未肯滑吾性。

逊国全天伦，远行避虐政。

甘饿首阳岑，不忍臣二姓。

可为百世师，风操一何劲。

悲哉尼父穷，每历邦君聘。

楚狂歌风衰，荷蒉讥击磬。

自非为斯人，栖栖无乃佞。

我亦客诸侯，犹须善辞命。

终怀耿介心，不践脂韦径。

庶己保平生，可以垂神听。

47. 陈廷敬《夷齐庙》

（作者生平见前注）

夷齐庙

清圣祠堂沧海边，首阳往事尚依然。

峥嵘泰伯兴周日，寂寞成汤放桀年。

万世君臣今论定，古来兄弟几人传。

只将一勺滦江水，挹取山薇荐豆边。

48. 东荫商《谒夷齐庙》

（作者生平见前注）

谒夷齐庙

秣马西周客，维舟北海滨。

关河犹此地，今古有斯人。

松老荒祠月，山间故国春。

自怜藜藋士，终愧采薇民。

49. 李士模《夷齐庙怀古》

李士模，清初卢龙知县。

夷齐庙怀古

让国虽绝德，能受乃独良。

所以歌浓夏，中不及黄唐。

轩固摧炎烬，尧亦克让王。

重器难久虚，异代维其常。

孟津既无渡，商辛讵不亡。

纣惟弗克靖，大介乃张皇。

先生为殷惜，实切为武伤。

一死存千古，岂曰谓存商。

许由三皇资，遇帝则洗耳。

夷齐帝者师，遇王轻一死。

器识故有恒，各视其相取。

使其在勋华，定当不尔尔。

虞夏何风归，孤亭俯寒水。

墨胎两公子，俱贤应当璧。

惟伯义而严，惟叔贞而一。

商德既告终，国统弗可失。

孤竹鉴其深，安之恐成矶。

彼固丑有周，亦恐薄商粟。

属意在中子，故为立少激。

成其志与仁，绵我社与稷。

厥衷竟不白，千载弗为稽。

祠宇对清流，父子依魂魄。

50. 陶元藻《过孤竹城谒夷齐庙》

陶元藻（1716—1801），字龙溪，号篁村，又号凫亭，会稽（今浙江绍兴）人。乾隆贡生，九试棘闱，屡荐不得上。历游燕、赵、齐、鲁、扬、粤、瓯、闽之境。诗文均负盛誉。游京师，题诗旅壁，袁枚见而称赏，为撰《篁村题壁记》。至广陵，为两淮转运使卢雅雨幕僚。卢大会名士70余人于扬州红桥，分韵赋诗，元藻顷刻成10章，莫不倾倒，时称"会稽才子"。不久归籍，在杭州西湖建泊鸥庄，专事著述，历30余年，著有《全浙诗话》54卷、《凫亭诗话》4卷、《越谚遗编考》5卷、《泊鸥庄文集》12卷、《越画见闻》3卷，斯盖专辑旧绍兴府属画人而各为之传，有乾隆六十年（1795）自序。卒年八十六。

过孤竹城谒夷齐庙

茅土何人锡，兴亡肯晏然。

行歌采薇日，洒泪渡河年。

古庙空原上，荒城落日边。

油油禾黍地，惆怅旧山川。

51. 魏象枢《巡行过北平登孤竹堂望伯夷叔齐庙有感》

魏象枢（1617—1687），字环溪、环极，号庸斋，山西蔚县人，清初大臣。崇祯举人，顺治进士。初任刑、工、吏诸科给事中。康熙年间任顺天府尹、左都御使、刑部尚书等职。著有《儒宗录》《知言录》《寒松堂集》等。

巡行过北平登孤竹堂望伯夷叔齐庙有感

孤竹何崔嵬，两圣高千古。

仰止梦魂间，有怀常欲吐。

安得陟山巅，瓣香头一俯。

告我希圣心，难济苍生苦。

凛凛对简书，汗下挥如雨。

此行负朝廷，愆尤何日补。

遥望乞神灵，相助驱豺虎。

滦水无自波，澄清在畿辅。

52. 高士奇《过卢龙县孤竹城恭和御制夷齐庙》

高士奇（1645—1704），字澹人，号瓶庐，又号江村。浙江钱塘余姚人。以钱塘籍补杭州府学生员，康熙十年入国子监，试后留翰林院办事，供奉内廷。十四年授职詹事府录用，不久升内阁中书。十八年后历任翰林院侍讲、侍读、侍读学士、詹事府少詹事。二十八年被劾归里。三十三年奉召入京，充《明史》纂修官。四十一年升礼部侍郎兼翰林院学士，加正一品，以母老未赴。著有《春秋地名考略》《左传国语辑注》《扈从西巡日录》《清岭堂全集》等。

过卢龙县孤竹城恭和御制夷齐庙

史迁著列传，夷齐乃居首。

慷慨念声施，青云永不朽。

砥行与立名，兹言亦借口。

蔽屦视千乘，身后复何有？

西山云耻周，北海亦避纣。

抗怀天地间，踽踽绝侪偶。

遐尚渺畴昔，凭吊歔童叟。

附会采薇迹，洛阳或陇右。

适来孤竹城，庑宇宠丹黝。

摄衣历虚堂，俨然肃冠绶。

白日暗阶除，寒烟生几牖。

寂寞荒祠春，顽儒咸奔走。

粤稽祥符中，加以侯封久。

古人如有之，一笑同刍狗。

借问墨胎祀，奚若首阳寿？

猗与清且仁，千秋良独守。

53. 徐廷璨《春游夷齐庙四章》

徐廷璨，抚宁县城北街人，岁贡（俗称秀才），曾撰稿康熙二十一年《抚宁县志》。

春游夷齐庙四章

迟迟春日，卜兹芳朝。

言策我马，于彼雪郊。

清风有台，上彻云霄。

我游其下，采薇之苗。

岂无清流，我缨斯浊。

岂无高山，供我遐瞩。

古人有言，惟日不足。

迨此良辰，云何不乐。

言有春衣，岂必浴沂。

亦有童冠，可以咏归。

虽有丝竹，清风发挥。

西山夷叔，邈焉莫追。

瞻乌爰止，伯夷之庐。

我行其野，舍此焉如。

青山在眼，名酒在壶。

有风自东，飘飘吹余。

54. 傅以德《谒清节祠》

傅以德，字江枫，清光绪五年己卯科第 20 名进士，清代诗人，有《谒清节祠》等诗作留世。

谒清节祠

俗子拜清光，清风冷俗肠。

求仁双去国，取义独存商。

马首词何壮，山中蕨更香。

周畿今已亦，孤竹不沧桑。

55. 张太复《谒夷齐庙登庙门楼作》等二首

（作者生平见前注）

谒夷齐庙登庙门楼作

望望孤竹城，去去北平路。

弥弥一水间，袅袅长桥渡。

峨峨见台殿，清圣冕旒具。

升堂展谒余，门楼信飞步。

浩浩滦河流，郁郁首阳树。

山川良匪新，城郭谅匪故。

长令百世下，廉立到妇孺。

采采薇蕨香，清风有余暮。

谒夷齐庙古松

我昔游晋祠，周柏瞻嶙峋。

前一偃盖松，排空却横陈。

柏直穿白云，松曲走电轮。

当时诧奇观，欲去还逡巡。

兹松奇离弃，怪变尤绝伦。

拔地不竞丈，斗下垂其身。

倒走欲及根，奋爪而张鳞。

一折忍上出，怒尾捎青旻。

翠鬣阴蔽亩，虬卵实结蘋。

不知所种年，毋乃先封秦。

观其状则屈，蓄其势则伸。

殆如夷齐俦，独行无比邻。

不学周顽民，不作周嘉宾。

一谏不得当，去去称逸民。

其身甘屈蠖，其志高绝尘。

树木与树人，万古相依因。

我来重摩挲，顽懦同一振。

飒然风雨来，如在黄虞春。

56. 李善滋《谒夷齐庙》

李善滋，字心耕，号良圃，披垣五子。乐亭人，南垣太守。道光壬午举人，咸丰元年举孝廉方正。道光壬午举于乡。居家孝友，恒以清苦自励，日用有不给，处之宴如也。家世贤贵，人视之如寒素，毫无纨绔气。授徒40余年，课艺必尊先正。间事吟咏，朴澹真率，绝去雕饰，但自抒己见。其佳者辑入《永平诗存》。咸丰初元，邑人循恩诏公举孝廉方正，士林荣之。

谒夷齐庙

孤竹遗墟谷，斯人宛在兹。

一放存庙祀，百世仰师资。

渺亦西山逊，遐哉北海思。

清风台畔立，惆怅采薇词。

57. 祁隽藻《夷齐庙》

祁隽藻（1793—1866），近代诗人。字叔颖，一字淳甫，避讳改实甫，号春圃。山西寿阳人。清嘉庆十九年（1814）进士，由庶吉士授编修，累官至体仁阁大学士、太子太保。谥号文端。"四朝文臣""三代帝师"横亘嘉庆、道光、咸丰和同治四代，辅政为官达46年之久。

夷齐庙

行殿邻祠宇，平原驻旆旌。

旧传孤竹国，今作万松城。

海气逼秋冷，山光助晚晴。

采薇赋于役，还励此心情。

58. 杨在汶《谒清圣祠》

（作者生平见前注）

谒清圣祠

风烟孤竹国，秋杪此登临。

薇蕨贤人隐，松山古殿阴。

阶前容纳屦，头上可披襟。

千载应如昨，顽廉懦立心。

59. 崇实《夷齐庙诗并序》

崇实，清满洲人，姓完颜氏，道光进士，咸丰间累擢成都将军。

后因功，官至咸京将军。

夷齐庙诗并序

同治甲戌六月，奉命出使，过北平谒夷齐庙，正思题咏。入行馆后，见堂上悬额，乃环极先生当年之作。其职任正与实同，因步原韵以志景仰。

峨峨孤竹城，懔懔自千古。

山石亦不顽，清流互吞吐。

停车肃明湮，心折头先俯。

王程不敢留，涂炭望辛苦。

幸生虞夏时，枯薇沐甘雨。

谁无臣子心，明圣究何补。

平生手中节，四握龙与虎。

廉立金有期，清风满畿辅。

60. 游智开《夷齐庙》

（作者生平见前注）

夷齐庙

停车孤竹城，风物近醇古。

拥贩息喧竞，童稚欢且舞。

缅怀遗民贤，遗像肃祠宇。

亭亭双长松，夹道枝交附。

循阶步层台，清风动遐举。

云山郁苍茫，飞鸿渺何许。

谁见滦河流，湛然汇州渚。

愿言濯尘缨，虞夏兹焉处。

61. 凌扬藻《谒夷齐庙效易渭远先生作》

凌扬藻（1760—1845），字誉剑，号药洲，广东番禺人。幼负异禀，日读数百言。受知于督举姚文田，与汪大源、何应駧、张业南同为巡抚朱珪所赏识。尝出游海滨，纵览焦门、厓门，天风海涛，诗境益进。扬藻工诗，有"春水桃花送画船"句，见赏于时。著有《药洲诗略》6 卷、《药洲文略》16 卷、续编 12 卷、《四书纪疑录》6 卷、《春秋咫聿钞》12 卷，及《蠹勺编》40 卷、又选有《岭海诗钞》24 卷，均《清史列传》并行于世。

谒夷齐庙效易渭远先生作

节以同怀著，忠繇易代伸。
地经孤竹国，祠仰采薇人。
但识彝伦叙，那知革命新。
饿夫无与偶，天子不能臣。
叹息黄虞没，衰徂志行屯。
正冠皆激义，脱屣为求仁。
诣绝操疑隘，风高气益振。
西山无表石，东海几扬尘。
百世师如在，三宗历久湮。
顽廉徵后起，秩祀率先民。
像蚀型模古，诚通謦咳亲。
闪青檐荫柏，湘绿俎羞蘋。
希圣谈宁易，含贞事孔辛。
永言思大老，莫漫愧明神。

62. 徐正淳《孤竹城谒夷齐庙》

徐正淳，字褧斋，朝鲜人。光绪十七年充贡使。有《燕槎行卷》。

孤竹城谒夷齐庙

滦河流水绕空城，清节祠前万古情。
多少世间轩冕想，于今回首一铢轻。

63. 萧惟豫《登清风台谒夷齐庙》

萧惟豫，字介石，号韩坡，生于崇祯九年。顺治十一年经魁，十五年二甲进士，十七年江西典右正主考，十八年授翰林院编修，封文林郎。康熙二年授内国史院侍读，直隶武乡试正主考，提督顺天等处学政。正值"得人最盛"之时，因父病"力乞终养以归"，时值康熙七年，仅33岁。后"屡荐不起"，"绝意仕宦"。康熙十八年，都察院左都御史、吏部尚书魏象枢，作为两朝三代元老，疏荐包括萧惟豫在内的清廉10人。值康熙南巡，驻驿德州，召见帐幕。萧惟豫"以老母陈情，特蒙谕允"，喜不自胜。遂避迹于城东南45里距近土河龙潭之上，所居曰"云庄"。"傍河为园，殊草为屋，编槿为墙，足不入城者三十余年。有时一童一杖，步村墟中，见者不知为缙绅先生也。"

登清风台谒夷齐庙

我立永丰巅，首阳向我峙。

遂之清风台，以访墨胎氏。

郁郁松柏林，悠悠滦漆水。

雨洗春色深，人入清风里。

未食蕨与薇，安知肉食鄙。

为顽与为廉，百年同一死。

吁嗟黄虞人，在此不在彼。

64. 缪公恩《谒夷齐庙》

缪公恩，字立庄，号梅澥，沈阳人，嘉、道间为盛京助教，精诗擅画，誉为盛京名士，有《梦鹤轩梅澥诗钞》。诗作音鸣天籁，别具雅趣。

谒夷齐庙

万壑群峰朔气飞，夷齐祠下暂停骓。

只今北海惭顽懦，终古西山叹蕨薇。

泺水要人瞻圣范①，清风为我振行衣。

低徊几度难言去，滚滚寒涛下夕晖。

按：①洣河桥圯觅渡庙下因得瞻谒。

65. 戴亨《伯夷叔齐庙》

戴亨，字通乾，号遂堂，沈阳人，原籍钱塘。汉军旗人。康熙六十年（1721 辛丑）进士。官山东齐河县知县，以抗直忤上官，解组去。寄居京师，家益贫，晏如也。为人笃于至性，不轻然诺，凤敦风义。其诗宗杜少陵，上溯汉、魏，卓然名家。有《庆芝堂诗集》。

伯夷叔齐庙

其一

天畔巍巍吊古台，征衣遥望拂尘埃。

荒榛合沓山间路，颓壁阴森雨后苔。

悴貌入来方暂拜，名心相对已潜灰。

前途西望寒云起，牢落秋风首重回。

其二

遗踪旧是墨台城，景仰高风入圣清。

万古君臣存叩马，两人心事遂逃名。

瘦癯亲炙当时貌，顽懦应兴此日情。

槛外愁听秋色里，雁行风断别离声。

其三

天伦父命未分明，又值商辛历数更。

才智云兴方应运，黄农歌罢已捐生。

西山岫耸当年绿，滦水波流万古清。

野曲至今传牧竖，悽哀如听采薇声。

其四

云山高峻水流长，清圣名争日月光。

逃国衣冠同揖让，采薇歌曲忆羲皇。

齐桓竞霸雄风尽，唐帝征辽故垒荒。

地下应逢吴泰伯，可堪携手说兴亡。

66. 杜堮《望夷齐庙》

杜堮（1764 — 1859），字次厓，号石樵，山东滨州人。嘉庆六年进士，曾任职翰林院，外放顺天和浙江学政，调任内阁学士兼礼部、兵部和吏部侍郎等职，加太子太保衔。杜堮聪明好学，精勤不倦，善诗、精通书画。一生勤于笔耕，著述颇丰，达 17 种之多，有《遂初草庐集》。1858 年（咸丰八年）病逝，卒年九十六。咸丰皇帝亲往祭奠，赠大学士，谥文端，入祀贤良祠。

望夷齐庙

连山西北鹜，两水东南流。
俯仰极千里，今古同一丘。
悲歌及黄农，抗节怀商周。
斯人顾遄逝，大道日沉浮。
丛祠俨冠带，万祀轻王侯。
岂无兰鞠荐，尚恐薇蕨羞。
念兹三叹息，天地良悠悠。

67. 尤侗《谒夷齐庙》

（作者生平见前注）

谒夷齐庙

孤城郁岧峣，临河激寒响。
清风缭绕之，白云翔其上。
中有古贤人，端然肃遗像。
社稷已邱墟，精神自天壤。
金石永令名，俎豆芬将享。
劲飚回颓波，顽薄兴慨慷。
我来北海滨，欣对西山爽。
驻马俯平畴，陟阶扫荆莽。
百年乔木坚，三春芳草长。

　　高台闻鸟啼，遥水明鱼网。
　　抚景迥幽瑟，披襟顿超朗。
　　薄宦亦苦饥，怀古用自广。
　　行行歌采薇，寁寐仁遐想。

68. 刘鸿儒《游清节祠》

　　刘鸿儒（1610—1673），字鲁一，直隶迁安人，清朝大臣。顺治三年进士，授兵科给事中。四年，调户部。五年，坐纠巨鹿知县劳有学失实，左迁上林苑蕃育署署丞。十年，命复故官。十三年，补兵科，康熙三年，迁通政使。六年，擢兵部右侍郎与兵部左侍郎潘湖叟黄锡衮协理兵部事。十年，调户部。十二年，迁左都御史。官户部时，甘肃巡抚华善因擅发仓粟赈灾，户部循例题参，并议罚偿，鸿儒无异议；及官都御史，又疏论华善不应参处，嗣后封疆大臣有利民之政，不宜拘以文法。给事成性疏劾，下部议，坐鸿儒先未异议，后又指摘沽名，降二级调用。寻卒于家。

游清节祠

其一

　　莹莹峻骨向何方，千古精神绘此堂。
　　冷落三春无化日，清风六月有余霜。
　　丹心白日虽同耀，流水青山也共伤。
　　百世登临凭吊者，傍台草木有余香。

其二

　　碧殿风生白日寒，愁云漠漠绕山峦。
　　几言曲尽当年事，一饿常留万古丹。
　　天地为心悬皓月，乾坤不老砥狂澜。
　　偶来仰止勤瞻礼，惨淡瘤容泪尚瘢。

69. 张思明《谒清圣祠恭赋》

　　张思明，奉天贡生。顺治十年二月由广平府知府升江南按察使司副使、江宁道。十四年十一月补任江西布政使司参议、分守饶南道。十六年七月调山东按察使司副使，分巡平府兵备，康熙中迁河南盐驿道。

谒清圣祠恭赋

天护荒城滦水浔，抱薇老饿到而今。

岂凭庙祀标高节，不尽清风挽陆沉。

万古犹留君父恨，九原独快弟兄心。

当今镐洛空衰草，曾否村沽一酹临。

70. 张一谔《谒清圣祠恭赋》

张一谔，字松野，浙江山阴人，贡士，康熙十六年任迁安知县。治政精勤，宽仁抚字，整新黉序，修补城垣，旌节孝以维风，勤考课以鼓士，森革规弊，听讼明允，人戴之若父母。

谒清圣祠恭赋

高台遥峙彩云边，碧水苍松曙色连。

一俄首阳清节在，空山寂寂鸟鸣咽。

71. 祖泽溶《谒清节祠恭志》

祖泽溶，乃明末名将祖大寿之弟祖大弼次子，曾任康熙永平府同知。

谒清节祠恭志

其一

古殿高临滦水滨，清风独让采薇人。

蒸尝不是周家粟，庙貌犹存孤竹春。

阶下苍松风谡谡，台边碧涧石粼粼。

重来瞻仰悲今昔，至德巍然万祀新。

其二

空山台殿郁森森，叩马犹传此日心。

蕨薇岂知新伏腊，沧桑不易旧冠簪。

清风独立垂天壤，至德堪师自古今。

吁咈弟兄遗迹在，商周社稷久销沉。

72. 李奉翰《冬日拜夷齐庙敬依御制诗章原韵二首》

李奉翰（？—1799），汉军正蓝旗人，清朝大臣，李宏之子。初捐资授县丞，历官江苏苏松太道、江南河道总督、河东河道总督、两江总督兼领南河事。

冬日拜夷齐庙敬依御制诗章原韵二首

其一

清节高风忠孝肠，今来孤竹拜冠裳。

凉波潋滟依旧榭，老树扶疏映庙堂。

适义非惟能谏武，英灵自在只臣汤。

钦哉观感思廉立，睿藻标题重首阳。

其二

芳踪曾识在青齐，胜地初临愿日跻。

千古卧讼眠雨露，一泓滦水绕东西。

不留鹤迹空花表，徒怅鸿飞认雪泥。

理正心安信道笃，薇香转视粟如稊。

73. 高士麟《再游清圣祠感赋》

（作者生平见前注）

再游清圣祠感赋

白鱼州度孟津寒，八百三千愧二难。

肯学渭滨忘北海，生憎殷敏著南冠。

但存孤竹谁非嗣，除却雷阳岂有峦。

何事宗臣悲麦黍，强吞囚泣自含酸。

74. 王金英《清节庙古松歌》

王金英，永平府敬胜书院山长。清代学者、诗人，纂有乾隆《永平府志二十四卷首一卷末一卷》、《冷香山馆集》三种八卷（《冷香山馆》未定稿5卷《冷香词》1卷）。

清节庙古松歌

沙石荦确滦江澄，　江上山围孤竹松。
有松万木环城生，　苍麟白骨颜色贞。
就中数珠尤殊形，　知是何年芽蘖萌。
一珠团峦葆幢立，　绸缪纠结枝交萦。
平铺坐席可茶话，　何由得此天然棚。
殿垣终古倚霜雪，　深夜仿佛神依凭。
周游更历崇台上，　俯瞰丘壑胸次清。
台畔一珠又奇绝，　百尺中折倒垂青。
有如羽士颓然醉，　解衣磅薄翻身轻。
移时静尘好风起，　谡谡乍听琴谁横。
忽然变作海涛吼，　万顷鞿鞨还噌吰。
古槐老柏相俦匹，　仙子得地呈精英。
过者摩挲增叹息，　香林太守含深情。
济南仙吏今妙手，　爰命作绘镌谲瓔。
约我哦诗纪胜事，　妇随二老隆声称。
诸君不见阙里桧，　尼山手植今犹荣。
俯仰上下历千古，　庙堂灿列如日星。
此松虽非商周物，　要亦时代几变更。
使君采风重灵迹，　特报明主宜兢兢。
昔日况曾邀睿赏，　宫壶宝墨挥缣缯。
小臣珥笔则岂敢，　吟声唧唧窃此应。

75. 马恂《夷齐庙屈蟠松歌》

马恂（1792—1865），永平府迁安人，字瑟臣，清道光八年（1828）进士，曾掌锦州凌川书院。自嘉庆十三年（1808）始撰《此中语》，每年一卷，直至同治三年（1864）止，共著56卷。曾任邯郸县儒学训导。

夷齐庙屈蟠松歌

偃蹇松身傍地走，卧雨拿云岁年久。

孤标自欲干清霄，逢著夷齐一低首。

夷齐特立始群伦，圣之清者惟天真。

地坼天回存本性，不朽岂数青松身。

春风一夜穿林杪，老树柔花争袅袅。

吹嘘乍荷东皇恩，万绿千回喜回绕。

此松此际如不知，支离自老虬龙姿。

叩马夷齐忍槁饿，大义不为周仁移。

或谓高贤甘涧壑，抑郁如松屈林薄。

岂知夷齐非隐沦，懦立顽廉伦纪托。

德祠庙貌瞻夷齐，摩挲古干盘阶低。

凉阴下覆蕨薇老，惊涛横卷歌声凄。

苍云匝地围山月，蜿蜒曲折出龙骨。

眠柯化石回清秋，重来疑踏冰雪窟。

清风谡谡怀古贤，宸题炳耀辉山川。

老松蟠屈倚阶陛，待学夷齐千万年。

76. 宋琬《初夏和杨九章太守、王心任郡丞宴南台寺》

（作者生平见前注）

初夏和杨九章太守、王心任郡丞宴南台寺

孤台飘渺俯长河，参佐追陪到薛萝。

黄鸟鸣时烟树合，白鸥飞尽夕阳多。

渡头吹笛闻渔唱，月下烹泉试茗柯。

此日接篱须倒载，莫教归骑促笙歌。

77. 王金英《登南台寺》

（作者生平见前注）

登南台寺

天风吹我此遨游，一度登台一度讴。

领略烟光朝复暮，徘徊杖履去仍留。

群峰叠起趋龙塞，二水交流到虎头。

故国山川春梦里，摄衣如上阅江楼。

78. 李斐章《南台寺》

李斐章，清初诗人，乐安人，岁贡生，著有《春晖堂诗》。

南台寺

野寺高台上，登临感慨生。

河流经绝塞，山势抱孤城。

破灶残僧去，长廊落日明。

空阶余老树，时有怪鸦鸣。

79. 张元《游南台寺》

张元（？—1044），字雷复，西夏军师、国相。原为北宋永兴军路华州华阴县人（今陕西华阴人），本姓张，名不详，年轻时"以侠自任""负气倜傥、有纵横才"，才华出众。在北宋累试不第，自视才能难以施展，后叛宋投夏。元昊称帝建国后不久，即任命张元为中书令，1044年，西夏与契丹发生"贺兰山之战"后，西夏元气大伤，张元知道其理想无法实现，于是郁郁不乐，在天授礼法延祚七年（1044）病逝。

游南台寺

琳宫遥指问山灵，胜日登临蜡屐停。

返照平分秋涧紫，晴云高压晚峰青。

香灯杳霭留禅榻，花树扶疏散客亭。

试倚双林舒远眺，几行鸥鹭下沙汀。

80. 鲁克恭《南台寺》

鲁克恭，字伯敬，遵化州人，清雍正七年与其弟鲁克宽同榜中举人，后官至浙江省秀水、遂安知县，著有《野鹤山人诗抄》等存世。

南台寺

城郭看如画，巉崖碧四周。

松涛寒作雨，柳黛浅描眉。

怖鸽冲檐出，山僧荷锸归。

惊沙河北起，又见马蹄飞。

81. 辛大成《登南台寺》

辛大成，字展亭，号萝村，又号达夫。先世山东蓬莱人。仕于直，遂占籍卢龙，嗣寄居抚之台头营。大成生而沉笃，嗜读书。年十八补弟子员。乾隆壬午领乡荐。丙戌中进士，任四川冕宁县知县。乾隆壬寅升会理州。与石温如、宋东野交友甚厚，性情恬淡，平生所历山水皆有题咏。

登南台寺

著来双不借，拾磴古招提。

地接滦江近，山回孤竹低。

雄风生大壑，落日满长堤。

吊古情何极，苍茫塞草迷。

82. 蔺士元《九日登南台寺，和郭廉夫韵》

蔺士元，字胪三，以父如兰，字古香，故又号少香。祖籍乐亭人，后迁临榆。士元幼承父训，好读书博闻强记，于诗赋尤工。弱冠食饩于庠，科岁试屡擢高等。家贫，以馆谷养亲，稍有余即购买书籍，因少病肺虚，于咸丰九年病疾，年仅 39 岁。著有《梨云山馆诗草》。

九日登南台寺，和郭廉夫韵

恰喜无风雨，登高寄兴豪。

城包群树暗，河避断山牢。

雁字秋千里，渔船水半篙。

唱酬诗有料，何必定题糕。

83. 张九鼎《登南台寺》

张九鼎，字象之，号雪樵，舒锦子，父梦得鼎而生。性伉爽，急然诺，轻财好义，不问生人产。为文下笔千言，尤喜为诗。因诗才华与天津梅成栋结为忘年交，所著《杂文》1 卷，《诗话类编》48 卷，惟《得未曾有斋诗钞》流于后世。

登南台寺

寻胜忘途远，穿云到寺门。

寒山青客眼，秋色瘦诗魂。

碑缺文难读，僧贫佛不尊。

禅房堪小憩，归去近黄昏。

84. 张山《携同人由隆教寺至南台振衣庭》

（作者生平见前注）

携同人由隆教寺至南台振衣庭

出城为游山，游山从寺始。

山中复有寺，相隔尚三里。

偶然得一径，却入空翠里。

梯崖踏乱云，触足石齿齿。

路狭人贯鱼，峰回磨旋蚁。

前几踏后肩，下乃承上趾。
俯仰相招呼，攀顿暂憩止。
贾勇造极巅，城垣落足底。
下视接苍茫，群山争拱峙。
险过境始奇，惊定心方喜。
有庭名振衣，喘息供徒倚。
座上见征帆，风生滦漆水。
筋力疲来途，欲归气先馁。
灵运兴固豪，退之哭有以。
甘作退缩人，先行谢诸子。
诸子指示余，落日燕支紫。

85. 梅成栋《秋日登草堂寺藏经楼》

（作者生平见前注）

秋日登草堂寺藏经楼

消此胸中闷，闲登眺远楼。
林凋山露骨，云截树平头。
远碧天如梦，新黄草变秋。
故乡杳无际，南去羡扁舟。

86. 谈允谦《隆教寺》

（作者生平见前注）

隆教寺

雪晴山寺趁朝登，老衲相迎拄一藤。
鸿附尺书临玉塞，马驮梵册自金陵。
来同陕右栖禅客，还问江南结社僧。
邻庙尚存飞将在，几谁敢恃射雕能。

87. 梅成栋《独游龙泉寺》

（作者生平见前注）

独游龙泉寺

不欲人相识，幽灵古佛堂。

郊原初放眼，林木已新霜。

石发通身绿，山花透骨香。

自行还自止，留恋此秋光。

诗话孤竹·史志写真

【引言】 孤竹国涌现出来的古圣先贤，发生在孤竹的历史事件，被历史上的思想家、政治家、史学家写入了史志。孤竹，永远载入了史册。千年孤竹，百世辉煌，名垂青史，万古流芳。

1. 孔子《论语·述而篇第七》

孔子（前551 —前478），子姓，孔氏，名丘，字仲尼，鲁国陬邑人（今山东曲阜），祖籍宋国栗邑（今河南夏邑），中国著名的大思想家、大教育家，孔子开创了私人讲学的风气，是儒家学派的创始人。

孔子曾受业于老子，带领部分弟子周游列国14年，晚年修订六经，即《诗》《书》《礼》《乐》《易》《春秋》。相传他有弟子三千，其中七十二贤人。孔子去世后，其弟子及其再传弟子把孔子及其弟子的言行语录和思想记录下来，整理编成儒家经典《论语》。

【原文】

冉有曰："夫子为卫君乎？"子贡曰："诺，吾将问之。"入，曰："伯夷、叔齐，何人也？"曰："古之贤人也。"曰："怨乎？"曰："求仁而得仁，又何怨？"出，曰："夫子不为也。"

【译文】：

冉有说："老师打算辅佐卫国的君主吗？"子贡说："哦，我去问问。"子贡进去后，问："伯夷、叔齐哪种人？"答："古代贤人啊。"问："他们后悔吗？"答："求仁而得仁，后悔什么？"子贡出来说："老师不会去。"

2. 孔子《论语·公冶长篇第五》

【原文】

子曰："伯夷、叔齐不念旧恶，怨是用希。"

【译文】

"伯夷、叔齐两个人不记人家过去的仇恨，（因此，别人对他们的）怨恨因此也就少了。"

3. 孔子《论语·微子第十八》

【原文】

子曰："不降其志，不辱其身，伯夷、叔齐与?"

【译文】：

孔子说："不降低自己的志向，不辱没自己的身份，是伯夷、叔齐吧?"

4. 孔子《论语·季氏》

【原文】

齐景公有马千驷，死之日，民无德而称焉。伯夷、叔齐饿于首阳之下，民到于今称之。

【译文】：

齐景公是一国的诸侯，齐是大国，兵车有千辆，一辆有四匹马来拉，千乘就有四千匹马，很富有。但即使他有权有势，他死的那天，百姓也没有称赞他的好处或好品质之类，没有人称道他。因为他没有高尚的情操。伯夷叔齐是商朝时的贤人，周得天下后，他们不食周粟，饿死在首阳山下。他们高尚的情操至今被民众称道。

5. 曾子《曾子十篇·曾子制言》

曾子（前505—前435），名参，字子舆，春秋末年鲁国南武城人（山东嘉祥县），是中国著名的思想家，孔子的晚期弟子之一，与其父曾点同师孔子，是儒家学派的重要代表人物。

曾子主张以孝恕忠信为核心的儒家思想，他的修齐治平的政治观，内省、慎独的修养观，以孝为本的孝道观至今仍具有极其宝贵的社会意义和实用价值。曾子参与编制了《论语》，著写了《大学》《孝经》《曾子十篇》等作品。

【原文】

昔者，伯夷、叔齐，仁者也，死于沟浍之间，其仁成名于天下。夫二子者，居河济之间，非有土地之厚，货粟之富也；言为文章，行为表缀于天下。

【译文】

昔日，有伯夷、叔齐兄弟，仁义之人，饿死在田间水沟里。他们的仁道天下闻名。他们生活在江河之岸，并非有丰厚的土地，富裕的钱粮。但他们的言行却为世人所称道，名垂青史，享誉天下。

6. 孟子《孟子·万章下》

孟子（约前372—约前289），名轲，字子舆，华夏族，邹（今山东邹城市）人。

孟子是战国时期伟大的思想家、教育家，儒家学派的代表人物。与孔子并称"孔孟"。代表作有《鱼我所欲也》《得道多助，失道寡助》和《生于忧患，死于安乐》，《寡人之于国也》编入高中语文教科书中。

后世追封孟子为"亚圣公"，尊称为"亚圣"，其弟子及再传弟子将孟子的言行记录成《孟子》一书，属语录体散文集，是孟子的言论汇编，其倡导"以仁为本"。

【原文】

孟子曰："伯夷，目不视恶色，耳不闻恶声，非其君不事，非其民不使，治则进，乱则退。横政之所出，横民之所止，不忍居也。思与乡人处，如以朝衣朝冠坐于涂炭也。当纣之时，居北海之滨，以待天下之清也。故闻伯夷之风者，顽夫廉，懦夫有立志。"伊尹曰："何事非君，何使非民？""治亦进，乱亦进。曰：'天之生斯民也，使先知觉后知，使先觉觉后觉。予，天民之先觉者也。予将以此道觉此民也。'思天下之民，匹夫匹妇有不与被尧舜之泽者，若己推而纳之沟中。其自任以天下之重也。柳下惠，不羞污君，不辞小官，不隐贤，必以其道。遗佚而不怨，扼穷而不悯。与乡人处，由由然不忍去也。尔为尔，我为我，虽袒裼裸裎于我侧，尔焉能浼我哉？故闻柳下惠之风者，鄙夫宽，薄夫敦。孔子之去齐，接淅而行。去鲁，曰：'迟迟吾行也，去父母国之道也。'可以速而速，可以久而久，可以处而处，可以仕而仕，孔子也。"孟子曰："伯夷，圣之清者也。伊尹，圣之任者也。柳下惠，圣之和者也。孔子，圣之时者也。孔子之谓集大成。集大成也者，金声而玉振之也。金声也者，始条理也；玉振之也者，终条理也。始条理者，智之事也；终条理者，圣之事也。智譬则巧也，圣譬则力也。由射于百步之外，其至，尔力也；其中，非尔力也。"

【译文】

孟子说："伯夷，眼睛不去看不好的颜色，耳朵不去听不好的声音。不是他理想的君主，不去侍奉；不是他理想的百姓，不去使唤。天下太平，就出来做事；天下混乱，就退居田野。在施行暴政的国家，住有乱民的地方，他都不忍心去居住。他以为同无知的乡下人相处，好像穿戴着礼服礼帽坐在泥烂或者炭灰之上。当商纣的时候，他住在北海边上，等待天下清平。所以听到伯夷的高风亮节的人，连贪得无厌的都廉洁起来了，懦弱的也都有刚强不屈的意志了。"

伊尹说："哪个君主，不可以侍奉？哪个百姓，不可以使唤？""天下太平出来做官，天下昏乱也出来做官，并且说：'上天生育这些百姓，就是要先知先觉的人来开导后知后觉的人。我是这些人之中的先觉者，我要以尧舜之道来开导这些人。'他总这样想：在天下的百姓中，只要有一个男子或一个妇女没有享受到尧舜之道的好处，便仿佛自己把他推进山沟之中，这便是他以天下的重担为己任的态度。柳下惠不以侍奉坏君为羞耻，也不以官小而辞职。立于朝廷，不隐藏自己的才能，但一定按其原则办事。自己被遗弃，也不怨恨；穷困，也不忧愁。同无知的乡下人相处，高高兴兴地不忍离开。（他说，）'你是你，我是我，你纵然在我旁边赤身露体，哪能就沾染着我呢？'所以听到柳下惠高风亮节的人，连胸襟狭小的人也开阔了，刻薄的人也厚道了。孔子离开齐国，不等把米淘完，漉干就走；离开鲁国，却说：'我们慢慢走吧，这是离开祖国的态度。'应该马上走就马上走，应该继续干就继续干，应该不做官就不做官，应该做官就做官，这便是孔子。"

孟子又说："伯夷是圣人之中清高的人，伊尹是圣人之中负责的人，柳下惠是圣人之中随和的人，孔子则是圣人之中识时务的人。孔子，可以叫他为集大成者。'集大成'的意思，（譬如奏乐）先敲镈钟，最后用特磬收束，（有始有终的）一样。先敲镈钟，是节奏条理的开始；用特磬收束，是节奏条理的终结。条理的开始在于智，条理的终结在于圣。智好比技巧，圣好比气力。犹如在百步以外射箭，射到，是你的力量；射中，却不是你的力量。"

7. 韩非《韩非子·功名第二十八》

韩非（约前280—前233），华夏族，韩国都城新郑（今河南省新郑市）人，战国末期杰出的思想家、哲学家和散文家，法家代表人物。韩非被誉为最得老子思想精髓的两个人之一。

韩非将商鞅的"法"，申不害的"术"和慎到的"势"集于一身，是法家思想的集大成者；韩非将老子的辩证法、朴素唯物主义与法融为一体。韩非是韩王之子，荀子的学生，李斯的同学。著有《韩非子》，共55篇，10万余字。在先秦诸子散文中独树一帜，呈现韩非极为重视唯物主义与效益主义思想，积极倡导君主专制主义理论，目的是为君主提供富国强兵的思想。

【原文】

圣人德若尧、舜，行若伯夷，而位不载于世，则功不立，名不遂。故古之能致功名者，众人助之以力，近者结之以成，远者誉之以名，尊者载之以势。

【译文】

圣人的道德如同尧舜，行为如同伯夷，但势位不为世人所拥护，就会功不成，名不立。所以古代能够成就功名的人，众人用力帮助他，身边的人真心结交他，远处的人用美名赞誉他，位尊的人用权势拥戴他。

8. 庄子《庄子·杂篇·让王第二十八》

庄子，姓庄，名周，字子休（亦说子沐），宋国蒙（今安徽蒙城）人，先祖是宋国君主宋戴公。他是东周战国中期著名的思想家、哲学家和文学家。创立了华夏重要的哲学学派庄学，是继老子之后，战国时期道家学派的代表人物。

庄周因崇尚自由而不应楚威王之聘，生平只做过宋国地方的漆园吏，史称"漆园傲吏"，被誉为地方官吏之楷模。庄子最早提出"内圣外王"思想，对儒家影响深远。庄子洞悉易理，深刻指出"《易》以道阴阳"；庄子"三籁"思想与《易经》三才之道相合。他的代表作品为《庄子》，其中的名篇有《逍遥游》《齐物论》等。与老子齐名，并称为老庄。

庄子的想象力极为丰富，语言运用自如，灵活多变，能把一些微妙难言的哲理说得引人入胜。他的作品被人称之为"文学的哲学，哲学的文学"。据传，又尝隐居南华山，故唐玄宗天宝初，诏封庄周为南华真人，称其著书《庄子》为《南华真经》。

【原文】

昔周之兴，有士二人处于孤竹，曰伯夷、叔齐。二人相谓曰："吾闻西方有人，似有道者，试往观焉。"至于岐阳，武王闻之，使叔旦往见之，与盟曰："加富二等，就官一列。"血牲而埋之。

二人相视而笑曰："嘻，异哉！此非吾所谓道也。昔者神农之有天下也，时祀尽敬而不祈喜；其于人也，忠信尽治而无求焉。乐与政为政，乐与治为治，不以人之坏自成也，不以人之卑自高也，不以遭时自利也。今周见殷之乱而遽为政，上谋而下行货，阻兵而保威，割牲而盟以为信，扬行以说众，杀伐以要利，是推乱以易暴也。吾闻古之士，遭治世不避其任，遇乱世不为苟存。今天下周德衰，其并乎周以涂吾身也，不如避之以洁吾行。"二子北至于首阳之山，遂饿死焉。若伯夷叔齐者，其于富贵也，苟可得已，则必不赖。高节戾行，独乐其志，不事于世，此二士之节也。

【译文】

当年周朝兴起的时候，孤竹国有两位贤人，名叫伯夷和叔齐。两人相互商量："听说西方有个人，好像是有道的人，我们前去看看。"他们来到岐山的南面，周武王知道了，派他的弟弟旦前去拜见，并且跟他们结下誓盟，说："增加俸禄二等，授予一等官职。"然后用牲血涂抹在盟书上埋入地下。

伯夷、叔齐二人相视而笑说："咦，真是奇怪啊！这不是我们所谈论的道。从前神农氏治理天下，按时祭祀竭尽虔诚而不祈求赐福；他对于百姓，忠实诚信尽心治理而不向他们索取。乐于参与政事就让他们参与政事，乐于从事治理就让他们从事治理，不趁别人的危难而自取成功，不因别人地位卑下而自以为高贵，不因遭逢机遇而图谋私利。如今周人看见殷商政局动荡就急速夺取统治天下的权力，崇尚谋略收买臣属，依靠武力保持威慑，宰牲结盟表示诚信，宣扬德行取悦众人，凭借征战求取私利，这是用推动祸乱的办法替代已有的暴政。我听说上古的贤士，遭逢治世不回避责任，遇上乱世不苟且偷生。如今天下昏暗，周人如此做法说明德行已经衰败，与其跟周人在一起而使自身受到污辱，不如逃离他们保持品行的高洁。"两人向北来到了首阳山，终于不食周粟而饿死在那里。像伯夷、叔齐这样的人，他们对于富贵，假如真有机会得到，那也绝不会去获取。高尚的气节和不同流俗的行为，自适自乐，而不追逐于世事，这就是二位贤士的节操。

9. 庄子《秋水》

【原文】

且夫我尝闻少仲尼之闻，而轻伯夷之义者，始吾弗信；今我睹子之难穷也，吾非至于子之门则殆矣。

【译文】

而且我还曾听说过有人认为孔丘懂得的东西太少，伯夷的高义不值得看重的话语，开始我不敢相信。如今我亲眼看到了你是这样的浩渺博大，无边无际，我要不是因为来到你的门前，真可就危险了，我必定会永远受到修养极高的人的耻笑。

10. 庄子《庄子·杂篇·盗跖第二十九》

【原文】

世之所谓贤士，伯夷、叔齐。

伯夷、叔齐辞孤竹之君，而饿死于首阳之山，骨肉不葬。

【译文】

世上所说的贤士：伯夷、叔齐。伯夷、叔齐辞去孤竹国的君主地位，而饿死在首阳山上，尸骨得不到埋葬。

11. 吕不韦《吕氏春秋·诚廉》

吕不韦（前292—前235），姜姓，吕氏，名不韦，卫国濮阳（今河南省安阳市滑县）人。战国末年著名商人、政治家、思想家，官至秦国丞相，杂家代表人物。

公元前251年，秦昭襄王去世，太子安国君继位，为秦孝文王，立一年而卒，储君嬴子楚继位，即秦庄襄王，前249年以吕不韦为相国，封文信侯，食邑河南洛阳十万户，门下有食客3000人，家童万人。庄襄王卒，年幼的太子政立为王，吕不韦为相邦，号称"仲父"，专断朝政。

吕不韦主持编纂《吕氏春秋》（又名《吕览》），有八览、六论、十二纪共20余万言，汇合了先秦各派学说，"兼儒墨，合名法"，故史称"杂家"。书成之日，悬于国门，声称能改动一字者赏千金。此为"一字千金"。

执政时曾攻取周、赵、卫的土地，立三川、太原、东郡，对秦王政兼并六国的事业有重大贡献。后因嫪毐集团叛乱事受牵连，被免除相邦职务，出居河南封地。不久，秦王政复命让其举家迁蜀，吕不韦担心被诛杀，于是饮鸩自尽。

【原文】

石可破也，而不可夺坚；丹可磨也，而不可夺赤。坚与赤，性之有也。性也者，所受于天也，非择取而为之也。豪士之自好者，其不可漫以汙也，亦犹此也。昔周之将兴也，有士二人，处于孤竹，曰伯

191

夷、叔齐。二人相谓曰："吾闻西方有偏伯焉，似将有道者，今吾奚为处乎此哉？"二子西行如周，至于岐阳，则文王已殁矣。武王即位，观周德，则王使叔旦就胶鬲于次四内，而与之盟曰："加富三等，就官一列。"为三书，同辞，血之以牲，埋一于四内，皆以一归。又使保召公就微子开于共头之下，而与之盟曰："世为长侯，守殷常祀，相奉桑林，宜私孟诸。"为三书，同辞，血之以牲，埋一于共头之下，皆以一归。伯夷、叔齐闻之，相视而笑曰："嘻！异乎哉！此非吾所谓道也。昔者神农氏之有天下也，时祀尽敬而不祈福也；其于人也，忠信尽治而无求焉；乐正与为正，乐治与为治；不以人之坏自成也，不以人之卑自高也。今周见殷之僻乱也，而遽为之正与治，上谋而行货，阻丘而保威也。割牲而盟以为信，因四内与共头以明行，扬梦以说众，杀伐以要利，以此绍殷，是以乱易暴也。吾闻古之士，遭乎治世，不避其任；遭乎乱世，不为苟在。今天下暗，周德衰矣。与其并乎周以漫吾身也，不若避之以洁吾行。"二子北行，至首阳之下而饿焉。人之情，莫不有重，莫不有轻。有所重则欲全之，有所轻则以养所重。伯夷、叔齐，此二士者，皆出身弃生以立其意，轻重先定也。兆示姬发从皇天上帝那里承受了商的天命。说众：取悦众人。

【译文】

石头可以破开，但是不可改变它坚硬的性质，朱砂可以磨碎，但是不可改变它朱红的颜色。硬度和颜色分别是石头、朱砂的本性所具有的。本性这个东西是从上天那里承受下来的，不是可以任意择取制造的。洁身自好的豪杰义士，他们的名节也像这样不可玷污。从前周朝将要兴起的时候，有两位住在孤竹国的贤士，名叫伯夷、叔齐。两人一起商量说："我听说西方有个西伯，好像是个仁德之君，既然这样，现在我们干吗还待在这里呢？"于是两人向西到周国去了，走到岐山南面，文王却已经死了。武王将登位，宣扬周德，派叔旦到四内去找胶鬲，跟他盟誓说："让你俸禄增加三级，官居一等。"准备三份盟书，文辞相同，把牺牲祭品的血涂在盟书上，一份埋在四内，两人各持一份而归。武王又派保召公到共头山下去找微子启，跟他盟誓说："让你世世代代做诸侯之长，奉守殷的各种正常祭祀，允许你供奉桑林之乐，把孟诸作为你的私人封地。"准备三份盟书，文辞相同，把牺牲祭品的血涂在盟书上，一份埋在共头山下，两人各持一份而归。伯夷、叔齐听到这些之后，互相望着笑道："嘿！跟我们原来听说的不一样啊！这不是我们所说的'道'。从前神农氏治理天下的时候，四时祭祀毕恭毕敬，但是不是为了求福；对于百姓，忠信为怀尽心治理，而无所求；百姓乐于公正，就帮助他们实现公正，百姓乐于太平，就帮助他们实现太平；不利用别人的失败使自己成功，不利用别人的卑微使自己高尚。如今周看到殷邪僻，便急忙帮它纠正，替它治理，这是崇尚计谋的做法，借助贿赂，倚仗武力，炫耀威势，把杀牲盟誓当作诚信，依靠四内和共头之盟来宣扬德行，宣扬吉梦来取悦众人，依靠屠杀攻伐攫取利益，用这些做法承继殷纣，这是用悖乱代替暴虐。我们听说古代的贤士，遭逢太平之世，不回避自己的责任；遭逢动乱之世，不苟且偷生。如今天下黑暗，周德已经衰微了。与其依附周使我们的名节遭到玷污，不如避开它使我们的德行保持清白高洁。"于是这两个人向北走，走到首阳山下，饿死了。人之常情，无不有轻重。有所重就会保全它，有所轻就会拿来保养自己珍视的东西。伯夷、叔齐这两位贤士，都舍弃生命以坚守自己的节操，这是由于他们心中的轻重早就确定下来了。

12. 司马迁《史记·伯夷列传》

司马迁（前145—?），字子长，夏阳（今陕西韩城南）人，一说龙门（今山西河津）人。西汉史学家、散文家。司马谈之子，任太史令，因替李陵败降之事辩解而受宫刑，后任中书令。发奋继续完成所著史籍，被后世尊称为史迁、太史公、历史之父。

司马迁早年受学于孔安国、董仲舒，漫游各地，了解风俗，采集传闻。初任郎中，奉使西南。元封三年（前108）任太史令，继承父业，著述历史。他以其"究天人之际，通古今之变，成一家之言"的史识创作了中国第一部纪传体通史《史记》（原名《太史公书》），被公认为是中国史书的典范。该书记载了从上古传说中的黄帝时期，到汉武帝元狩元年，长达3000多年的历史，是"二十五史"之首，被鲁迅誉为"史家之绝唱，无韵之离骚"。

【原文】

夫学者载籍极博。尤考信于六艺。《诗》《书》虽缺，然虞、夏之文可知也。尧将逊位，让于虞舜，舜、禹之间，岳牧咸荐，乃试之于位，典职数十年，功用既兴，然后授政。示天下重器，王者大统，传天下若斯之难也。而说者曰："尧让天下于许由，许由不受，耻之逃隐。及夏之时，有卞随、务光者。"此何以称焉？太史公曰：余登箕山，其上盖有许由冢云。孔子序列古之仁圣贤人，如吴太伯、伯夷之伦详矣。余以所闻，由、光义至高，其文辞不少概见，何哉？孔子曰："伯夷、叔齐，不念旧恶，怨是用希。""求仁得仁，又何怨乎？"余悲伯夷之意，睹轶诗可异焉。其传曰：伯夷、叔齐，孤竹君之二子也。父欲立叔齐。及父卒，叔齐让伯夷。伯夷曰："父命也。"遂逃去。叔齐亦不肯立而逃之。国人立其中子。于是伯夷、叔齐闻西伯昌善养老，"盍往归焉！"及至，西伯卒，武王载木主，号为文王，东伐纣。伯夷、叔齐叩马而谏曰："父死不葬，爰及干戈，可谓孝乎？以臣弑君，可谓仁乎？"左右欲兵之。太公曰："此义人也。"扶而去之。武王已平殷乱，天下宗周，而伯夷、叔齐耻之，义不食周粟，隐于首阳山，采薇而食之。及饿且死，作歌，其辞曰："登彼西山兮，采其薇矣。以暴易暴兮，不知其非矣。神农、虞、夏忽焉没兮，我安适归矣？于嗟徂兮，命之衰矣。"遂饿死于首阳山。由此观之，怨邪非邪？或曰："天道无亲，常与善人。"若伯夷、叔齐，可谓善人者非邪？积仁洁行，如此而饿死。且七十子之徒，仲尼独荐颜渊为好学。然回也屡空，糟糠不厌，而卒蚤夭。天之报施善人，其何如哉？盗跖日杀不辜，肝人之肉，暴戾恣睢，聚党数千人，横行天下，竟以寿终，是遵何德哉？此其尤大彰明较著者也。若至近世，操行不轨，专犯忌讳，而终身逸乐，富厚累世不绝。或择地而蹈之，时然后出言，行不由径，非公正不发愤，而遇祸灾者，不可胜数也。余甚惑焉，傥所谓天道，是邪非邪？

子曰："道不同，不相为谋。"亦各从其志也。故曰："富贵如可求，虽执鞭之士，吾亦为之。如不可求，从吾所好。""岁寒，然后知松柏之后凋。"举世混浊，清士乃见。岂以其重若彼，其轻若此哉？"君子疾没世而名不称焉。"贾子曰："贪夫徇财，烈士徇名，夸者死权，众庶冯生。"同明相照，同类相求。"云从龙，风从虎，圣人作而万物睹。"伯夷、叔齐虽贤，得夫子而名益彰；颜渊虽笃学，附骥尾而行益显。岩穴之士，趋舍有时，若此类名湮灭而不称，悲夫。闾巷之人，欲砥行立名者，非附青云之士，恶能施于后世哉！

【译文】

世上记事的书籍虽然很多，但学者们仍然以"六艺"——《诗》《书》《礼》《乐》《易》《春秋》经典为征信的凭据。《诗经》《尚书》虽有缺损，但是记载虞、夏两代的文字都是可以见到的。尧将退位，让给虞舜，还有舜让位给禹的时候，都是由四方诸侯长和州牧们推荐出来的，于是，让他们先试着任职工作，主持事务数十年，做出了成就，建立了功绩，然后再把大政交给他们。这是表示天下是极贵重的宝器，帝王是最大的统领者，把天下移交给继承者就是如此的困难。然而，也有人说过，尧要把天下让给许由，许由不肯接受，以为是一种耻辱而逃走隐居起来。到了夏代的时候，又有卞随、务光等人。这些人又为什么要受到称许呢？太史公说：我登过箕山，相传山上有许由之墓。孔子依次评论古代的仁人、圣人、贤人，对吴太伯和伯夷等讲得很详细。我听说许由、务光等节义品德至为高尚，而经书中有关他们的文辞却一点儿也见不到，这是为什么呢？孔子说："伯夷、叔齐，不是老记着人家以前的过错，因此怨恨他们的人就少。""追求仁德而得到仁德，又有什么可怨恨的呢？"我对伯夷兄弟的用意深感悲痛，但看到那些逸诗又感到诧异。他们的传记说道：

伯夷、叔齐是孤竹君的两个儿子。父亲想把王位传给叔齐，到了父亲去世以后，叔齐要让位给伯夷。伯夷说："这是父亲的遗命啊！"于是便逃走了。叔齐也不肯即位而逃走。国人只好立孤竹君的第二个儿子为王。这时，伯夷、叔齐听说西伯昌能关心老人，抚养老人，便商量着说：我们何不去投奔他呢？等到达那里，西伯已去世了。武王用车载着西伯的神主，追谥为文王，率军东进去征伐商纣。伯夷、叔齐拉住武王的马而谏阻道："父亲死了却不安葬，大动干戈去打仗，这难道是孝的行为吗？身为臣子，却要去杀害国君，这难道可以算作仁德吗？"周王左右的人准备杀掉他们，太公说："他们是义人啊！"扶着他们离开了。武王摧毁了殷商的暴虐统治，天下都归附了周朝，而伯夷、叔齐却认为这是很可耻的事，为了表示对殷商的忠义，不肯再吃周朝的粮食，隐居在首阳山中，靠着采食薇菜充饥。到了由于饥饿而将死的时候，作了一首歌，歌词说："登上那西山啊，采些那薇菜呀！用暴力来取代暴力，不知道这是错误的。神农、虞舜和夏禹，授政仁人相禅让，圣人倏忽辞世去，我辈今日向何方？啊，别啦，永别啦！命运衰薄令人哀伤！"终于饿死在首阳山中。从这些记载来看，伯夷、叔齐是怨呢，还是不怨呢？有人说："天道并不对谁特别偏爱，但通常是帮助善良人的。"像伯夷、叔齐，总可以算得上是善良的人了吧！难道不是吗？他们行善积仁，修养品行，这样的好人竟然给饿死了！再说孔子的七十二位贤弟子这批人吧，仲尼特别赞扬颜渊好学。然而颜回常常为贫穷所困扰，连酒糟谷糠一类的食物都吃不饱，终于过早地去世了。上天对于好人的报偿，到底是怎样的呢？盗跖天天在屠杀无辜的人，割人肝，吃人肉，凶暴残忍，胡作非为，聚集党徒数千人，横行天下，竟然能够长寿而终。他又究竟积了什么德，行了什么善呢？这几个例子是最典型，最能说明问题的了。若要说到近代，那种品行不遵循法度，专门违法乱纪的人，反倒能终身安逸享乐，富贵优裕，一代一代地传下去；而有的人（诚如孔子教诲的那样，）居住的地方要精心地加以选择；说话要待到合适的时机才启唇；走路只走大路，不抄小道；不是为了主持公正，就不表露愤懑，结果反倒遭遇灾祸，这种情形多得简直数也数不清。我深感困惑不解。倘若有所谓天道，那么这是天道呢，不是天道呢？孔子说"主义不同的人，不互相商议谋划"，都各自按照自己的意志去做事。孔子又说："富贵如果能够求得，就是要干手拿鞭子的卑贱的职务，我也愿意去干；如果不能求得，那还是按照我自己的喜好去干吧！""天气寒冷以后，才知道松树、柏树是最后落叶的。"世间到处混浊龌龊，那清白高洁的人就显得格外突出。这岂不是因为他们是如此重视道德和品行，又是那样鄙薄富贵与苟活啊！"君子感到痛心的是到死而名声不被大家所称颂。"贾谊说："贪得无厌的人为追求钱财而不惜一死，胸怀大志的人为追求名节而不惜一死，作威作福的人为追求权势而不惜一死，芸芸众生只顾惜自己的生命。""同是明灯，方能相互辉照；同是一类，方能相互亲近。""飞龙腾空而起，总有祥云相随；猛虎纵身一跃，总有狂风相随；圣人一出现，万物的本来面目便都被揭示得清清楚楚。"伯夷、叔齐虽然贤明，由于得到了孔子的赞扬，名声才更加响亮；颜渊虽然好学，由于追随孔子，品德的高尚才更加明显。那些居住在深山洞穴之中的隐士们，他们出仕与退隐也都很注重原则，有一定的时机，而他们的名字（由于没有圣人的表彰），就大都被埋没了，不被人们所传颂，真可悲啊！一个下层的平民，要想磨炼品行，成名成家，如果不依靠德高望重的贤人，怎么可能让自己的名声流传于后世呢？

13. 唐吴兢《贞观政要·择官第七》

吴兢（670—749），汴州浚仪（今河南开封）人。唐朝著名史学家，武周时入史馆，修国史。性耿直，敢于犯颜直谏，政治上颇有献替，为一代诤臣。

【原文】

贞观十四年，特进魏徵上疏曰：

臣闻，知臣莫若君，知子莫若父。父不能知其子，则无以睦一家；君不能知其臣，则无以齐万国。万国咸宁，一人有庆，必借忠良作弼，俊在官，则庶绩其凝，无为而化矣。故尧、舜、文、武见称前载，咸以知人则哲，多士盈朝，元、凯翼巍巍之功。周、召光焕乎之美。然则四岳、九官、五臣、十乱，岂惟生之于曩代，而独无于当今者哉？在乎求与不求。好与不好耳！何以言之？夫美玉明珠，孔翠犀象，大宛之马，西旅之獒，或无足也，或无情也，生于八荒之表，途遥万里之外，重译入贡，道路不绝者，何哉？盖由乎中国之所好也。况从仕者怀君之荣，食君之禄，率之以义，将何往而不至哉？臣以为与之为孝，则可使同乎曾参、子骞矣；与之为忠，则可使同乎龙逢、比干矣；与之为信，则可使同乎尾生、展禽矣；与之为廉，则可使同乎伯夷、叔齐矣。

【译文】

贞观十四年，特进魏徵上疏说：

我听说，了解臣子莫若君主，了解孩子莫若父亲。父亲不了解自己的孩子，就无法使家庭和睦；君主不了解自己的臣子，就不能治理国家。而要使天下太平，皇帝无忧无患，那就要忠臣辅佐。贤臣在朝就会政绩卓越，这样就可以无为而治了。所以尧、舜、文王、武王能名存千古，他们都有知人之明，使贤才会聚于朝廷。舜派八凯管理农耕，制定历法，让八元散布教化，使国家内外归顺，建立了赫赫功业。周公、召公辅佐周成王成就一代帝业，美名传扬。难道'四岳''九官''五臣''十乱'这样的贤臣，只能生活在前朝，而当今唯独没有吗？这只是在于国君求与不求、喜好与不喜好而已。为什么这样说呢？像那些美玉明珠、孔雀翡翠、犀牛大象、大宛的宝马、西夷国的獒，它们不是没有手足，就是无情之物，出产在蛮荒的地方，离这里有万里之遥，但是还是有人源源不断地把这些东西带进来，为什么呢？是因为这里的人喜好它们罢了。况且做官的人都仰慕陛下的盛德，享受君主赐予的俸禄，如果君主用道义引导他们，他们怎么会不尽职尽责呢？我认为如果导之以孝，那么就可以使他们像孝子曾参、子骞那样加以重用；如果导之以忠，就可以把他们当作龙逢和比干那样的臣子而加以提拔；导之以信，就可使他们像尾生、展禽一样；导之以廉，就可以使他们像伯夷、叔齐一样。

14. 韩愈《韩昌黎集·伯夷颂》

韩愈（768—824），字退之，河南河阳（今河南省孟州市）人，自称"郡望昌黎"，世称"韩昌黎""昌黎先生"。唐代杰出的文学家、思想家、哲学家，政治家。

贞元八年（792），韩愈登进士第，两任节度推官，累官监察御史。后因论事而被贬阳山，历都官员外郎、史馆修撰、中书舍人等职。元和十二年（817），出任宰相裴度的行军司马，参与讨平"淮西之乱"。其后又因谏迎佛骨一事被贬至潮州。晚年官至吏部侍郎，人称"韩吏部"。长庆四年（824），韩愈病逝，年57，追赠礼部尚书，谥号

"文"，故称"韩文公"。元丰元年（1078），追封昌黎伯，并从祀孔庙。

韩愈是唐代古文运动的倡导者，被后人尊为"唐宋八大家"之首，与柳宗元并称"韩柳"，有"文章巨公"和"百代文宗"之名。后人将其与柳宗元、欧阳修和苏轼合称"千古文章四大家"。他提出的"文道合一""气盛言宜""务去陈言""文从字顺"等散文的写作理论，对后人很有指导意义。著有《韩昌黎集》等。

【原文】

士之特立独行，适于义而已。不顾人之是非，皆豪杰之士，信道笃而自知明者也。一家非之，力行而不惑者，寡矣；至于一国一州非之，力行而不惑者，盖天下一人而已矣；若至于举世非之，力行而不惑者，则千百年乃一人而已耳。若伯夷者，穷天地，亘万世，而不顾者也。昭乎日月不足为明，崒乎泰山不足为高，巍乎天地不足为容也。

当殷之亡，周之兴，微子贤也，抱祭器而去之。武王、周公，圣也，从天下之贤士与天下之诸侯而往攻之，未尝闻有非之者也。彼伯夷叔齐者，乃独以为不可。殷既灭矣，天下宗周，彼二子乃独耻食其粟，饿死而不顾。繇是而言，夫岂有求而为哉？信道笃而自知明也。

今世之所谓士者，一凡人誉之，则自以为有余；一凡人沮之，则自以为不足。彼独非圣人，而自是如此。夫圣人乃万世之标准也，余故曰：若伯夷者，特立独行，穷天地，亘万世而不顾者也。虽然，微二子，乱臣贼子接迹于后世矣。

【译文】

读书人的立身行事独特，符合道义罢了。不理会别人的赞誉或批评的，都是豪杰之士，也是忠实地相信自己的道并且清楚知道自己的人。全家的人批评他，仍坚定执行而不迷惑的人很少。至于一国一州的人批评他，仍坚定执行而不迷惑的，大概整个天下只有一人罢了。若是到了全世界的人都批评他，仍坚定执行而不迷惑的，则千百年来只有一人罢了。像伯夷这样的人，是穷尽天地，经历万世也不回头的人。（与他比较），即使光明的日月也不算亮，雄峻的泰山也不算高，宽广的天地也不算能包容。

当殷商要灭亡而周要兴盛时，微子这样的贤人都抱着祭祀的器具离开殷商。武王、周公是圣人，率领天下的贤士和诸侯前去进攻殷商，未曾听说有人批评过他们。独有伯夷、叔齐认为他们不该。殷商灭亡后，天下承认周为宗主国，伯夷、叔齐二人独认为吃周的粮食是羞耻的，即使饿死也不后悔。由此说来，他们这样做难道是要博取什么吗？是因为忠实地相信自己的道并且清楚知道自己罢了。

现今的所谓读书人，当有一人称誉他，自以为该得到更高的赞誉。有一人不满他，自以为别人的话未尽正确。他可以独自批评圣人而自以为是到如此的地步。圣人的行事是万世的标准啊。所以我认为，好像伯夷这样的人，是立身行事独特，穷尽天地，经历万世也不会回头的人啊。虽然这样，如果没有他们二人，乱臣贼子便会接连不断地出现在后来的世代了。

15. 王安石《王临川集·伯夷论》

王安石（1021 年 12 月 18 日—1086 年 5 月 21 日），字介甫，号半山，汉族，临川（今江西抚州市临川区）人，北宋著名思想家、政治家、文学家、改革家。

庆历二年（1042），王安石进士及第。历任扬州签判、鄞县知县、舒州通判等职，政绩显著。熙宁二年（1069），任参知政事，次年拜相，主持变法。因守旧派反对，熙宁七年（1074 年）罢相。一年后，宋神宗再次起用，旋又罢相，退居江宁。元祐元年（1086），保守派得势，新法皆废，郁然病逝于钟山，追赠太傅。绍圣元年（1094），获谥"文"，故世称王文公。

王安石潜心研究经学，著书立说，被誉为"通儒"，创"荆公新学"，促进宋代疑经变古学风的形成。哲学上，用"五行说"阐述宇宙生成，丰富和发展了中国古代朴素唯物主义思想；其哲学命题"新故相除"，把中国古代辩证法推到一个新的高度。

王安石在文学中具有突出成就。其散文论点鲜明、逻辑严密，有很强的说服力，充分发挥了古文的实际功用；短文简洁峻切、短小精悍，名列"唐宋八大家"。其诗"学杜得其瘦硬"，擅长说理与修辞，晚年诗风含蓄深沉、深婉不迫，以丰神远韵的风格在北宋诗坛自成一家，世称"王荆公体"。有《王临川集》《临川集拾遗》等存世。

【原文】

事有出于千世之前，圣贤辩之甚详而明，然后世不深考之，因以偏见独识，遂以为说，既失其本，而学士大夫共守之不为变者，盖有之矣，伯夷是已。

夫伯夷，古之论有孔子、孟子焉，以孔、孟之可信而又辩之反复不一，是愈益可信也。孔子曰："不念旧恶，求仁而得仁，饿于首阳之下，逸民也。"孟子曰："伯夷非其君不事，不立恶人之朝，避纣居北海之滨，目不视恶色，不事不肖，百世之师也。"故孔、孟皆以伯夷遭纣之恶，不念以怨，不忍事之，以求其仁，饿而避，不自降辱，以待天下之清，而号为圣人耳。然则司马迁以为武王伐纣，伯夷叩马而谏，天下宗周，而耻之，义不食周粟，而为《采薇之歌》，韩子因之，亦为之颂，以为微二子，乱臣贼子接迹于后世，是大不然也。

夫商衰而纣以不仁残天下，天下孰不病纣？而尤者，伯夷也。尝与太公闻西伯善养老，则欲往归焉。当是之时，欲夷纣者，二人之心岂有异邪？及武王一奋，太公相之，遂出元元于涂炭之中，伯夷乃不与，何哉？盖二老，所谓天下之大老，行年八十余，而春秋固已高矣。自海滨而趋文王之都，计亦数千里之远，文王之兴以至武王之世，岁亦不下十数，岂伯夷欲归西伯而志不遂，乃死于北海邪？抑来而死于道路邪？抑其至文王之都而不足以及武王之世而死邪？如是而言伯夷，其亦理有不存者也。

且武王倡大义于天下，太公相而成之，而独以为非，岂伯夷乎？天下之道二，仁与不仁也。纣之为君，不仁也；武王之为君，仁也。伯夷固不事不仁之纣，以待仁而后出。武王之仁焉，又不事之，则伯夷何处乎？余故曰圣贤辩之甚明，而后世偏见独识者之失其本也。呜呼，使伯夷之不死，以及武王之时，其烈岂减太公哉！

【译文】

事情有在千年之前出现的，圣人先贤们辩论它已经很详尽而明白了。但是后代的人不深入考求它，沿袭偏颇独断的见识，于是把它作为正确学说，已经丧失了它的根本。因而学士大夫一同守着它不为它改变，是有原因的，伯夷这件事就是这样的。

那伯夷，古代谈论他的有孔子和孟子，把孔孟的论述看作可以信赖的却又反复不一致地辩论它，这就更加说明孔孟的话是可以相信的。孔子说："伯夷不再念及商纣王原有的罪过，他想追求仁义而也得到了仁义。"在首阳山下挨饿，他是一个隐逸之人啊。孟子说："伯夷对不是他欣赏的君王就不侍奉，不在坏人的朝堂上任职，为了躲避纣王而住在渤海之滨，两眼不看邪恶的事物，不做不好的事，他是世世代代的老师啊。"

所以，孔孟都认为伯夷遭受到了纣王的邪恶，不再把怨恨放在心上，不愿意侍奉他，来求得自己的仁义。饥饿并且躲避，自己不愿意屈身受辱，来等待天下太平，因而被称为圣人。既然这样，但司马迁认为是武王伐纣，伯夷勒住马头进行规劝。天下人都归向周朝，但伯夷把这看作耻辱。坚持正义不吃周的粮食却作采薇的歌谣。韩愈沿袭了这种说法，也给伯夷写了赞颂之词，认为如果没有伯夷和叔齐，不守君臣、父子之道的人在后世就会很多。这是很不正确的说法。商朝衰败而纣王却用不仁慈的手段伤害天下人，天下人谁不痛恨纣王？而尤其痛恨他的是伯夷啊。伯夷曾经和姜太公都听说西伯侯善于闲居休养，他们就都想前往归依西伯侯。当这样的时候，想消灭纣王的情形，他们二人的心思难道有不同吗？等到周武王奋起反抗，姜太公辅佐他，于是解救百姓于水深火热之中，伯夷却不曾参与，这是为什么呢？这是因为这两个老人，是人们所说的天下年高、品德高的人。当时年龄有八十多岁了，岁数确实已经很高了。

从渤海之滨赶到周文王的都城，算起来也有几千里那么远。从周文王兴起到周武王的时代，也不少于十多数，难道是伯夷想归附西伯侯而志向没有实现，竟然死在了渤海呢？或者是前来周朝而死在半路上呢？或者是他到了周文王的都城却没能够活到周武王的时代而死了呢？像这样来说伯夷的话，司马迁、韩愈的道理也有站不住脚的地方。况且周武王在全国首倡伐纣的正义行动，姜太公辅佐他并使他获得成功，而唯独伯夷认为是错误的。难道会是伯夷吗？天下的事理只有两条，仁义和不仁义。纣王作为国君，是不仁义的。周武王作为国君，是仁义的。伯夷原本就不侍奉不仁义的纣王，他是来等待着仁君出现后自己才出来啊。周武王这样仁义，伯夷却又不侍奉他，那么伯夷要处于什么位置呢？

所以我说孔孟圣贤辩论此事很明确了，而后代有偏颇见解独断认识的人丧失了它的根本。唉，假使伯夷不死，活到周武王的时代，他的功业难道会比姜太公少吗？

16. 苏辙《古史·卷二十四·伯夷列传第一》

苏辙（1039年3月18日—1112年10月25日），字子由，一字同叔，晚号颍滨遗老，眉州眉山（今属四川）人，北宋文学家、诗人、宰相，"唐宋八大家"之一。

嘉祐二年（1057），苏辙登进士第，初授试秘书省校书郎、充商州军事推官。宋神宗时，任制置三司条例司属官，因反对王安石变法，出为河南留守推官。此后随张方平、文彦博等人历职地方。

宋哲宗即位后，召苏辙为秘书省校书郎。元祐元年（1086），任右司谏，历官御史中丞、尚书右丞、门下侍郎。绍圣元年（1094），因上书劝阻起用李清臣而忤逆哲宗，落职知汝州。此后连贬数处。崇宁年间，蔡京当国，再降朝请大夫，遂以太中大夫致仕，筑室于许州，号颍滨遗老。

政和二年（1112），苏辙去世，年74，追复端明殿学士、宣奉大夫。宋高宗时累赠太师、魏国公，宋孝宗时追谥"文定"。

苏辙与父亲苏洵、兄长苏轼齐名，合称"三苏"。生平学问深受其父兄影响，以散文著称，擅长政论和史论，苏轼称其散文"汪洋澹泊，有一唱三叹之声，而其秀杰之气终不可没"。其诗力图追步苏轼，风格淳朴无华，文采少逊。苏辙亦善书，其书法潇洒自如，工整有序。著有《诗传》《春秋传》《栾城集》等行于世。

【原文】

伯夷、叔齐，孤竹君之二子也。父欲立叔齐，及父卒，叔齐让伯夷。伯夷曰："父命也。"遂逃去。叔齐亦不肯立而逃之。国人立其中子。于是伯夷、叔齐闻西伯昌善养老，皆往归之。盖西伯受命称王，纣虽无道置而不伐者九年。及文王崩，武王终三年之丧，帅诸侯之兵观政于商而还居。二年，纣日长恶不悛，遂举兵伐之。伯夷、叔齐乃相与扣马陈君臣以谏。左右欲兵之。太公曰："此义人也。"扶而去之。武王已平殷乱，天下宗周。而伯夷、叔齐耻之，隐于首阳，义不食周粟，采薇而食之，卒以饿死。孔子称之曰："伯夷、叔齐不念旧恶，怨是用希"。卫出公与父庄公争国，冉有疑之曰："夫子为卫君乎？"子贡曰："诺，吾将问之。"入，曰："伯夷、叔齐，何人也？"曰："古之贤人也。"曰："怨乎？"曰："求仁而得仁，又何怨？"出，曰："夫子不为也。"由此言之，伯夷、叔齐之出也。父子之间必有间言焉。而能脱身以远于乱，安于丧亡，不以旧恶为怨。故凡言伯夷之不怨，以让国言之也。孔子称古之逸民，伯夷、叔齐、虞仲、夷逸、朱张、柳下惠、少连。曰："不降其志，不辱其身，伯夷、叔齐欤！"谓："柳下惠、少连，降志而辱身矣。言中伦，行中虑，其斯而已矣。"谓："虞仲、夷逸，隐居放言。身中清，废中权。"夫伯夷、叔齐，隐居以求其志，行义以达其道，义之所在，无以生为也。故志不降，身不辱。自柳下惠以下，皆全生者也，故志降身辱，独其言行不污耳。至于虞仲、夷逸，虽隐居不屈，而佯狂放言，身洁而言荡，盖未有若伯夷者。故凡言伯夷之不辱，以去周言之也。苏子曰："武王以大义伐商，而伯夷、叔齐亦以义非之。"二者不得两立，而孔子与之，何哉？夫文、武之王，非其求而得之也，天下从之，虽欲免而不得，纣之存亡，不复为损益矣。文王之置之，知天命之不可先也，武王之伐之，知天命不可后。也然汤以克夏为惭，而孔子谓《武》未尽善，则伯夷之义，岂可废哉！宋昭公以无道弑，《春秋》虽书曰"宋人弑其君杵臼"，然晋荀林父、卫孔达、陈公孙宁、郑石楚伐宋，以不讨贼称"人"。晋灵公为之会诸侯于扈，以不讨贼不叙，明君臣之义，不以无道废也。

17. 朱熹《朱子语类·杂说》

朱熹（1130年9月15日—1200年4月23日），字元晦，又字仲晦，号晦庵，晚称晦翁，谥文，世称朱文公。祖籍徽州府婺源县（今江西省婺源），出生于南剑州尤溪（今属福建省尤溪县）。宋朝著名的理学家、思想家、哲学家、教育家、诗人，闽学派的代表人物，儒学集大成者，世尊称为朱子。朱熹是唯一非孔子亲传弟子而享祀孔庙，位列大成殿十二哲者中，受儒教祭祀。朱熹是"二程"（程颢、程颐）的三传弟子李侗的学生，与二程合称"程朱学派"。朱熹的理学思想对元、明、清三朝影响很大，成为三朝的官方哲学，是中国教育史上继孔子后的又一人。朱熹19岁考中进士，曾任江西南康、福建漳州知府、浙东巡抚，做官清正有为，振举书院建设。官拜焕章阁侍制兼侍讲，为宋宁宗讲学。朱熹著述甚多，有《四书章句集注》《太极图说解》《通书解说》《周易读本》《楚辞集注》，后人辑有《朱子大全》《朱子集语象》等。其中《四书章句集注》成为钦定的教科书和科举考试的标准。

【原文】

建茶如"中庸之为德"，江茶如伯夷叔齐。

【译文】

建茶出于剑建，江茶出于两浙。建茶其味中和醇正，不浓不淡，不厚不薄，归于"中"。江茶即民间生产的草茶，它味清而有草气，虽有清德而失之偏。这是朱熹对茶道茶德的诠释。以茶道论人道，以茶品论人品，倡导世人的君子之风。

18. 永平府志·元始祖忽必烈至元十八年诏书

孛儿只斤·忽必烈（1215—1294），蒙古族，政治家、军事家。监国托雷第四子，元宪宗蒙哥弟，大蒙古国的末代可汗，同时也是元朝的开国皇帝。蒙古尊号"薛禅汗"。

1251年，蒙哥任忽必烈为总理漠南汉地军国庶事，南驻爪忽都之地。他先后任汉人儒士整饬邢州吏治，立经略司于汴梁，整顿河南（今洛阳）军政，并屯田唐、邓，收到积极效果。1253年，受京兆（今陕西西安）封地。同年，忽必烈受命与大将兀良合台远征云南，灭大理国。1258年蒙哥兴师伐南宋，授命忽必烈代总东路军。

1259 年 9 月，蒙哥在合州前线病逝。1260 年 3 月，忽必烈在部分诸王的推戴下，即汗位于开平，建元中统。忽必烈以汉地丰富的人力、物力为依托，出兵击败阿里不哥。

1271 年（至元八年），取《易经》"大哉乾元"之义，建国号为大元。次年，确定以大都为首都。1274 年（至元十一年），命伯颜大举伐宋。1279 年（至元十六年）最后消灭了流亡在崖山的南宋残余势力，完成了全国的大统一。

全国统一后，忽必烈重用回回人阿合马。阿合马从中统初便主管中央财政，多方搜刮，权势日重。后阿合马独擅朝政。1282 年（至元十九年），大都发生了王著、高和尚刺杀阿合马事件。此后，忽必烈又先后任卢世荣、桑哥专理财政，都以失败而告终。同期，忽必烈接连派遣军队远征日本、安南、占城、缅甸与爪哇，都遭到失败。但抗击海都、笃哇等西北诸王的侵扰和平服东北诸王乃颜叛乱，具有一定的积极作用。1294 年（至元三十一年），忽必烈病逝。

【诏书原文】

制曰：盖闻古者伯夷、叔齐逃孤竹之封，甘首阳之饿，辞爵以明长幼之序，谏伐以严君臣之分，可谓行义以达道，杀身以成仁者也。昔居北海之滨，遗庙东山之上，休光垂于千古，余泽被于一方。永怀孤竹之风，庸示褒崇之典。于戏！去中国而辞周粟，曾是列爵之可縻扬义烈以激清尘，期于世教之有补。可追封：伯夷为昭义清惠公，叔齐为崇让仁惠公。

19. 永平府志·明宪宗朱见深成化九年祭文

明宪宗朱见深（1447 年 12 月 9 日—1487 年 9 月 9 日），初名朱见濬，汉族。明朝第九位皇帝，明英宗朱祁镇长子，母孝肃皇后周氏。1465—1487 年在位。

朱见深本为太子，土木之变后其父朱祁镇被瓦剌掳去，叔父朱祁钰即帝位。到景泰三年（1452），朱祁钰将朱见濬废为沂王，改立朱见济为太子。景泰八年（1457），英宗因夺门之变而复辟，被立为太子。

朱见深英明宽仁，在位初年恢复了朱祁钰的皇帝尊号，平反于谦的冤屈，任用贤明的大臣商辂等治国理政，可以说有君王的风度。时代风气清明，朝廷多名贤俊彦，朱见深能够宽免赋税、减省刑罚，使社会经济渐渐复苏。但是在位期间任用奸邪，不能说没有缺陷。

成化二十三年（1487）九月九日病逝，终年41岁。庙号宪宗，谥号继天凝道诚明仁敬崇文肃武宏德圣孝纯皇帝。葬在明十三陵的茂陵。

明宪宗朱见深于成化九年，派大臣到永平夷齐庙祭祀伯夷、叔齐，祭文如下：

惟神逊国全仁，谏伐存义，为圣之清，千古无二。怀仰高风，日笃不望。庸修岁纪，永范纲常。尚飨。

20. 张玭《夷齐录》

张玭，嘉靖十四年（1535）乙未科进士，初授大名府清丰县知县，升兵部主事，历任郎中、知府、按察使，升都察院右金都御史，巡抚顺天。不久，左迁布政使司参议，历升大理寺左右少卿、顺天府府尹、南京户部右侍郎，改任工部右侍郎。

《国朝献征录·卷之五十一·工部右侍郎张玭传》：（实录）工部右侍郎张玭，山西石州人。嘉靖十四年进士。初授大名府清丰知县，升兵部主事，历郎中、知府、按察使，升都察院右金都御史，巡抚顺天。寻谪布政参议，升大理寺左右少卿、顺天府尹、南京户部右侍郎，改今官。玭孝友，乐易其居，官所至，以廉称。嘉靖四十四年十月卒。

赐祭葬如例。

《夷齐录》，张玭撰写。永平府城西18里孤竹故城有清德庙，以祀夷、齐。玭守永平时，因搜辑历代祀典、诸家艺文，编为一帙。《夷齐录》原有5卷，仅存卷一。清代浙江范懋柱家天一阁所藏。后入藏上海博物馆。据《目录》，原本有图。此本无之，盖为传写者所佚矣。

《夷齐录》总目，一卷为制、传，二卷为论，三卷为辨，四卷为记颂、赞赋、诗，五卷为附录、外录。

张玭对伯夷叔齐崇尚备至，对孤竹文化情有独钟。张玭在出任永平府知府三年期间，在传承夷齐文化方面，颇有建树，多有善举。一是创立了孤竹书院；二是拓宽了夷齐故城；三是重修了清节祠，即夷齐庙；四是编撰了《夷齐录》，给后人留下了许多宝贵的精神财富。

21. 白瑜《夷齐志》

白瑜，字绍明，永平人。万历二十三年进士。选庶吉士，授兵科给事中。帝既册立东宫，上太后徽号，瑜请推广孝慈，以敦俭、持廉、惜人才、省冤狱四事进，皆引《祖训》及先朝事以规时政，辞甚切。三十年，京师旱，陕西河南黄河竭。礼官请修省，瑜言："修省宜行实政。今逐臣久锢，累臣久羁，一蒙矜释，即可感格天心。"末言矿税之害，皆不报。

累迁工科都给事中。帝于射场营乾德台，瑜抗疏力谏，又再疏请斥中官王朝、陈永寿，帝不能无憾。会瑜论治河当专任，遂责其剿拾陈言，谪广西布政使照磨。以疾归。光宗立，起光禄少卿，三迁太常卿。给事中倪思辉、朱钦相，御史王心一以直言被谪，瑜抗疏论救。

天启二年，由通政使拜刑部右侍郎，署部事。郑贵妃兄子养性奉诏还籍，逗留不去，其家奴张应登讦其通塞外。永宁伯王天瑞者，显皇后弟也，以后故衔郑氏，遂偕其弟锦衣天麟交章劾养性不轨。瑜以郑氏得罪先朝，而交通事实诬，乃会都御史赵南星、大理卿陈于廷等谳上其狱，请抵奴诬告罪，勒养性居远方。制可。明年进左侍郎。卒官。赠尚书。

《四库全书总目提要》记载，《夷齐志》六卷（浙江巡抚采进本），明白瑜撰。瑜字绍明，永平人，万历乙未进士，官至刑部左侍郎。事迹具《明史》本传。此书乃因张玭《夷齐录》损益而成，所载视旧《录》加详。

作为一个朝廷官员，白瑜心系家乡永平，心系本土文化，心系伯夷叔齐。在担任兵科给事中的万历二十八年，认真搜集历代有关伯夷、叔齐的评论及夷齐祭祀的资料，在《夷齐录》的基础上编撰成了具有相当代表性和特殊性的《夷齐志》。

从内容上看，《夷齐录》和《夷齐志》都是关于伯夷、叔齐和夷齐祭祀的资料汇编，尤其偏重于对夷齐庙的详细记载。突出彰显了永平府在当时全国范围内夷齐祭祀的地位。从成书时间上看，《夷齐录》著于嘉靖年间，《夷齐志》著于万历年间。《夷齐志》是因《夷齐录》损益而成。后者是对前者的改编和完善。

《明史·白瑜传》记载，白瑜，字绍明，永平人。万历二十三年进士。选庶吉士，授兵科给事中。康熙五十年《永平府志》记载："白瑜，东胜卫人，少英敏博学，善辞赋，登万历乙未进士，授庶吉士，除刑科给事中。上疏请革煤税，降湖广按察司照磨。起通政使、刑部左侍郎。居乡和雅。卒，赠刑部尚书。"

白瑜心系百姓。万历三十年，京城一年未下雨，山东、山西、河南等地大旱，加之矿税盘剥，民不聊生，饿殍四野，激起民变，天下不稳。人们认为凡天有大灾是老天示警。礼部官员奏请皇帝举行"修省"仪式，修身省察，检讨已过。白瑜仗义执言，上疏规劝皇帝，推行仁政，节俭开支，重用人才，平反冤狱，放赈济民。《明史·白瑜传》有如下记载："三十年，京师旱，陕西河南黄河竭。礼官请修省，瑜言：'修省宜行实政。今逐臣久锢，累臣久羁，一蒙矜释，即可感格天心'。

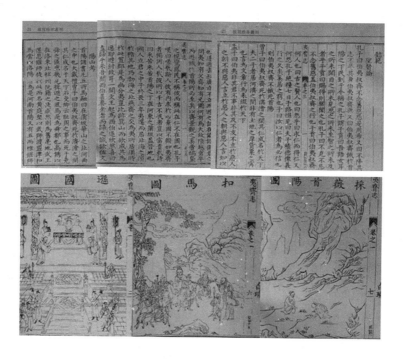

白瑜心系社稷。《明史·白瑜传》记载："帝于射场营乾德台，瑜抗疏力谏，又再疏请斥中官王朝、陈永寿，帝不能无憾。会瑜论治河当专任，遂责其剽拾陈言，谪广西布政使照磨。以疾归。光宗立，起光禄少卿，三迁太常卿。给事中倪思辉、朱钦相，御史王心一以直言被谪，瑜抗疏论救。"

明朝时，凡是采矿都派太监前去征税，太监勾结地方官员，营私舞弊，大肆盘剥。采煤太监横征暴敛，甚至武装逼索煤税，引发了矿工的大规模抗议斗争，"填街塞路"，声势浩大，朝廷上下一片惊恐。

工科都给事中白瑜奏疏："今者萧墙之祸四起，有产煤之地，有做煤之人，有运煤之夫，有烧煤之家，关系性命，倾动畿甸。"呼吁撤销矿税太监，朝廷采纳，撤回太监。

白瑜刚直不阿。万历二十九年十月，皇帝册封太子、上皇太后尊号，白瑜又上疏朝廷，进行规劝，其词甚切。《明史·神宗本纪》记载："万历二十九年冬十月己卯，立皇长子常洛为皇太子，封诸子常洵福王，常浩瑞王，常润惠王，常瀛桂王。诏赦天下。壬辰，加上慈圣皇太后尊号。"《明史·白瑜传》记载："帝既册立东宫，上太后徽号，瑜请推广孝慈，以敦俭、持廉、惜人才、省冤狱四事进，皆引《祖训》及先朝事以规时政，辞甚切。"

诗话孤竹·典里生辉

【引言】 孤竹的历史人物和历史事件，不仅入心、入史，也入典。我国的成语典故，是中华民族传统文化的精髓。其中，有8个成语典故，发源于孤竹。

1. 叩马而谏

叩马而谏是一个成语，作谓语、定语，用于书面语。

语出《史记·伯夷列传》："西伯卒，武王载木主，号为文王，东伐纣。伯夷、叔齐叩马而谏曰：'父死不葬，爰及干戈，可谓孝乎？以臣弑君，可谓仁乎？'左右欲之。太公曰：'此义人者。'扶而去之。"

伯夷、叔齐叩马而谏的地方，后来就叫作叩马。还有一种说法说伯夷、叔齐是扣马缰而谏，因而也称扣马。

2. 不食周粟

不食周粟，形容气节高尚，誓死也不愿与非正义或非仁德的人有瓜葛。粟，泛指粮食。本指伯夷、叔齐于商亡后不吃周粟而死。

语出《史记·伯夷列传》："武王已平殷乱，天下宗周，而伯夷、叔齐耻之，义不食周粟，隐于首阳山，采薇而食之。最后，高唱《采薇歌》，饿死在首阳山上。"

据乾隆皇帝考证，首阳山即今卢龙城东南15华里之阳山。

3. 顽廉懦立

顽：贪婪的人。懦：懦弱的人。使贪婪的人能够廉洁，使怯弱的人能够自立。形容高尚的事物或行为对人的感化力强。

语出孟子《孟子·万章下》："故闻伯夷之风者，顽夫廉，懦夫有立志。"

4. 求仁得仁

求仁德便得到仁德，无愧于心便没有什么可以遗憾的。亦比喻理想和愿望实现。原指伯夷、叔齐兄弟让国，本是求仁的表现；既然让国而心安理得，已经得仁，就没有怨言了。

语出《论语·述而》：冉有曰："夫子为卫君乎？"子贡曰："诺，吾将问之。"入，曰："伯夷、叔齐何人也？"曰："古之贤人也。"曰："怨乎？"曰："求仁而得仁，又何怨？"出，曰："夫子不为也。"

5. 老马识途

途：路，道路。意为老马认识曾经走过的道路。

比喻阅历多的人富有经验，熟悉情况，能起到引导作用。

语出《韩非子·说林上》：管仲、隰朋从于桓公而伐孤竹，春往冬反，迷途失道。管仲曰："老马之智可用也。"乃放老马而随之，遂得道。行山中无水，隰朋曰："蚁冬居（山之阳、夏居山之阴），蚁壤一寸而仞有水。"乃掘地，遂得水。以管仲之圣而隰朋之智，至其所不知，不难师于老马、老蚁，今人不知以其愚心而师圣人之智，不亦过乎？

当年老马识途处，就在濡水（唐末濡水改称滦河）东岸，孤竹故地，今卢龙县西南部。

6. 寻蚁求水

这是与老马识途同时同地衍生的典故。意思是蚂蚁生存的地方离不开水，找到了蚂蚁也就找到了水。解决任何问题，都要首先找到突破口。突破口选准了，任何问题都会迎刃而解了。

语出《韩非子·说林上》：管仲、隰朋从于桓公而伐孤竹，春往冬反。行山中无水，隰朋曰："蚁冬居（山之阳、夏居山之阴），蚁壤一寸而仍有水。"乃掘地，遂得水。

当年齐桓公寻蚁求水之地，就在濡水东岸，孤竹故地，今卢龙县西南部。

7. 精诚所至，金石为开

精诚所至，金石为开，意指人诚心所到，能感动天地，使金石为之开裂。比喻只要专心诚意去做，什么疑难问题都能解决。形容真诚对人产生的感动力。

西汉时期，有一个著名将领叫李广，他精于骑马射箭，作战非常勇敢，被称为"飞将军"。

李广在担任右北平太守期间，一次外出巡山，忽然发现草丛中蹲伏着一只猛虎。李广急忙弯弓搭箭，全神贯注，用尽气力，一箭射去。李广箭法很好，他以为老虎一定中箭身亡，于是走近，仔细一看，未料被射中的竟是一块形状很像老虎的石头。不仅箭头深深射入石头当中，而且箭尾也几乎全部射入石头中去了。李广很惊讶，他不相信自己能有这么大的力气，于是想再试一试，就往后退了几步，张弓搭箭，用力向石头射去。可是，一连几箭都没有射进去。有的箭头破碎了，有的箭杆折断了，而石头一点儿也没有受到损伤。

人们对这件事情感到很惊奇，疑惑不解，于是就去请教学者扬雄。扬雄回答说："如果诚心实意，即使像金石那样坚硬的东西也会被感动的。"因为"李广射虎"这个故事，"精诚所至，金石为开"这一成语也便由此流传下来。李广被射中的石虎，被人们称为虎头石，附近的村庄，也叫虎头石村，坐落于卢龙城南 6 华里。

8. 桃李不言，下自成蹊

桃树李树有芬芳的花朵、甜美的果实，虽然不会说话，但仍然能吸引许多人到树下赏花尝果，以至于树下走出一条小路出来。比喻一个人做了好事，不用张扬、夸耀、向别人邀功，人们就会记住他。只要能做到身教重于言教，为人诚恳，真挚，就会深得人心。只要真诚、忠实，就能感动别人。比喻为人诚挚，自会有强烈的感召力而深得人心。

　　原文出自西汉·司马迁《史记·李将军传》。彼其忠实心诚信于士大夫也！谚曰"桃李不言，下自成蹊"。此言虽小，可以谕大也。

　　司马迁《史记》里的李将军，就是西汉时期镇守右北平，脚踩烟墩山，箭射虎头石的龙城飞将李广。

诗话孤竹·碑记直笔

【引言】　碑记，是重大历史事件、重要历史人物的真实碑文记载。"松柏剪无余，碑记灭罔传"。孤竹境内的碑记，真实地记录了发生在境内的重大历史事件。字字珠玑，毋庸置疑。

本书收录了中都僧《平州石幢记》，李本洁《书院山云居寺重修佛堂碑记》，商辂《重修清节庙（夷齐庙）碑文》，永平府知府卢见曾《敬胜书院创建碑记》和乐亭学者史梦兰《重修敬胜书院碑记》5篇碑记，意在引导读者沿着时间的隧道，寻找历史的真实。

1. 中都僧平州石幢记

在今河北省卢龙县城内，南街十字路口处，高耸着一座古老的佛塔，即"陀罗尼经幢"，简称石幢，塔之第二层镌刻《平州石幢记》，记述建幢及重修之始末，字迹俊秀，文简意赅。对考察、研究孤竹文史，欣赏佛教建筑艺术，弥足珍贵。因字为繁体，语属文言，且有些佛言梵语，非专业人员不易读懂。为了能使多数人了解我县古文化遗产之精华，进一步探索该经幢的始末及其深层文化内涵，本书不避"井蛙"之嫌，斗胆将习读之一得，公之于此，奢愿与共嗜者兰言磋磋，以飨同好及方家。又因建幢之年代久远，字迹或有泯灭，空缺难补，本书不畏"滥造"之讥，试将空缺字补遗，字外圈以方形边框，框内用与正文不同字体标出。文后另附补遗说明，阐明补遗依据。

原《平州石幢记》录文□□国平州石幢记　中都　僧并述

窃闻自东汉永平年间摩腾入洛始闻佛教之声尔后西僧继至故佛之圣典渐流二京三藏真证大衍九域比屋黔黎皆沾甘露上至王公下及皂隶竞为读诵诚为苦海之舟航矣然佛教虽着犹有多门乃大列三乘高张五教

或偏圆不定或显密殊途虽万派洪波咸归大海后至唐仪凤年中西天神僧曰佛陀钦风殉命来游清凉参游未遍遇文殊化身相对言论文殊曰尊者远来游礼五顶欲求圣利未知将得尊胜陀罗尼经来不佛陀曰不老叟曰若未将经至空游何益佛陀闻次便辞老叟策杖西归不数年间将经再至还遇老叟相慰晤言叟曰若将经至以利生民诚为大喜佛陀乃诣阙陈词□□真文译讫朝廷降旨今于京邑州郡□□□中建石幢刻密言于石上以希尘影覆之□□潜滋万古此乃建石幢之始也平州大郡东□遥山西临大水厥田上中居民纯厚有三代遗风原其所系尧创九州岛属青州禹添三州遂隶于幽武王封召公于燕故此地属燕秦并六国以天下为三十六郡乃号辽西郡炎汉御宇更号右北平司马氏及曹丕有国改置卢龙郡今之县名仍从古号元魏石勒慕容氏父子建国皆从卢龙之郡隋文创业去郡为平州盖顺古北平之号唐乘玉辇只号平州后唐五代□辽皆从平州之名大金建国远收淮北之地正隆迁都于燕京大修宫殿建号中都故我州为大国之东门矣平州古城今之北城是也南城辽人筑之于南城中旧有石幢一座于正隆四年五月二十日遭风雷暴至仆之于地居民秽污深可悲夫于戏万事无恒荣枯互作会州中信士王昌吉校尉□发心再建遍告州人□邑□施铜钱二千万命匠琢石及刻密言于上始于大定九年五月间兴工后至大定十一年九月三十日工毕奇巧之势十倍于前举高三丈落落风规实州中之伟望落成之日仕庶稽□咸谓奇哉众议式胎厥德万古不泯乃命都僧□直笔茂实以传不朽

　　　　　　　　　　大定十一年九月三十日建
　　　　　　　　　　医士黄玄书石

【注】以后三面皆刻当日官爵及邑人姓名字多漫灭不辨。

□金㈠国平州石幢记　中都僧并述

窃闻自东汉永平年间摩腾入洛（1），始闻佛教之声，而后西僧继至，故佛之圣典渐流二京（2）。三藏真证大衍九域（3），比屋黔黎皆沾甘露（4）。上至王公，下及皂隶，竞为读诵，诚为苦海之舟航矣！然佛教虽著，犹有多门，乃大列三乘（5），高张五教（6）；或偏圆不定，或显密殊途（7），虽万派洪波，咸归大海。后至唐仪凤年（8）中，西天神僧曰：佛陀钦风（9），殉命来游清凉（10），参游未遍，遇文殊化身（11），相对言论，文殊曰："尊者远来游，礼五顶，欲求圣利（12），未知将得（13）尊圣陀罗尼经来不？"佛陀曰："不"。老叟曰："若未将经至，空游何益！"佛陀闻次，便□辞老叟㈡策杖西归。

【注释】

（1）东汉永平年间摩腾入洛：东汉永平年间（58—75），即汉明帝（刘庄）永平元年（58）。印度佛教传入中国的年代，学术界尚无定论，历来都以汉明帝遣使西域取回《四十二章经》为佛教传入中国之始。汉明帝曾派蔡愔和秦景去天竺国（印度）取经，天竺有两个沙门（高级僧人），一个叫摄摩腾，一个叫竺法兰，请来中国，用白马驮着一幅图像和《四十二章经》，经西域来到洛阳。——据宋·高承《事物纪原·佛经》

（2）二京：指西汉都城长安和东汉都城洛阳。

（3）三藏真证大衍九域：三藏，梵文（zang）意译。佛教经典的总称，分经、律、论三部分。大衍，广大的沼泽地，这里作广大解。九域，指九州大地。本句意即真正的佛经在广大地域传播开来。

（4）比屋黔黎皆沾甘露：比屋，家家户户；黔黎，黔首黎民，指老百姓。皆沾甘露，都能得到好处。

（5）大列三乘：大列，大加陈述；三乘，佛教语，指小乘（声闻乘）、中乘（缘觉乘）、大乘（菩萨乘），三者均为不同的解脱之道，亦泛指佛法。

（6）高张五教：五教，佛教语，即小教、始教、终教、顿教、圆教。（或指五常之教，五常即父义、母慈、兄友、弟恭、子孝5种道德教育。（见《左传·文公十八年》）此句意：大大宣扬五教的佛法。

（7）或偏圆不定，或显密殊途：偏、徧通假，偏圆，这里指不同种类的佛法。显密殊途，佛教有显、密二教派，显教能以语言文字阐明佛教教义的教派，以摩腾为祖师；密教大乘佛教后起的一派，唐开元年间传入中国，流行于西藏，俗称"喇嘛教"。殊途，指通过不同途径传教。

（8）唐仪凤年：即676—679年。

（9）佛陀钦风：佛陀，梵文（Buddha）的译音，佛的全称。钦风，尊重其风俗教化。

（10）殉命来游清凉：殉命，为某种目的或理想而舍弃生命远道来游清凉。清凉：指清凉山，即五台山。日本小野胜年、日比野丈夫著《五台简史》："五台山，西晋时于五台山是道家诸仙者流所假托的灵山胜地，其后由于佛教的盛行，至迟到北魏末年时，它已转化为文殊菩萨所居住的佛教胜山。"《大正新修大藏经》：第九卷"……东北方有菩萨住处，名清凉山，过去诸菩萨常于其中住……常为说法"。

（11）参游未遍，遇文殊化身：参游未遍，没能到各处去游览。文殊化身，佛三身之一，指佛、菩萨为了化度众生，在世上现身说法时变化的种种形象称化身。

（12）礼五顶，欲求圣利：礼五顶，佛事中的一种参拜方式，过程比较复杂。一说五顶指五顶山，即五台山。

（13）未知将得："将"，携带。

【译文】

我听说自从东汉永平年间，印度摩腾高僧来到洛阳，（中国）才开始听到佛教的声音。从此以后西方的僧人才开始到达（这里），因此佛教的经典逐渐流传到京城长安、洛阳。在广大地区，家家户户老百姓都能得到佛法的滋润，上自官吏和那些达官贵人们，下至官府的差役们都争着念起佛经来，真好像在苦难的大海里遇到了救命的船只！虽然说佛教一时非常兴盛，但它也有好多门类。大加宣扬"三乘"佛法，极力宣扬"五教"的佛法。虽然教义、佛法有所不同，有许许多多种门派，但最终还是成为一统的佛门。后来到了唐朝仪凤年间，神僧说：我等佛子舍生远来参拜游览文殊菩萨的住地五台山，还没来得及各处都去参游，便遇到了文殊菩萨的化身——一个老头，彼此互相交谈，老头（文殊菩萨）说："尊贵的高僧，你远道来参游礼拜五顶山（五台山）菩萨，有求神佛，想得到爵赏，不知道是否带来尊胜陀罗尼经啊？"和尚说："没有。"老头说："假如没带佛经来，白白参游有啥好处！"和尚听老头这么一说，便辞别了老头拄着拐杖回西方去了。

不数年间，将经再至，还遇老叟，相慰晤言，叟曰："若将经至，以利生民，诚为大喜。"佛陀乃诣阙陈词（1）。□三□藏真文译讫㈢，朝廷降旨：今于京邑州郡□县□村□邑㈣中建石幢，刻密言（2）于石上，以希尘（沾）影覆之□威□效（3）㈤，潜滋万古，此乃建石幢之始也。平州大郡，东□望㈥遥山，西临大水，厥田上中（4），居民纯厚，有三代遗风（5）。原其所系，尧创九州，属青州；禹添三州，遂隶于幽。武王封召公于燕，故此地属燕。秦并六国，以天下为三十六郡，乃号辽西郡。炎汉御宇（6），更号右北平。司马氏及曹丕有国（7），改置卢龙郡。今之县名乃从古号。元魏石勒慕容氏父子建国（8），皆从卢龙之郡。隋文创业，去郡为平州，盖顺古北平之号。唐乘王辇，只号平州，后唐五代□至㈦辽，皆从平州之名。大金建国，远收淮北之地。正隆迁都于燕京。大修宫殿，建号中都，故我州为大国之东门矣！

【注释】

（1）诣阙陈词：诣阙，赴朝廷；陈词，述说理由。

（2）密言：这里指佛经。一说指佛教中的真传密语，即咒语。

（3）尘沾影覆：经幢上的尘土落在人的身上，塔的影子照到人的身上都可以消灾避难。

（4）厥田上中：这里的土地属上中等。《尚书·禹贡》："厥田惟上中"，意为这里的土地是第二等的。

（5）三代遗风：《论语·卫灵公》："斯民也，三代之所以直道而行也。"邢昺疏："三代，夏、商、周也。"这里指有夏商周古代之遗风。

（6）炎帝御宇：汉代自称以火德王，故称炎汉。"御"通"籥"，安抚，即统治天下。

（7）曹丕有国：曹丕（187—226）三国时建魏，称魏文帝。后司马炎称帝建晋，称晋武帝（236—250）。

（8）石勒慕容氏父子建国：指南北朝时期北方十六国慕容氏先后建立的前燕、后燕、前秦等国。

【译文】

没过几年，带着佛经又回来，又遇见了那个老头儿。当面交谈，互相问候。老头说，要是能把佛经带来，对百姓大有好处，实实在在是件大喜事。和尚这才去朝廷申述理由。等到佛经翻译完毕，朝廷降下旨义：各州、县、村、邑要建石幢，把佛经刻在石幢上，希望百姓受到无边法力的佛法恩惠，万古永享。这就是当初建石幢的初衷。平州，这里是个大郡府，东面可以望到遥山，西面靠近大河，这里土地数上中等；百姓性格纯朴厚道，有古代中华民族夏、商、周三代遗留的高尚素质。系统地考察其源流：尧创九州的时候，这里属青州；禹在九州的基础上又增设了三州，这里属幽州。周武王封召公于燕地，此地属于燕。秦分天下为三十六郡，这里是辽西郡。

到汉代改称右北平。到了三国时曹魏及司马氏建晋，改设卢龙郡，现今的县名仍旧顺从古来的称号。南北朝时北方拓跋珪建魏，后被前秦所灭；慕容氏一族，慕容垂建后燕，前燕、前秦等十六国，此时这里称卢龙郡。隋文帝建隋朝这里改为平州，以顺应古北平之称号。唐代这里称平州。后唐五代至辽仍称平州。到金代金建国，收服了淮北大片土地，到正隆年间迁都到燕京，大修宫殿，建立中都，因此我们平州成了大国的东门啦！

平州古城今之北城是也，南城辽人筑之。于南城中旧有石幢一座，于正隆四年五月二十日，遭风雷暴至，扑之于地，居民秽汙，深可悲夫（1）！於戏（2）！万事无恒，荣枯互作。会州中信士，王昌吉校尉□等(八)发心再建（3），遍告州人□村(九)邑，□布(十)施铜钱二千万，令匠琢石及刻密言（4）于上，始于大定九年五月间兴工，后至大定十一年九月三十日工毕。奇巧之势十倍于前，举高三丈，落落风规，实州中之伟望（5）。落成之日，士庶稽□首（6）（十一），咸（7）谓奇哉。众议式昭厥德（8），万古不泯。乃命都僧□据（十二）直笔茂实，以传不朽。大定十一年九月三十日建。□平□州（十三）医士黄玄书石

【注释】

（1）居民秽汙，深可悲夫：百姓忌讳（以为是不祥之兆），真是叫人悲痛啊！

（2）於戏：同"呼呜"，咳！叹词。

（3）发心再建：发心，决心。下定决心重新再建。发心，佛教语——许下向善的心愿。

（4）密言：佛经。

（5）伟望：很大的声望。

（6）士庶稽口：按文意空处应是"首"字。本句意即士人和普通百姓去叩头礼拜。

（7）咸谓奇哉："咸"原繁体文本作"醎"，按"醎谓"，文义不通。"醎"、"咸"古不通假，拟似讹字，当是"咸"字，"都"的意思，意即都说很奇特啊！"啊"，语气词。

（8）众议式昭厥德："式昭"，原繁体文本作"式胎"，文义难解，拟当是"式昭"，按"式昭"，"用以光大"之意。参见唐·玄奘《大唐西域记·羯若鞠阇国》："罄捨国珍，奉为先王，建此伽蓝，式昭胜业。寡德无祐，有斯灾异，咎徵若此，何用生为。""厥德"，这样的德。全句大意是：大家伙都纷纷议论说，这样积德的好事应该发扬光大。

【译文】

古代的平州城就是现在的北城，南城是辽人建筑的，在城中原来就有一座石幢，于正隆四年（1159）五月二十日，遇到大风暴被雷击毁，倒塌在地上。百姓都觉着这事很不吉祥，实在叫人们心理悲痛！咳！世界上的一切事物没有一成不变的，总是有盛就有衰，州中的有识之士聚会在一起商量，由王昌吉校尉等人许下心愿，决心再重新修建，并向州里城乡人等广泛宣传，为了这件善事人们捐铜钱二千万。叫石匠们动工修建并在上面刻上佛经。由大定九年（1169）五月间开工到十一年（1171）九月三十日完工。工艺的奇巧比以前的石幢胜强十倍。塔高三丈，看着非常潇洒自然，有落落大方的风度，实在是州中很有名望的建筑。落成的那天，人们都去叩头礼拜，都说修建得非常奇妙啊！大伙议论说，这样积德的善事应该发扬光大，使其万古永不泯灭，命和尚中的长老根据实际情况，实事求是地写成文章，以便永久传流下去。大定十一年（1171）九月三十日建立。平洲医士黄玄书写碑文字。

附：补缺字说明：

（一）□□国：圈内应补"大""金"二字。"大金"，金的国号。《金史·太祖纪》："收国元年正月壬申朔，继皇帝位。"上曰："辽以宾铁为号，取其坚也。宾铁虽坚，终亦复坏，惟金不变不坏。金之色白，完颜部色尚白，于是国号'大金'。"

（二）便□老叟：□内依文意拟为"辞"字。

（三）□□真文译讫：圈内拟为"三藏"二字。"三藏"，佛教经典的总称；"真文"，佛教的经文。

（四）今于京邑州郡□□□中建石幢：圈内所缺三字拟补"县、村、邑"三字。据《唐代密教史杂考》之三："……佛典，是在州县村邑传播的经典，如……《佛顶尊胜陀罗尼经》。"

（五）以希尘□影覆之□□：原繁体文本为"……以希尘影覆之□□"，"尘"字后似漏一"沾"字，"之"字后方框内似为"威效"二字。参见《佛顶尊胜陀罗尼经》351 中称："……陀罗尼威。力最为神妙之处——「尘沾影覆」……凡人接近或见到此陀罗尼，甚至只要书写着此陀罗尼的经幢的影子映到身上，乃至于幢上的灰尘偶然飘落在人身上，则此人亦得以净除一切罪业恶道。"很多经幢上的铭记都提及这一点。见中央研究院历史语言研究所刘淑芬《经幢研究》之一 154 页。

（六）东□遥山：依文义拟应补"望"字，为"东望遥山"。

（七）后唐五代□辽：依文义圈内拟补"至"字，为"后唐五代至辽"。

（八）王昌吉校尉□发心再建：依文义圈内拟补"等"字。为王昌吉等发心再建。

（九）遍告州人□邑：依文义圈内拟补"村"字。

（十）□施铜钱二千：依文义圈内拟补"布"字，为"布施铜钱二千"。

（十一）士庶稽□：依文义圈内拟补"首"字，为"士庶稽首"。

（十二）乃命都僧□：依文义，圈内拟补"据"字，为"乃命都僧据直笔茂实"。

（十三）□□医士：依文义圈内拟补"平州"，为"平州医士"。

2. 李本洁《书院山云居寺重修佛堂碑记》

李本洁，卢龙人，清朝乾隆年间举人，乾隆六年起任广宁知县。

书院山，在卢龙县西45里。两冈合抱，环列石屏。屏下朝阳，覆石厦。一小井深不满尺，冬夏不竭。此山相传为孤竹君伯夷、叔齐读书之所，西壁依然镌刻"夷齐读书处"五字。山上建有一座寺院，因每逢阴雨天气，山中时有白云缭绕，寺院附近风云变化无常，景象万千，汉武帝赐名"云居寺"。寺内有正殿五间，殿内供奉如来佛祖和十八罗汉，正殿两侧左右各有配房三间，左边配房内供奉伯夷、叔齐二贤圣像，右面配房为禅堂。院内左面有碑，高可及丈，碑文为《书院山云居寺重修佛堂碑记》，系清乾隆二十年（1755）所立。寺内有大钟一口，高五尺有余，钟上铸有铭文"隆庆年制"。山门之上曾有对联"古庙无灯凭月照，山门不锁待云封"。今天，云居寺遗址仅存古井、石辗、石碑等。

【碑记原文】

西域有神佛，汉明帝遣使之天竺，求其道，得其书，号曰"沙门"，佛教遂行于中国。塑像图形，争先奉祀。而梵宫古刹尤多，盛于名山佳水之间。盖以其屏绝嚣尘，喜归清净，修佛性，安佛形。皈依之诚，所顾尊奉之而惟恐或亵也。昌邑城西五十里书院山有云居寺，创始不知何代。寺前立石，有泰和七年字迹，系唐文宗年号。则此寺之建其来久矣，而山名书院，相传为夷齐读书处，巨石镌文，字画宛然。虽事远年延，杳无可考矣。然窃思古之高人奇士，每择幽僻清雅之处，以为潜修邃养之所，如横渠之南山、龟山之东麓、和靖之涪陵、晦庵夫子之武夷贤哲所栖。千百年后，多喜谈乐道，志为圣迹。况斯山之脉，遥接孤竹。夷齐为孤竹君之子，则择名胜之地，创立书院，固亦理之可信，即事之或有者也。余因课生徒，僦居僧舍。暇时登高环视，见其势如龙蜷，形似鱼鬣。且前有团山，左有城子山，右有牛耳山，为之拱峙环卫。此山遂岿然独占一方之胜，而寺适建于山之怀，则绝嚣尘而归清净，有不悦怿者乎？但佛堂五间，历年久远，风浸雨蚀，瓦凋壁残，其何以安金身而肃瞻拜也！住持僧隆印、隆金，恻然思有修葺之因，遍扣檀那，募银若干两，庀材鸠工。逾数月而栋宇竣起，垣墉坚厚如竹苞松茂，焕然更新矣！茅非有以志之，恐无以扬神庥而彰众善。事竣请余勒诸石，以垂永久，余因与僧习，义不容谢，爰不辞谫陋而为之记。

皇　清乾隆二十年岁次乙亥孟夏　穀旦

会领癸巳举人原任广东省肇庆府广宁县知县　李本洁

邑　贡生费肆咸撰文

庠生费家璁敬书

住持僧隆金　隆印恭立

3. 商辂《重修清节庙（夷齐庙）碑文》

商辂（1414 年 3 月 16 日—1486 年 8 月 17 日），字弘载，号素庵，浙江淳安人。明代首辅，是明代近 300 年科举考试中唯一一个"三元及第"（同时获得解元、会元、状元），仕英宗、代宗、宪宗三朝，历官兵部尚书、户部尚书、太子少保、吏部尚书、谨身殿大学士，时人称"我朝贤佐，商公第一"，卒谥文毅。著有《商文毅疏稿略》《商文毅公集》等。

【碑文原文】

成化九年，癸巳，前监察御史，知永平府事，臣玺上言：是郡实属孤竹旧壤，伯夷叔齐所生之地。夷齐兄弟逊国而逃，节义懔懔，虽百世犹一日。故孔子称其仁贤，孟子称为圣之清。追夫宋、元加之已封爵。至我朝洪武初，再饬祠祀，岁久祠圮，祀亦寻废。事载《大明一统志》，可考见已，窃为表彰前贤风励邦人，臣之职也。因谋诸同官，捐俸倡义，鸠工敛材，重建正堂三间；翼以两庑，门二重，神库厨斋房为间各三。肇役初，是岁春三月至秋八月落成。庙有余地数百亩，以付居民侯玉等种之，岁收其租之入供祀事。伏惟皇上追念二贤生平节义，赐以庙额，庶几永终弗坠。臣玺昧死以请制曰，可赐额"清节"并降祝册，命守臣春秋行事如仪，恩典焕颁，军民胥悦。于是守具事状加书，介郡人通政司掌司事兵部左侍郎张文质嘱辂为记。

谨案：孤竹有国，封自殷汤，传至夷之父墨台氏，将死，遗命立叔齐，叔齐逊伯夷，伯夷曰：父命也。遂逃去。叔齐亦不立而逃之。盖伯夷以父命为尊，叔齐以天伦为重。其逊国也，皆求所以合乎天理之正，而即乎含人情之安，诚有功于世教。如孔孟之所称道是已。夫有功世教，虽天下犹将祀之，况宗国乎？太守此举，可谓知所重矣！是以朝命允俞，礼秩有加。自今二贤节义，益以表白于世。殆见逊让成风，民德归厚，由近以达远，举一以劝百，夫岂小补云乎哉。噫！邦人士毋徒以祠祀祝之，则善焉。书以为记。

4. 卢见曾《敬胜书院创建碑记》

卢见曾（1690—1768），字澹园，又字抱孙，号雅雨，又号道悦子，山东德州人。康熙六十年（1721）进士。历官洪雅知县，滦州知州，永平知府，长芦、两淮盐运使。性度高廓，不拘小节，形貌矮瘦，人称"矮卢"。学诗于王渔洋，有诗名，爱才好客，四方名士咸集，流连唱和，一时称为海内宗匠。乾隆三十三年，两淮盐引案发，因收受盐商价值万余之古玩，被拘系，病死扬州狱中。著有《雅雨堂诗文集》等，刻有《雅雨堂丛书》。

【碑记原文】

敬胜书院建于府城平山之麓，故武成王庙右，盖武学旧址云。乾隆甲子（九年，1744 年），天子起曾于谪戍，俾牧滦州；逾年，擢本郡守。先是，永平宁治，是郡政通人和，纲目毕张。曾来岁大熟，讼狱益息，艮其趾，萧然无余事，思惟报国，莫如为国作人。爰因郡人修武庙之请，请建书院于总督那公苏图、布政使方公现承，报可。郡人输财趋事，沛若江河之就下，月余赀用大集。于是监税工部佛公宝柱，构材于桃林之口，昌黎县致浮于海之大木，相宅鸠工。位其为讲堂，堂三楹：前为门，后为斋，亦各三楹；右为学舍，南北向者三，各五楹；散室各二楹。计四十有二楹。庖湢寝处，器有之需，备庙之制。若殿若庑，若棂星门，悉复其旧制。合院之四十二楹缭以垣。得请于丙寅年（乾隆十一年，1746 年）六月，迄于丁卯年（乾隆十二年，1747 年）四月，阅十月而工毕。乃延名师、立学规、征七属士之才者肄业焉。进之曰："二三子亦知武学之兴废与予以'敬胜'名书院之意乎？明初定天下，建国学，立六堂之法，乃命韩国公李善长选勋臣子弟入学，又置武学于大宁等卫，盖收范武于文，使介胄之士皆知说礼乐而敦诗书，其用意深远，故其为制也。明以备严而不苛法，久浸弛，而会典程序累朝犹修。明之永平武学，建于隆庆刘公应节。其时入学者犹应袭舍人也。崇祯十年，命天下府、州、县皆设武学，生员、提学官一体考取，杂进无实，而学舍荆榛矣。末流沿袭祖宗之法而或反其意概如斯夫！古之教者，文武不分途；古之学者，体用无偏废。太公以见知之圣，际会鹰扬，《阴符》云乎哉！《丹书》曰：'敬胜怠者吉，怠胜敬者灭。'吁戏！太公所以为王者师也。二三子朝夕诵习于斯，仰瞻庙貌，遡其德业之巍巍，明乎见而知之之为何事，而敬以为主者。之于家、国、天下无所处而不当，斯其处也。有守而出也，足以有为。如以举子业为文章之能事，而不究其全体六用之本原，则与骑射技勇以为武者等耳。二三子尚无忘顾诿以废斯举哉！"诸生曰："谨受教！"遂书以为记。

5. 史梦兰《重修敬胜书院碑记》

史梦兰（1813—1898），字香崖，直隶乐亭人。生于清仁宗嘉庆十八年，卒于德宗光绪二十四年，年 86 岁。少孤力学，于书无所不窥，尤长于史。每纵谈天下事，了如指掌。道光二十年（1840）举人。选山东朝城知县，以母老不赴。筑别业于碣石山，名曰止园，奉母其中，藏书数万卷，日以经史自娱。

【碑记原文】

敬胜书院，前太守德州卢公见曾于乾隆初因武学旧址所建也。以其左邻太公庙，故取《丹书》语名之。迄道光中，阮公常生来守吾郡，雅意培植，生徒莘莘，号称极盛。咸丰初，畿辅有警，郡守重团练，而书院遂渐蓁芜。同治壬申（十一年，1872 年）夏，今太守游公至，见堂庑颓败，蠲然伤之，力亟重修，增其膏火，并购经史，广搜宋、元、明儒及畿辅诸贤哲文集，藏之院中，以备诸生肄业，甚盛举也。工既竣，属兰为文，以记其事曰：书院者，储才之区也。然书院遍天下，求其坐言起行才堪用者，恒不数数。觏其故何哉？课士之法，率以制艺，试一日之工拙，第其甲乙，高下其廪饩，学者亦遂墨守此途。间有聪明颖异之士，思欲博古通今，明体达用，又往往苦于僻处穷乡，无书可购。于是有问以古今传位之次，州郡隘塞之名，及兵农钱谷、时务利病之略，茫然一无所知者。以此求才，是犹钻火于三凌之水，縶骐骥之足而责之千里者也。则才之不足适用也固矣。且吾之置此书以课诸生，非欲人薄科举之文而不为也，诚欲学者通经以窥圣贤授受之原，读史以知历代兴亡之故。根柢既深，枝叶自茂，即为科举之文，必高出寻常倍倍，科名何患不得？若穷矻矻，徒抱腐烂时艺为《兔园册子》，纵侥幸科名，亦空疏无用。岂国家取士、书院储才之意哉！吾介介独为此耳。至他日书院之兴废，书籍之存亡，自有后来者主之。人之欲善，谁不知我？我亦惟为事之所当为、力之所能为、心之所愿为而已，他非所知也。兰深感其言，韪其言，爰次第书之，以为记。

诗话孤竹·文苑争春

【引言】 孤竹文化的代表人物伯夷、叔齐，堂而皇之地步入了文学的殿堂。孤竹胜境，夷齐清风，在历代文学家的笔下熠熠生辉。

1.《封神演义》第 68 回：首阳山夷齐阻兵

陆西星（1520—1606，一说 1520—1601），字长庚，号潜虚子，又号方壶外史，江苏兴化人，明朝时期道教人士，道教内丹派东派的创始人。

【原文】

首阳芳躅日争光，欲树千秋臣道防；凛凛数言垂世宇，寥寥片语立纲常。求仁自是求仁得，义士还从义士扬；读罢史文犹自泪，至今齿颊有余香。

话说清虚道德真君，见黄天化来问前程归着，欲说出所以，恐他不服，欲不说明自，又恐他误遭陷害；真君没奈何，只得将前去机关，作一偈，听凭天命。真君作偈曰：

"逢高不可战，遇能急速回；金头鸡上看，蜂拥便知机。止为功为首，千载姓名题；若不知时务，防身有难危。"

道人作罢偈，黄天化年少英堆，哪放在心上。只见土行孙也来问惧留孙，惧留孙也知土行孙不好，他还进得关，死于张奎之手。也只得作一偈，与土行孙存验。偈曰：

"地行道术说能通，莫为贪嗔错用功；撺出一獐咬一口，崖前猛兽带长红。"

惧留孙作罢偈，土行孙谢过师尊。且说众仙与子牙作别，各回山岳去了。子牙同武王众将进西岐城，武王回宫，子牙赶帅府；大小众将，俟候三日后下教场听点。子牙次日作本谢恩，上殿来见武王。子牙金□头大红袍玉带，将本呈上。只见上大夫散宜生接本，展于御案上。子牙俯伏奏曰："姜尚何幸蒙先王顾聘，未效涓埃之报，又蒙大王拜尚为将，知遇之隆，古今罕及，尚敢不效犬马之劳，以报深恩也。今特去请大驾亲征，以顺天人之愿。"武王曰："相父此举，正合天心。"忙展表览之，略云：

"大周十三年孟春月，天宝大元帅，臣姜尚言：观时应变，固天地之气运；杀伐用张，亦神圣之功化。今商王受，不敬上天，荒淫不德，残虐无辜，肆行杀戮；天愁人怨，致我西土，十载不安，仰仗天威，俱行殄灭。臣念此艰难之久，正值纣恶贯盈之时，天下诸侯，共会孟津。蒙准臣等之请，许以东征，万姓欢腾，将士踊跃。臣不胜感激，日夜惧，才疏德薄，恐无补报于涓埃，佩服王言，实有惭于节钺。特恳大王，大奋乾刚，恭行天讨，亲御行营，托天威于咫尺，措全胜于前筹；早进五关，速会诸侯，观政于商。庶几天人允洽，独夫授首，不独泄天人之愤，实于汤为有光。臣不胜激切望之至！谨具表以闻。"

武王览毕曰："相父此兵，何日起程？"子牙曰："老臣操演停当，择吉日再来请驾起程。"武王传左右治宴，与相父贺喜。君臣共饮，子牙谢恩出朝。次日子牙下教场操演，照点名将。子牙五更时分，至军教场，升了点将台，军政司辛甲启："元帅！放炮竖，擂鼓聚将。"子牙暗思："今人马有六十万，须用四个先行，方有协助。"子牙令军政司："令南宫、武吉、哪吒、黄天化上台来。"辛甲领令，令四将上台打躬。子牙曰："吾兵有六十万，用你四将为先行，排左右前后印，你等各拈一阄，自任其事，毋得错乱。"四将声诺，子牙将四阄与四将各自拈认。黄天化拈着是头队先行，南宫是左哨，武吉是右哨，哪吒是后哨。子牙大官，令军政官簪花挂红，各领印信。四将饮过酒，谢过元帅。子牙又令杨戬、土行孙、郑伦，各拈一阄，作三军督粮官。杨戬是头运，土行孙是二运，郑伦是三运。子牙令军政官取督粮印，付与三将，供簪花挂红，各饮三杯喜酒。三将下台。子牙令军政官取点簿，先点：

黄飞虎、黄虎彪、黄飞豹、黄明、周纪、龙环、吴谦、黄天爵、黄天祥、辛免、太颠、闳夭、祁公、尹公。

四贤八俊：周公旦、召公、毕公高、毛公遂、伯达、伯、叔夜、叔夏、仲突、仲忽、季随、季、姬叔度、姬叔坤、姬叔康、姬叔正、姬叔启、姬叔但、姬叔元、姬叔忠、姬叔廉、姬叔德、姬叔美、姬叔奇、姬叔顺、姬叔平、姬叔广、姬叔智、姬叔勇、姬叔敬、姬叔崇、姬叔安。

文王有九十九子，雷震子乃燕山所得，共为百子。文王有四乳，二十四妃，生九十九子，有三十六殿下习武。因纣王屡征西岐，阵亡十六位，又有归降将佐。

邓九公、太鸾、邓秀、赵升、孙焰红、晁田、晁雷、洪锦、季康、苏护、苏全忠、赵丙、孙子羽。

女将二员：龙吉公主、邓婵玉。

话说子牙点将已毕，传令黄飞虎上台。子牙曰："纣王虽是气数已尽，五关之内，必有精奇之士，不可不防备。当战者战，当攻者攻，其间军士需要演习阵图，方知进退之法，然后可破敌人。"随令军政官："抬十阵牌，放在台上。"

一字长蛇阵，二龙出水阵，三山月儿阵，四门斗阵，五虎巴山阵，六甲迷魂阵，七纵七擒阵，八卦阴阳子母阵，九宫八卦阵，十代明王阵，天地三才阵，包罗万象阵。

子牙曰："此阵俱按六韬之内，精演停当，军士方知进退之方；黄将军、邓将军、洪将军，你三位走一字长蛇阵。听炮响，变以下诸阵，毋得错乱。"三将领令下台，走此阵；正行之际，子牙传令点炮，占六甲迷魂阵。竟不能齐，子牙看见，把三将令上台来，教之曰："今日东征，非同小可，乃是大敌；若士卒教演不精，此是主将之羞，如何征伐？三位须是日夜操练，毋得怠玩，有乖军政！"三将领令下台，用心教习。子牙传令散操，众将打点收拾东征。翌日，子牙朝贺武王毕，子牙奏曰："人马军粮皆一应齐备，请大王东行。"武王问曰："相父将内事托与何人？"子牙曰："上大夫散宜生，可任国事，似乎可托。"武王又曰："外事托与何人？"子牙曰："老将军黄滚，历练老成，可任国事重务。"武王大喜:"相父措处得宜,使孤欢悦。"武王退朝入内宫,见太姬曰:"上启母后知道:今相父姜尚会诸侯于孟津,孩儿一进五关,观政于商,即使回来,不敢有乖父训。"太姬曰:"姜丞相此行,决无差失;孩儿可一应俱依相父指挥。"吩咐宫中治酒,与武王饯行。翌日,子牙把六十万雄师竟出西岐;武王亲乘甲马,率御林军,来至十里亭。只见众御弟排下九龙席,与武王、姜元帅饯行,众弟进酒;武王与子牙用罢,乘吉日良辰起兵。此正是纣王三十年三月二十四日起兵,点起号炮,兵威甚是雄壮。怎见得? 有诗为证:

征云蔽日隐旌,战士横戈纵铁骑;飞剑有光来紫电,流星斜落挂金黎。

将军猛烈堪图画,天子威仪异所施;漫道吊民来伐罪,方知天地果无私。

话说大队雄兵离了西岐,前往燕山一路上而来;三军欢悦,百倍精神。行过了燕山,正往首阳山来;大队人马正行,只见伯夷、叔齐二人,宽衫博袖,麻履丝绦,站立中途,阻住大兵,大呼曰:"你是哪去的人马? 我欲见你主将各话。"有哨探马报入中军:"启元帅! 有二位道者,欲见千岁并元帅答话。"子牙听说,忙请武王并辔上前,只见伯夷、叔齐向前拱手曰:"贤侯与子牙公见礼了。"武王与子牙欠身曰:"甲胄在身,不能下骑。二位阻路有何事见谕?"夷、齐曰:"今日贤侯与子牙公起兵,往何处去?"子牙曰:"纣王无道,逆命于天,残虐百姓,因奴正士,焚炙忠良,荒淫不道,无辜吁天,秽德彰闻。惟我先王显于西土,皇天命我先王,肃将天威,大勋未集;今我辅助嗣君,恭行天之罚。今天子诸侯,大会于孟津,我故不得不起兵前往,以与诸侯会,观政于商,此乃不得已之心也。"夷、齐曰:"吾闻'子不言父过,臣不彰君恶。'故父有诤子,君有诤臣。只闻以德而感君,未闻以下而伐上者。今纣王君也,虽有不德,何不倾诚尽谏,以尽臣节,亦不失为忠耳。况西伯以服事殷,未闻不足于商也。吾又闻'至德无不感通,至仁无不宾服。'苟至德至仁在我,何凶残不化为淳良乎? 以吾愚见,当退守臣节,礼先王服事之诚,守千古君臣之分,不亦善乎?"武王听罢,停骖不语。子牙曰:"二位之言虽善,予非不知，此一得之见耳。今天下溺矣，百姓如坐水火，三纲已绝，四维已折，天怒放上，民怨于下，天翻地覆之时，四海鼎沸之际，惟天矜民，民之所欲，天必从之。况今天已肃命乎？我周若不顺天，厥罪惟均。且天视自我民视，天听自我民听，断不能不兴兵前往？如不起兵，便是违天，岂不有负百姓如望云霓之意？"子牙左右将士欲行，二人知其必往，乃走至马前，据其辔谏曰："父死不葬，援及干戈，可谓孝乎？以臣伐君，可谓忠乎？我恐天下后世，乃有为之口实者。"左右众将见夷、齐叩马而谏，军士不得前进，心中大怒，欲举兵杀之。子牙忙止之曰："不可，此天下之义士也。"忙令左右扶之而去，众兵方得前进。迨至周兵入朝歌，纣王自焚之后，天下归周后，伯夷、叔齐耻食周粟，入首阳山采薇，作歌曰："登彼西山兮，采其薇兮！以暴易暴兮，不知其非兮！神农虞夏，忽焉没兮。我安适归兮？吁嗟徂兮，命之衰兮！"遂饿死于首阳山，至今人皆啧啧称之，千古犹有余馨，此是后事不表。且说子牙大队雄师，离了首阳山，往前进发。正是：腾腾杀气冲霄汉，簇簇征云盖地来。

子牙人马行至金鸡岭，岭上有一支人马，打两杆大红，驻扎岭上，阻住大兵。哨马报至军前："启元帅！金鸡岭有一支人马阻住大军，不能前进，请令定夺。"子牙传令安下行营，升帐坐下；着探事军探听，是哪人马，在此处阻军？话犹未了，只见左右来报："有一将请战。"子牙不知是哪人马，忙传令问："谁人见阵走一遭？"有左哨先行南宫上帐应声曰："末将愿往。"子牙曰："首次出阵，当宜小心。"南宫领令上马，炮声大震；一马走至营前，见一将□点头铁甲，乌马长枪。怎见得？有诗为证：

"将军如猛虎，战阵可腾云。铁甲生光艳，皂服袭龙文。赤胆扶真主，忠肝保圣君；西岐来报效，赶马立功勋。子牙逢此将，门徒是魏贲。"

南宫问曰："你是那无名之兵，敢阻西岐大军？"魏贲曰："你是何人，往哪去？"南宫答曰："俺元帅奉天征讨，而伐独夫；你敢大胆粗心，阻吾大队人马？"大喝一声，舞刀直取；此将手中枪赴面交还，两马相交，刀枪并举，战有三十回合。南宫被魏贲直杀得汗流背，心下暗思：才出兵至此，今日遇只员大将；若败回大营，元帅必定见责。南宫心上出神，不提防魏贲大喝一声，抓住南宫的袍带，生擒过马去。魏贲曰："吾不伤你性命，快请姜元帅出来相见。"又把南宫放回营来。军政官报入中军："南宫听令。"子牙传令来。南宫上帐，将被擒放回，请元帅定夺，说了一遍。子牙听得大怒曰："六十万人马，你乃左哨首领官，今一旦先挫吾锋，你还来见我。"喝左右："绑出辕门，斩讫报来！"左右随将南宫推出辕门来，魏贲在阵上见要斩南宫，在马上大叫曰："刀下留人！只请姜元帅相见，吾自有机密。"军政官报入帐中："启老爷！那人在辕门外叫：'刀下留人，请元帅答话，自有机密相商。'"子牙大骂："匹夫！擒吾将而不杀，反放回来；如今在辕门讨饶，速传令摆队伍出营。"炮声响处，大红宝旗摇；只见辕门下一对对，都是红袍金甲，英雄威猛。先行官骑的是玉麒麟，纠纠杀气；哪吒登风火轮，昂昂眉宇；雷震子蓝面红发，手执黄金棍：韦护手捧降魔杵，俱是片片云光。正是：盔山甲海真威武，一派天神滚出来。

话说子牙在四不象上问曰："你是谁人，请吾相见？"魏贲见子牙威仪整饬，兵甲鲜明，如其兴隆之兆，乃滚鞍下马，拜伏道旁言曰："末将闻元帅天兵伐纣，特来麾下，欲放犬马微劳，附功名于竹帛耳。因未见元帅真实，末将不敢擅入。今见元帅士马之精，威令之严，仪节之盛，知不专在军威，而在于仁德也。末将敢不随鞭镫，共伐此独夫，以泄人神之愤耶？"子牙随令进营，魏贲上帐复拜在地曰："末将幼习枪马，未得其主，今逢明君与元帅，则魏贲不负生平所学耳！"子牙大喜，魏贲复跪而言曰："启元帅！虽然南将军一时失利，望元帅怜而赦之。"子牙曰："南宫虽则失利，然既得魏将军，反是吉兆。"传令放回。左右将南宫放上帐来，南宫谢过子牙。子牙曰："你乃周室元勋，身为首领，初阵失机，理当该斩。奈魏贲归周，先凶后吉。虽然如此，你可将先锋印与魏贲，你自随营听用。"即时将魏贲挂补了左哨，彼时南宫交代印绶毕，子牙传令起兵不表。且说只因张山阵亡，飞报至氾水关，韩荣已知子牙三月十五日金台拜将，具本上朝歌。那日微子看本，知张山阵亡，洪锦归周，忙抱本入内廷，见纣王具奏。张山为国捐躯，纣王大骇，不意姬发猖獗至此，忙传旨意鸣钟鼓，临殿，百官朝贺。纣王曰："今有姬发大肆猖獗，卿等有何良谋，可除西土大患？"言未毕，班中闪出大夫飞廉俯伏奏曰："姜尚乃昆仑左术之士，非堂堂之兵，可以擒剿。陛下发诏，须用孔宣为将；他善能五行道术，庶几反叛可擒，西土可剿。"纣王准奏，遣使命特往三山关来，一路无词。正是：

使命马到传飞檄，九重丹诏凤衔来。

话说使命官至三山关，传旨意孔宣接至殿上。钦差官开读诏旨，孔宣跪听宣读。

诏曰："天子有征伐之权，将帅有阃外之寄。今西岐姬发，大肆猖獗，屡挫王师，罪在不赦。咨尔孔宣，谋术两全，古今无两，尤堪大将。特遣使赍尔斧钺旌旗，得专征伐，务擒首恶，剿灭妖人，永靖西土。尔之功在社稷，朕亦与荣焉；朕决不惜茅土之封，以赍有功。尔其钦哉，故兹尔诏！"

孔宣拜罢旨意，打发天使回朝歌，连夜下营，整点人马，共兵十万，即日拜宝旗，离了三山关。一路上晓行夜住，饥餐渴饮，在路行程，也非一日。探马报入中营："有氾水关韩荣接元帅。"孔宣传令请来，韩荣至中军打躬："元帅此行来迟了。"孔宣曰："为何来迟了？"韩荣曰："姜子牙三月十五日，金台拜将，人马已出西岐了。"孔宣曰："料姜尚有何能？我此行定拿姬发君臣，解送朝歌。"吩咐可速开关，把人马催动，前往西岐大道而来。不二日至金鸡岭，哨探马来报："金鸡岭下周兵已至，请令定夺。"孔宣传令，将大营驻扎岭上，阻住周兵。不知胜负如何？且看下回分解。

2. 杜笃《首阳山赋》

杜笃，东汉学者，字季雅，京兆杜陵（今陕西省西安市东南）人。杜笃学识渊博，但不拘小节，因事在京入狱。狱中写诔文颂扬开国功臣大司马吴汉功业，受光武帝赏识获释出狱。建初三年（78），以从事郎中随车骑将军马防与西羌作战阵亡。杜笃著《明世论》15篇，均已散佚。著赋、诔、吊、书、赞、七言、女诫及杂文共18篇，今存《论都赋》《吊比干文》等10余篇，以《论都赋》流传最广。

【原文】

嗟首阳之孤岭，形势窟其槃曲，面河源而抗岩陇。堆隈而相属，长松落落，卉木蒙蒙，青罗落漠而上覆，穴溜滴沥而下通，高岫带乎岩侧，洞房隐于云中，忽吾睹兮二老，时采薇以从容，于是乎，乃讯其所求，问其所修，州域乡党，亲戚疋俦，何务何乐，而并兹游矣，其二老乃答余曰：吾殷之遗民也，厥胤孤竹，作蕃北湄，少名叔齐，长曰伯夷，闻西伯昌之善救，○明本作教。育年艾于胡考，遂相携而随之，冀寄命乎余寿，而天命之不常，伊事变而无方，昌伏事而毕命，子忽遭其不祥，乃兴师于牧野，遂干戈以伐商，乃弃之而来游，担○明本作誓。不步于其乡，余闭口而不食，并卒命于山傍。

3. 阮籍《首阳山赋》

阮籍（210—263），三国时期魏诗人，字嗣宗，陈留（今属河南）尉氏人。竹林七贤之一，建安七子之一阮瑀之子。曾任步兵校尉，世称阮步兵。崇奉老庄之学，政治上则采取谨慎避祸的态度。

阮籍是"正始之音"的代表，著有《咏怀》《大人先生传》等，其著作收录在《阮籍集》中。

此赋为阮籍于正元元年（254）年秋所作。是年九月，大将军司马师废少帝曹芳，立高贵乡公曹髦为帝，改年号为正元。阮籍或感此事而作此赋，借伯夷叔齐事言己之情。

【原文】

序：正元元年秋，余尚为中郎，在大将军府，独往南墙下，北望首阳山，作赋曰：

在兹年之末岁兮，端旬首而重阴。风回以曲至兮，雨旋转而纤襟。蟋蟀鸣乎东房兮，鹡鸰号乎西林。时将暮而无俦兮，虑凄怆而感心。振沙衣而出门兮，缨委绝而靡寻。步徙倚以遥思兮，喟叹息而微吟。将修饰而欲往兮，众嵯嵯而笑人。静寂寞而独立兮，亮孤植而靡因。怀分索之情一兮，秽群伪之乱真。信可宝而弗离兮，宁高举而自偻。聊仰首以广颎兮，瞻首阳之罔岑。树丛茂以倾倚兮，纷萧爽而扬音。

下崎岖而无薄兮，上洞彻而无依。凤翔过而不集兮，鸣枭群而并栖。飏遥逝而远去兮，二老穷而来归。实囚轧而处斯兮，焉暇豫而敢诽。嘉粟屏而不存兮，故甘死而采薇。彼背殷而从昌兮，投危败而弗迟。此进而不合兮，又何称乎仁义？肆寿夭而弗豫兮，竞毁誉以为度。察前载之是云兮，何美论之足慕。苟道求之在细兮，焉子诞而多辞？且清虚以守神兮，岂慷慨而言之？

4. 金景善《首阳山记》

金景善（1788—1853），字汝行，谥贞文，朝鲜后期文臣。历任判义禁府事、右参赞等职。《燕辕直指》是19世纪30年代朝鲜学者金景善为其于1832年任冬至兼谢恩使一行书状官时的燕行记录，共6卷，本文即收录其中。

【原文】

自渡滦河，平沙铺白，野色幽旷，山势平远，眼界爽朗，舍大路，溯河西北行十余里，有首阳山，高不过数十丈，一名雷首山。武王即平殷乱，天下宗周，伯夷、叔齐耻之，义不食周粟，隐于首阳山，采薇而食，遂饿而死，即此山云。按中国之称首阳山有五：河东蒲坂华山之北、河曲之中，有山曰首阳。或云在陇西，或云在洛阳东北。又偃师西北有夷齐庙。或云辽阳有首阳山。而《孟之》曰："伯夷避纣，居北海之滨。"无或指此而言耶？

5. 金景善《燕辕直指·永平府记》

【原文】

自漏泽园至永平府数里之间，路循冈脊，崎岖不平，至城门皆然。城内则地势低深，盖东据冈阜，而西临滦河故也。局势似我国平壤而大，周可数十里，城池极雄壮，埒于沈阳。中国诸城，门必相对，而此城则四门皆不相对，地势然也。城四隅皆有故楼，高与门楼等。或以此为箕子封地，非也。永平，即汉之右北平，唐之卢龙塞。昔之穷边，而北燕慕容皇光始据此，号曰福地。又自辽金以来，久作畿辅之地，庐舍市辅，至今富庶，士大夫亦多居之。进士牌额，比抚宁尤盛云。到店后，日犹未暮，圣申与尹徐诸人，往见城内。归言城外穿濠两重，濠水甚广。渡濠桥，有一字小城，长可数百步，乃守濠之城也。小城内为罗城，罗城内为南门，门楼两檐，坚锁不许人登，且有禁书，揭于门楣。问于居人曰："沈阳、山海关、北京之外，皆不禁登城，而此何有禁？"其人答曰："唯此南门楼，望见府衙，故有禁。东西北三门无禁云。"遂从大街行至十字街，又迤而东行，有一衙门。左有寺，右有狱。寺则如我国官舍，必有府君堂也。狱垣甚精致。垣上种丛棘。衙门匾书"卢龙县"。门内有一座小牌楼，书曰："尔俸尔俸，民膏民脂。下民易虐，上天难欺。"盖明太祖为此敕书，使揭各衙门，以警贪虐云。牌楼内有政事堂，匾曰"忠爱"。其左右有廊屋，吏胥所居也。堂后有炕屋，即知县所处。而每日平明，出坐此堂，听理民讼云。府衙未知在于何处，而永平管下五衙，皆在此城中，卢龙亦为其一云。又行到东北巷穷处，有试院，即乡试之所也。正堂匾曰"天日鉴临"。后堂匾曰"退省斋"。正堂前左右，皆设长屋，各五六十间。间架井井。每试士时，每一间锁一人，以防奸弊。旧时，我使到永平，亦宿于此。盖自凤城而西，凡州府公站，皆有朝鲜馆，谓之察院，以供一行。我人每以察院之荒度疏冷，必出寓私舍，察院以此皆废。乾隆幸沈阳时，到此见馆舍多圮，大怒，革知府职。自是永平院宇，修理惟谨。每我使至，自官备床卓器皿以待，而近又废之云。自此还向南城而来，路傍有一大家。问之，乃城中富人蔡姓家。蔡生方往北京，家中多有可观云。而日已向昏，城门将闭，故不得入见云。

6. 许令典《永平府志・平山游记》

许令典，字稚则，一字同生，浙江海宁人，万历三十五年进士，授上饶县令，调繁无锡。历兵部员外郎。天启初任淮安府教授，升淮安府。任未五月，会中珰出镇即日引疾归田。

【原文】

男儿志在四方，上不能为国家佐命策勋，垂青书白；次不能为一身趋时媒进，腊臘升阶，庸庸碌碌，逐队随行。间膺任使出关塞，阅戎马，历山川，逢夙好，十余年陈人面孔相向，欣然若新，亦是四方快事。平山年友韩继之与余同师门，同吴令，同杯酒，啸咏山水，兴契最厚。一在海之东，一在海之北，居最远；自辛亥至甲子别最久。其间居处不同，坎壈一致。迩来继之偶困二竖兀坐斋居，绝不见客，惟冀余一见之为快。兹岁冬仲，天子遣大司马经略三韩有犒师之役，遴简曹郎往。余以是月二十八日，冒雪昇金，其行徐徐。腊月六日，过榛子镇，晤继之，喜剧，匆匆饭去。初十抵关，十一，移寓陈司马尔翔署。中午后，同尔翔出关十里，饮望夫石，戎装跃马，壮哉！十二，董司理配公至，复饮。十三，大雪不能行，烧烛拥炉，饮至半夜。十四，同配公还。十五，宿其署。十六，赴郡（伯陈如有）酌宿继之郡居小年斋中。其子广业字子有主之，又贻余诗，有"天涯鸥鹭皆兄弟，漆上儿童作主宾"之句。十七，同继之从弟开西、西宾管席之，游平圃。圃依北城，西邻蒙恬井，又名扶苏泉，泉甚冽。南构一亭于石壁，嶙峋中，曰平山石，隐雪中如嵌玉。出城东三里为驴槽村，俗传为张果老喂驴处。隔浭水，临榆关孔道，一楼曰"飞布"。当酉、戌东围失守，风鹤屡惊，人心惶惑。继之日率诸弟子，习骑射，偷距贾勇，以安集之。俾无恐，翼露布早捷故云。内有墅畦、清逸堂、枕云居、抚弦室，三径纡婉，轩敞高阁，一带阳山尽收睫底。卉木繁植，两葡萄高数丈，夏月绿阴可荫数亩。尚多旷址，经理未竟。继之休沐来，次第所构别业止此。十八，开西拉游侍御公土门，庄在北门外里许，即李广土门寨。西面皆山，庭前突起一石，高长许，曰："土门一柱"。循墙而东南面皆松，摘唐句曰"一望松"。门前有驰道。夹道有荷，一亭曰"采莲"。稍上，又一亭曰"隐松"。出土门东北里许，踏水涉浭，为李确斋方伯万柳庄。庄临流，亭曰"醉流"，壁有朝鲜使臣柳梦寅《排律十六韵》。植三松，曰"三大夫"，亦以李氏三世为大夫故。西有杰阁，高数十仞，曰"轻阴阁"，外多奇松。垣外富枣栗，今属其后诸生李熙字春如即继之东床也。暮归东城，礼碧霞元君祠，祠松更奇。又南数武，为开西黎花庄（又名皆可园）。园内亭曰"醉雪"。入城登"恒足堂"，为司农郎永丰仓公署。登堂，南山一带尽在几席，青翠层叠，若拱若屏，北平大观也。西诣郡庠，谒宜圣，观五松。又胜元君祠，平山奇松甚多，此更绝，恨不能写之归耳。十九，开西复拉出东门十里，盘谷深靓，上下溪坂，游刘、麻二山。刘山为侍卿西元公手筑"调象居"。居后皆石壁，藤萝牵挂，高峻不可登。前卧一石，如象鼻，袅袅欲动，骑象而观四山，凸凹起伏万变。余笑曰："若隐此中，纵潢池兵起，能深入谷中犯狂象鼻锋乎？"北里许，为响水峪，冰坚响绝。西二里为麻山。山有石鼓，高丈，圆半之，踹之彭彭有声。曲涧水至，淙淙不绝，今亦冻雪中。山房有侍卿公手书绝句，云："松楼待月三更后，石鼓催花二月天。近日麻山松又好，明年花月共谁怜。"时年七十有三，明年化去，亦诗谶也。刘、麻名非古，其买山自刘，即刘；自麻，即麻。山非旧，而姓空留。余题一绝云："沧海桑田几变更，住山何必以山名。天台玉女知何处？只有空名未识荆。"二十，别开西席之而西，子有携檛钱余城西二十里夷齐庙。庙乃元时所建，据地清高如其人。周遭皆石，石最高处，有清风台。台前绕古松，后临滦河，深广倍它所。水北平石，为孤竹君庙。庙前水中又一石隆起，非舟不渡，有隔水而祭者。庙无守，渐圮。当事者当图善后，毋令子掩父也。二十一巳刻，复至榛子镇继之"繁祉堂"。堂左右皆暖房，与其仲兄成之炙胡饼，列长几，呼卢共饮。继之久戒酒，犹喉痒，攘臂一掷尽兴乃止。醉卧砖榻，有奇温。次日强别，犹遽期继之旦暮出山，重会于三竺两湖之滨，不知得此胜缘否？大抵平山之胜，未易诊缕。其山自三河始，东至榛子镇而锁。故继之王父封侍御公自九百户徙居，始一传而赠。长洲南立年伯以明经荐，高尚不仕，积功累仁，为乡祭酒。南宫之捷继之始。由镇而东二百二十里，至深河复开，北山连塞，山顶粉堞如线。南即海，至关山尽，海无涯。其水自塞外潘家口入大溪细涧，曲折澄泓，无所不讫。各家园亭籍以点缀，蔽流巨木不减邓林。鱼大而肥，冬月冰坚，渔者卧冰求之。即得松皆可栽，独盛于侍御土门、刘麻诸山，诸松皆奇，更奇于郡序毋株，寒威减于关上，烈于长安。风气庞厚，不逐纤趋，吾不知其他。若韩开西为继之从弟，与余无生平，一见如故。子有甫弱冠，端凝善承父志，视余如父，饮余如与其父饮，不必将命。榛镇次公成之，亦别十五年，视余如兄，见其三子居业、修业、昭业，异姓同胞恍然一家。不知孰为许，孰为韩也。诸子咸执筴问盲裁句索和，无不心赏。噫！韩氏先世之培植如彼，其厚也满门之和气如彼，其蒸也子弟之美秀如彼。其稠也受于天乎？受于山川乎？此行兴殊不浅，故呵冻记之。

7. 沦浃《康熙卢龙县志校注·钓台记》

沦浃，字元谷，明末滦州人。癖嗜典籍，寝食沉酣，尤精濂洛性命之学。出绪余为词赋，古文澹水，凝秀如昌黎（指韩愈）、次山（唐元结）。八踬棘闱，以明经隐居，卒，敕封御史，入乡贤祠。

【原文】

平郡山水隩区，西南二十里为钓台，山名初不载郡志中，而筑台以栖，自侍御韩公始。公素好山水，虽身历宦途，尝愿得一丘一壑，栖息其间，即微天幸而佚我也，何必策骢马日游长安市耶？于是台以归，而卜幽胜之处，乃得钓台山。兹山形从郡城东平山逶迤而南为南台，又南为虎头石，连亘数里为安乐峪，曲折而西则为钓台。山东西横峙，面北，下临河，河固漆、滦二流，交会于虎头石下。南流夹雪峰，直抵安乐峪之崖，折而西流二百步许，其上为台，台址有石矶，右尝试突起孤峰，观者当碣石云。由石矶东上丈余有小岩，盖舟子停泊之地。稍西上二丈余有复岭，可置杖屦，即公所号为台者，因而广除，东西阔十余丈，南北半是凿石，层累之以为基，高三丈余，由基东横筑一壁，壁间设门。入门有巨石蹲踞，可当屏，由石右转西向又一门。入门北转则履台之端平处，北面直承而上，构七楹小轩。其檐宇飞覆台之外，中三楹向北牖，启扉下瞰，河西二楹为庖廭（音屁），东二楹贮器用，各分壁界门窦，轩内敞豁。南距四武，架楼三楹，楼东西各翼一小阁楼。下中半为堂，东西各一室，为寝榻，堂中设屏，由屏后蹑梯东上则为楼上层，北面周以栏槛，凭眺则连郡山川与夫烟云林树一览在目。楼后基址渐高，即山为壁，东西阔数丈，南北丈许，西面复缭以垣，上接山阿，下接轩之西檐。循南崖而东上，峻岭十余丈，有一洞悬壁。自洞还，东出有石阶，下出门即所升入之门，盖周围曲达如此。连山上下，树松千余章，苍翠可爱，然自河下升台，路皆崎峭，不易扳跻。于是砌磴凡三转折，共得九十阶，以白石为之。

拾级而上，英英若白云如梯。梯下尽即渡河。北岸有护沙围绕，又北上二百余步有团峦与台对峙，蟠踞如龙。堪舆家言此地脉灵秀，亦自西北而来，临河结聚，东则安乐峪，西则灰山，相向拱抱，最为吉壤。公修为玄宅，树松数百，郁郁葱葱，如列画屏，向后北转则此山之拖尾也，多五色石，绚若错绣，逶迤而北三里许则为雪峰。峰之对面高岭处又筑一台，与钓台南北相望，曰钓雪台。岭东西原有樵径，崎岖不可置足。自卜筑钓台，因辟为驰道，北面临渊栏以石壁，舆马往来经行，宛在云路中。由驰道西下，转北之雪峰之西岸为张家村，有腴田置庐，治稿事以赡家之食指。雪峰之东南下渡河，林皋爵然，为宜家村别墅，田二百亩，计岁入以资钓台缮修之用，是皆缘建置后所增设者。盖台之经始在万历丁亥（十五年，1587）阅几稔而后告成。其诸次第修补不悉记，姑记其略如此。韩公，名应庚，字希白，别号西轩，万历丁丑（五年，1577）成进士，初授彰德府司理，擢福建道监察御史，历巡甘肃、山东。自归隐七征不起，称为钓台山人云。

8. 王金英《卢龙县志·名胜·游九莲庵记》

王金英，字菊庄，江南江宁府上元人，乾隆二十七年举人，曾任永平府敬胜书院山长，授教谕。乾隆三十七年，知府李奉翰请山长王金英重修《永平府志》，于乾隆三十九年工竣刊刻。清协办大学士、礼部尚书纪昀《阅微草堂笔记》称其"喜为诗，才力稍弱，然秀削不俗，颇近宋末四灵"。

【原文】

国朝王金英《游九莲庵记》云：郡城东十余里为阳山，古阳乐水出焉。其阴有小寺，即九莲庵也。同年友孟炎初尝言其可游，而予未暇往，学博丁远亭曾携同僚游之。意若欿然未惬。蔡梦堂闻之，曰："是未尝造其胜耳！"癸巳八月晦日，县尉方君具壶榼相邀，远亭以梦堂之言，乍疑乍信，亦奋然从之。益以学博李君、处士苏君，凡五人并辔连镳出郭外。是日，天气清朗，秋光如拭，过驴槽村小憩，由红坡南入山。山岭起伏条升条降，约五六里许至张家沟，而径渐幽，红叶离离拂帽檐。诸君咸相顾色喜，既而攀登而上，林际隐隐，见墙屋则庵在焉。规模颇隘，佛宇三楹，左右厢数楹而已。山僧延入客座，望屋后峰峦巍然。予曰："是可登乎？"僧曰："否，否！"予曰："闻是中有山水佳境，从小屋穿出，其安在耶？"僧乃导予辈行，至则群峰环拱，万松夹涧，水声潺潺起足下，心目豁然，盖别一洞天矣。遂于清泉白石间，各据地坐。李君欲穷泉源独傍崖迤逦行，山石荦确不得道而返。老僧携茶果至，远亭向索象棋与李君对著。苏君从靴靿出纸笔作绘事。予嗒然且吃茶，忽忆老友杨默堂侍御诗曰："四海几人成独契，百年此石亦六生。"不觉喟然发叹。远亭回顾曰："君殆有所思乎？"与谓之曰："人生踪迹如云，随风飘飘然，不可拘执。予与诸君，东西南北之人也。忽而聚于郡，忽而聚于是山。且居郡数载，偕游者屡矣，而独未尝是山。南台非不可以眺远，清风台非不可以吊古也，而幽窅之至，则俱不及是山。是山在郡境，阅数千年，曾无人亟称之。近日梦堂炎称之不详，非身至斯地，不能言之之必不详也。惟自得者心领之而已。"诸君皆曰："唯唯"是不可以无记，故授笔书之。

9. 鲁迅《采薇》

鲁迅（1881 年 9 月 25 日—1936 年 10 月 19 日），原名周樟寿，后改名周树人，字豫山，后改豫才，"鲁迅"是他 1918 年发表《狂人日记》时所用的笔名，也是他影响最为广泛的笔名，浙江绍兴人。著名文学家、思想家，"五四"新文化运动的重要参与者，中国现代文学的奠基人。毛泽东曾评价："鲁迅的方向，就是中华民族新文化的方向。"

鲁迅一生在文学创作、文学批评、思想研究、文学史研究、翻译、美术理论引进、基础科学介绍和古籍校勘与研究等多个领域具有重大贡献。他对于"五四"运动以后的中国社会思想文化发展具有重大影响，蜚声世界文坛，尤其在韩国、日本思想文化领域有极其重要的地位和影响，被誉为"二十世纪东亚文化地图上占最大领土的作家"。

【原文】

一

这半年来，不知怎的连养老堂里也不大平静了，一部分的老头子，也都交头接耳，跑进跑出的很起劲。只有伯夷最不留心闲事，秋凉到了，他又老的很怕冷，就整天地坐在阶沿上晒太阳，纵使听到匆忙的脚步声，也决不抬起头来看。

"大哥！"

一听声音自然就知道是叔齐。伯夷是向来最讲礼让的，便在抬头之前，先站起身，把手一摆，意思是请兄弟在阶沿上坐下。

"大哥，时局好像不大好！"叔齐一面并排坐下去，一面气喘吁吁地说，声音有些发抖。

"怎么了呀？"伯夷这才转过脸去看，只见叔齐的原是苍白的脸色，好像更加苍白了。

"您听到过从商王那里，逃来两个瞎子的事了罢。"

"唔，前几天，散宜生好像提起过。我没有留心。"

"我今天去拜访过了。一个是太师疵，一个是少师强，还带来许多乐器。听说前几时还开过一个展览会，参观者都'啧啧称美'，不过好像这边就要动兵了。"

"为了乐器动兵，是不合先王之道的。"伯夷慢吞吞地说。

"也不单为了乐器。您不早听到过商王无道，砍早上渡河不怕水冷的人的脚骨，看看他的骨髓，挖出比干王爷的心来，看它可有七窍吗？先前还是传闻，瞎子一到，可就证实了。况且还切切实实地证明了商王的变乱旧章。变乱旧章，原是应该征伐的。不过我想，以下犯上，究竟也不合先王之道……"

"近来的烙饼，一天一天的小下去了，看来确也像要出事情，"伯夷想了一想，说，"但我看你还是少出门，少说话，仍旧每天练你的太极拳的好！"

"是……"叔齐是很悌的，应了半声。

"你想想看，"伯夷知道他心里其实并不服气，便接着说，"我们是客人，因为西伯肯养老，待在这里的。烙饼小下去了，固然不该说什么，就是事情闹起来了，也不该说什么的。"

"那么，我们可就成了为养老而养老了。"

"最好是少说话。我也没有力气来听这些事。"

伯夷咳了起来，叔齐也不再开口。咳嗽一止，万籁寂然，秋末的夕阳，照着两部白胡子，都在闪闪的发亮。

二

然而这不平静，却总是滋长起来，烙饼不但小下去，粉也粗起来了。养老堂的人们更加交头接耳，外面只听得车马行走声，叔齐更加喜欢出门，虽然回来也不说什么话，但那不安的神色，却惹得伯夷也很难闲适了：他似乎觉得这碗平稳饭快要吃不稳。

十一月下旬，叔齐照例一早起了床，要练太极拳，但他走到院子里，听了一听，却开开堂门，跑出去了。约莫有烙十张饼的时候，这才气急败坏地跑回来，鼻子冻得通红，嘴里一阵一阵地喷着白蒸气。

"大哥！你起来！出兵了！"他恭敬地垂手站在伯夷的床前，大声说，声音有些比平常粗。

伯夷怕冷，很不愿意这么早就起身，但他是非常友爱的，看见兄弟着急，只好把牙齿一咬，坐了起来，披上皮袍，在被窝里慢吞吞的穿裤子。

"我刚要练拳，"叔齐等着，一面说，"却听得外面有人马走动，连忙跑到大路上去看时——果然，来了。首先是一乘白彩的大轿，总该有八十一人抬着罢，里面一座木主，写的是'大周文王之灵位'；后面跟的都是兵。我想：这一定是要去伐纣了。现在的周王是孝子，他要做大事，一定是把文王抬在前面的。看了一会，我就跑回来，不料我们养老堂的墙外就贴着告示……"

伯夷的衣服穿好了，弟兄俩走出屋子，就觉得一阵冷气，赶紧缩紧了身子。伯夷向来不大走动，一出大门，很看得有些新鲜。不几步，叔齐就伸手向墙上一指，可真的贴着一张大告示："照得今殷王纣，乃用妇人之言，自绝于天，毁坏其三正，离逷其王父母弟。乃断弃其先祖之乐，乃为淫声，用变乱正声，怡说妇人。故今予发，维共行天罚。勉哉夫子，不可再，不可三！此示。"

两人看完之后，都不作声，径向大路走去。只见路边都挤满了民众，站得水泄不通。两人在后面说一声"借光"，民众回头一看，见是两位白须老者，便照文王敬老的上谕，赶忙闪开，让他们走到前面。这时打头的木主早已望不见了，走过去的都是一排一排的甲士，约有烙三百五十二张大饼的工夫，这才见别有许多兵丁，肩着九旒云罕旗，仿佛五色云一样。接着又是甲士，后面一大队骑着高头大马的文武官员，簇拥着一位王爷，紫糖色脸，络腮胡子，左捏黄斧头，右拿白牛尾，威风凛凛：这正是"恭行天罚"的周王发。

大路两旁的民众，个个肃然起敬，没有人动一下，没有人响一声。在百静中，不提防叔齐却拖着伯夷直扑上去，钻过几个马头，拉住了周王的马嚼子，直着脖子嚷起来道："老子死了不葬，倒来动兵，说得上'孝'吗？臣子想要杀主子，说得上'仁'吗？……"

开初，是路旁的民众，驾前的武将，都吓得呆了；连周王手里的白牛尾巴也歪了过去。但叔齐刚说了四句话，却就听得一片哗啷声响，有好几把大刀从他们的头上砍下来。

"且住！"

谁都知道这是姜太公的声音，岂敢不听，便连忙停了刀，看着这也是白须白发，然而胖得圆圆的脸。

"义士呢，放他们去罢！"

武将们立刻把刀收回，插在腰带上。一面是走上四个甲士来，恭敬地向伯夷和叔齐立正，举手，之后就两个挟一个，开正步向路旁走过去。民众们也赶紧让开道，放他们走到自己的背后去。到得背后，甲士们便又恭敬地立正，放了手，用力在他们俩的脊梁上一推。两人只叫得一声"啊呀"，踉踉跄跄地颠了周尺一丈路远近，这才扑通的倒在地面上。叔齐还好，用手支着，只印了一脸泥；伯夷究竟比较的有了年纪，脑袋又恰巧磕在石头上，便晕过去了。

三

大军过去之后，什么也不再望得见，大家便换了方向，把躺着的伯夷和坐着的叔齐围起来。有几个是认识他们的，当场告诉人们，说这原是辽西的孤竹君的两位世子，因为让位，这才一同逃到这里，进了先王所设的养老堂。这报告引得众人连声赞叹，几个人便蹲下身子，歪着头去看叔齐的脸，几个人回家去烧姜汤，几个人去通知养老堂，叫他们快抬门板来接了。

大约过了烙好一百零三四张大饼的工夫，现状并无变化，看客也渐渐的走散；又好久，才有两个老头子抬着一扇门板，一拐一拐的走来，板上面还铺着一层稻草：这还是文王定下来的敬老的老规矩。板在地上一放，空咙一声，震得伯夷突然张开了眼睛：他苏醒了。叔齐惊喜的发一声喊，帮那两个人一同轻轻地把伯夷扛上门板，抬向养老堂里去；自己是在旁边跟定，扶住了挂着门板的麻绳。走了六七十步路，听得远远的有人在叫喊："您哪！等一下！姜汤来哩！"望去是一位年青的太太，手里端着一个瓦罐子，向这面跑来了，大约怕姜汤泼出罢，她跑得不很快。

大家只得停住，等候她的到来。叔齐谢了她的好意。她看见伯夷已经自己醒来了，似乎很有些失望，但想了一想，就劝他仍旧喝下去，可以暖暖胃。然而伯夷怕辣，一定不肯喝。

"这怎么办好呢？还是八年陈的老姜熬的呀。别人家还拿不出这样的东西来呢。我们的家里又没有爱吃辣的人……"她显然有点不高兴。

叔齐只得接了瓦罐，做好做歹的硬劝伯夷喝了一口半，余下的还很多，便说自己也正在胃气痛，统统喝掉了。眼圈通红的，恭敬的夸赞了姜汤的力量，谢了那太太的好意之后，这才解决了这一场大纠纷。

他们回到养老堂里，倒也并没有什么余病，到第三天，伯夷就能够起床了，虽然前额上肿着一大块——然而胃口坏。官民们都不肯给他们超然，时时送来些搅扰他们的消息，或者是官报，或者是新闻。十二月底，就听说大军已经渡了盟津，诸侯无一不到。不久也送了武王的《太誓》的钞本来。

这是特别钞给养老堂看的，怕他们眼睛花，每个字都写得有核桃一般大。不过伯夷还是懒得看，只听叔齐朗诵了一遍，别的倒也并没有什么，但是"自弃其先祖肆祀不答，昏弃其家国……"这几句，断章取义，却好像很伤了自己的心。

传说也不少：有的说，周师到了牧野，和纣王的兵大战，杀得他们尸横遍野，血流成河，连木棍也浮起来，仿佛水上的草梗一样；有的却道纣王的兵虽然有七十万，其实并没有战，一望见姜太公带着大军前来，便回转身，反替武王开路了。

这两种传说，固然略有些不同，但打了胜仗，却似乎确实的。此后又时时听到运来了鹿台的宝贝，巨桥的白米，就更加证明了得胜的确实。伤兵也陆陆续续地回来了，又好像还是打过大仗似的。凡是能够勉强走动的伤兵，大抵在茶馆，酒店，理发铺，以及人家的檐前或门口闲坐，讲述战争的故事，无论那里，总有一群人眉飞色舞地在听他。春天到了，露天下也不再觉得怎么凉，往往到夜里还讲得很起劲。

伯夷和叔齐都消化不良，每顿总是吃不完应得的烙饼；睡觉还照先前一样，天一暗就上床，然而总是睡不着。伯夷只在翻来覆去，叔齐听了，又烦躁，又心酸，这时候，他常是重行起来，穿好衣服，到院子里去走走，或者练一套太极拳。

有一夜，是有星无月的夜。大家都睡得静静的了，门口却还有人在谈天。叔齐是向来不偷听人家谈话的，这一回可不知怎的，竟停了脚步，同时也侧着耳朵。

"妈的纣王，一败，就奔上鹿台去了，"说话的大约是回来的伤兵，"妈的，他堆好宝贝，自己坐在中央，就点起火来。"

"阿唷，这可多么可惜呀！"这分明是管门人的声音。

"不慌！只烧死了自己，宝贝可没有烧哩。咱们大王就带着诸侯，进了商国。他们的百姓都在郊外迎接，大王叫大人们招呼他们道：'纳福呀！'他们就都磕头。一直进去，但见门上都贴着两个大字道：'顺民'。大王的车子一径走向鹿台，找到纣王自寻短见的处所，射了三箭……"

"为什么呀？怕他没有死吗？"别一人问道。

"谁知道呢。可是射了三箭，又拔出轻剑来，一砍，这才拿了黄斧头，嚓！砍下他的脑袋来，挂在大白旗上。"

叔齐吃了一惊。

"之后就去找纣王的两个小老婆。哼，早已统统吊死了。大王就又射了三箭，拔出剑来，一砍，这才拿了黑斧头，割下她们的脑袋，挂在小白旗上。这么一来……"

"那两个姨太太真的漂亮吗？"管门人打断了他的话。

"知不清。旗杆子高，看的人又多，我那时金创还很疼，没有挤近去看。"

"他们说那一个叫作妲己的是狐狸精，只有两只脚变不成人样，便用布条子裹起来，真的？"

"谁知道呢。我也没有看见她的脚。可是那边的娘儿们却真有许多把脚弄得好像猪蹄子的。"

叔齐是正经人，一听到他们从皇帝的头，谈到女人的脚上去了，便双眉一皱，连忙掩住耳朵，返身跑进房里去。伯夷也还没有睡着，轻轻的问道："你又去练拳了么？"

叔齐不回答，慢慢的走过去，坐在伯夷的床沿上，弯下腰，告诉了他刚才听来的一些话。这之后，两人都沉默了许多时，终于是叔齐很困难的叹一口气，悄悄的说道：

"不料竟全改了文王的规矩……你瞧罢，不但不孝，也不仁……这样看来，这里的饭是吃不得了。"

"那么，怎么好呢？"伯夷问。

"我看还是走……"

于是两人商量了几句，就决定明天一早离开这养老堂，不再吃周家的大饼；东西是什么也不带。兄弟俩一同走到华山去，吃些野果和树叶来送自己的残年。况且"天道无亲，常与善人"，或者竟会有苍术和茯苓之类也说不定。

打定主意之后，心地倒十分轻松了。叔齐重复解衣躺下，不多久，就听到伯夷讲梦话；自己也觉得很有兴致，而且仿佛闻到茯苓的清香，接着也就在这茯苓的清香中，沉沉睡去了。

四

第二天，兄弟俩都比平常醒得早，梳洗完毕，毫不带什么东西，其实也并无东西可带，只有一件老羊皮长袍舍不得，仍旧穿在身上，拿了拄杖，和留下的烙饼，推称散步，一径走出养老堂的大门；心里想，从此要长别了，便似乎还不免有些留恋似的，回过头来看了几眼。

街道上行人还不多；所遇见的不过是睡眼惺忪的女人，在井边打水。将近郊外，太阳已经高升，走路的也多起来了，虽然大抵昂着头，得意扬扬的，但一看见他们，却还是照例的让路。树木也多起来了，不知名的落叶树上，已经吐着新芽，一望好像灰绿的轻烟，其间夹着松柏，在朦胧中仍然显得很苍翠。

满眼是阔大，自由，好看，伯夷和叔齐觉得仿佛年青起来，脚步轻松，心里也很舒畅了。

到第二天的午后，迎面遇见了几条岔路，他们决不定走哪一条路近，便捡了一个对面走来的老头子，很和气的去问他。

"阿呀，可惜，"那老头子说，"您要是早一点，跟先前过去的那队马跑就好了。现在可只得先走这条路。前面岔路还多，再问罢。"

叔齐就记得了正午时分，他们的确遇见过几个废兵，赶着一大批老马，瘦马，跛脚马，癞皮马，从背后冲上来，几乎把他们踏死，这时就趁便问那老人，这些马是赶去做什么的。

"您还不知道吗？"那人答道，"我们大王已经'恭行天罚'，用不着再来兴师动众，所以把马放到华山脚下去的。这就是'归马于华山之阳'呀，您懂了没有？我们还在'放牛于桃林之野'哩！吓，这回可真是大家要吃太平饭了。"

然而这竟是兜头一桶冷水，使两个人同时打了一个寒噤，但仍然不动声色，谢过老人，向着他所指示的路前行。无奈这"归马于华山之阳"，竟踏坏了他们的梦境，使两个人的心里，从此都有些七上八下起来。心里忐忑，嘴里不说，仍是走，到得傍晚，临近了一座并不很高的黄土岗，上面有一些树林，几间土屋，他们便在途中议定，到这里去借宿。

离土冈脚还有十几步，林子里便窜出五个彪形大汉来，头包白布，身穿破衣，为首的拿一把大刀，另外四个都是木棍。一到岗下，便一字排开，拦住去路，一同恭敬地点头，大声吆喝道："老先生，您好哇!"

他们俩都吓得倒退了几步,伯夷竟发起抖来,还是叔齐能干,索性走上前,问他们是什么人,有什么事。

"小人就是华山大王小穷奇,"那拿刀的说,"带了兄弟们在这里,要请您老赏一点买路钱!"

"我们哪里有钱呢,大王。"叔齐很客气地说,"我们是从养老堂里出来的。"

"啊呀!"小穷奇吃了一惊,立刻肃然起敬,"那么,您两位一定是'天下之大老也'了。小人们也遵先王遗教,非常敬老,所以要请您老留下一点纪念品……"他看见叔齐没有回答,便将大刀一挥,提高了声音道:"如果您老还要谦让,那可小人们只好恭行天搜,瞻仰一下您老的贵体了!"

伯夷叔齐立刻擎起了两只手;一个拿木棍的就来解开他们的皮袍,棉袄,小衫,细细搜检了一遍。

"两个穷光蛋,真的什么也没有!"他满脸显出失望的颜色,转过头去,对小穷奇说。

小穷奇看出了伯夷在发抖,便上前去,恭敬地拍拍他肩膀,说道:"老先生,请您不要怕。海派会'剥猪猡',我们是文明人,不干这玩意儿的。什么纪念品也没有,只好算我们自己晦气。现在您只要滚您的蛋就是了!"

伯夷没有话好回答,连衣服也来不及穿好,和叔齐迈开大步,眼看着地,向前便跑。这时五个人都已经站在旁边,让出路来了。看见他们在面前走过,便恭敬地垂下双手,同声问道:"您走了?您不喝茶了么?"

"不喝了,不喝了……"伯夷和叔齐且走且说,一面不住地点着头。

五

"归马于华山之阳"和华山大王小穷奇,都使两位义士对华山害怕,于是从新商量,转身向北,讨着饭,晓行夜宿,终于到了首阳山。

这确是一座好山。既不高，又不深，没有大树林，不愁虎狼，也不必防强盗：是理想的幽栖之所。两人到山脚下一看，只见新叶嫩碧，土地金黄，野草里开着些红红白白的小花，真是连看看也赏心悦目。他们就满心高兴，用拄杖点着山径，一步一步地挨上去，找到上面突出一片石头，好像岩洞的处所，坐了下来，一面擦着汗，一面喘着气。

这时候，太阳已经西沉，倦鸟归林，啾啾唧唧地叫着，没有上山时候那么清静了，但他们倒觉得也还新鲜，有趣。在铺好羊皮袍，准备就睡之前，叔齐取出两个大饭团，和伯夷吃了一饱。这是沿路讨来的残饭，因为两人曾经议定，"不食周粟"，只好进了首阳山之后开始实行，所以当晚把它吃完，从明天起，就要坚守主义，绝不通融了。

他们一早就被乌老鸦闹醒，后来重又睡去，醒来却已是上午时分。伯夷说腰痛腿酸，简直站不起；叔齐只得独自去走走，看可有可吃的东西。他走了一些时，竟发现这山的不高不深，没有虎狼盗贼，固然是其所长，然而因此也有了缺点：下面就是首阳村，所以不但常有砍柴的老人或女人，并且有进来玩耍的孩子，可吃的野果子之类，一颗也找不出，大约早被他们摘去了。

他自然就想到茯苓。但山上虽然有松树，却不是古松，都好像根上未必有茯苓；即使有，自己也不带锄头，没有法子想。接着又想到苍术，然而他只见过苍术的根，毫不知道那叶子的形状，又不能把满山的草都拔起来看一看，即使苍术生在眼前，也不能认识。心里一暴躁，满脸发热，就乱抓了一通头皮。

但是他立刻平静了，似乎有了主意，接着就走到松树旁边，摘了一衣兜的松针，又往溪边寻了两块石头，砸下松针外面的青皮，洗过，又细细的砸得好像面饼，另寻一片很薄的石片，拿着回到石洞去了。

"三弟，有什么捞儿没有？我是肚子饿的咕噜咕噜响了好半天了。"伯夷一望见他，就问。"大哥，什么也没有，试试这玩意儿罢。"

他就近拾了两块石头，支起石片来，放上松针面，聚些枯枝，在下面生了火。实在是许多工夫，才听得湿的松针面有些吱吱作响，可也发出一点清香，引得他们俩咽口水。叔齐高兴地微笑起来了，这是姜太公做八十五岁生日的时候，他去拜寿，在寿筵上听来的方法。发香之后，就发泡，眼见它渐渐地干下去，正是一块糕。叔齐用皮袍袖子裹着手，把石片笑嘻嘻的端到伯夷的面前。伯夷一面吹，一面拗，终于拗下一角来，连忙塞进嘴里去。他愈嚼，就愈皱眉，直着脖子咽了几咽，倒哇的一声吐出来了，诉苦似的看着叔齐道：

"苦……粗……"

这时候，叔齐真好像落在深潭里，什么希望也没有了。抖抖的也拗了一角，咀嚼起来，可真也丝毫没有可吃的样子：苦……粗……

叔齐一下子失了锐气，坐倒了，垂了头。然而还在想，挣扎地想，仿佛是在爬出一个深潭去。爬着爬着，只向前。终于似乎自己变了孩子，还是孤竹君的世子，坐在保姆的膝上了。这保姆是乡下人，在和他讲故事：黄帝打蚩尤，大禹捉无支祁，还有乡下人荒年吃薇菜。

他又记得了自己问过薇菜的样子，而且山上正见过这东西。他忽然觉得有了气力，立刻站起身，跨进草丛，一路寻过去。

果然，这东西倒不算少，走不到一里路，就摘了半衣兜。他还是在溪水里洗了。一洗，这才拿回来；还是用那烙过松针面的石片，来烤薇菜。叶子变成暗绿，熟了。但这回再不敢先去敬他的大哥了，撮起一株来，放在自己的嘴里，闭着眼睛，只是嚼。

"怎么样?"伯夷焦急地问。

"鲜的!"

两人就笑嘻嘻地来尝烤薇菜；伯夷多吃了两撮，因为他是大哥。

他们从此天天采薇菜。先前是叔齐一个人去采，伯夷煮；后来伯夷觉得身体健壮了一些，也出去采了。做法也多起来：薇汤，薇羹，薇酱，清炖薇，原汤焖薇芽，生晒嫩薇叶……

然而近地的薇菜，却渐渐的采完，虽然留着根，一时也很难生长，每天非走远路不可了。搬了几回家，后来还是一样的结果。而且新住处也逐渐地难找了起来，因为既要薇菜多，又要溪水近，这样的便当之处，在首阳山上实在也不可多得的。

叔齐怕伯夷年纪太大了，一不小心会中风，便竭力劝他安坐在家里，仍旧单是担任煮，让自己独自去采薇。

伯夷逊让了一番之后，倒也应允了，从此就较为安闲自在，然而首阳山上是有人迹的，他没事做，脾气又有些改变，从沉默成了多话，便不免和孩子去搭讪，和樵夫去扳谈。也许是因为一时高兴，或者有人叫他老乞丐的缘故罢，他竟说出了他们俩原是辽西的孤竹君的儿子，他老大，那一个是老三。父亲在日原是说要传位给老三的，一到死后，老三却一定向他让。他遵父命，省得麻烦，逃走了。不料老三也逃走了。两人在路上遇见，便一同来找西伯文王，进了养老堂。又不料现在的周王竟"以臣弑君"起来，所以只好不食周粟，逃上首阳山，吃野菜活命……等到叔齐知道，怪他多嘴的时候，已经传播开去，没法挽救了。但也不敢怎么埋怨他；只在心里想：父亲不肯把位传给他，可也不能不说很有些眼力。

叔齐的预料也并不错：这结果坏得很，不但村里时常讲到他们的事，也常有特地上山来看他们的人。有的当他们名人，有的当他们怪物，有的当他们古董。甚至于跟着看怎样采，围着看怎样吃，指手画脚，问长问短，令人头昏。而且对付还须谦虚，倘使略不小心，皱一皱眉，就难免有人说是"发脾气"。

不过舆论还是好的方面多。后来连小姐太太，也有几个人来看了，回家去都摇头，说是"不好看"，上了一个大当。

终于还引动了首阳村的第一等高人小丙君。他原是妲己的舅公的干女婿，做着祭酒，因为知道天命有归，便带着五十车行李和八百个奴婢，来投明主了。可惜已在会师盟津的前几天，兵马事忙，来不及好好的安插，便留下他四十车货物和七百五十个奴婢，另外给子两顷首阳山下的肥田，叫他在村里研究八卦学。他也喜欢弄文学，村中都是文盲，不懂得文学概论，气闷已久，便叫家丁打轿，找那两个老头子，谈谈文学去了；尤其是诗歌，因为他也是诗人，已经做好一本诗集子。

然而谈过之后，他一上轿就摇头，回了家，竟至于很有些气愤。他以为那两个家伙是谈不来诗歌的。第一，是穷：谋生之不暇，怎么做得出好诗？第二，是"有所为"，失了诗的"敦厚"；第三，是有议论，失了诗的"温柔"。尤其可议的是他们的品格，通体都是矛盾。于是他大义凛然的斩钉截铁地说道："'普天之下，莫非王土'，难道他们在吃的薇，不是我们圣上的吗！"

这时候，伯夷和叔齐也在一天一天的瘦下去了。这并非为了忙于应酬，因为参观者倒在逐渐地减少。所苦的是薇菜也已经逐渐地减少，每天要找一捧，总得费许多力，走许多路。

然而祸不单行。掉在井里面的时候，上面偏又来了一块大石头。

有一天，他们俩正在吃烤薇菜，不容易找，所以这午餐已在下午了。忽然走来了一个二十来岁的女人，先前是没有见过的，看她模样，好像是阔人家里的婢女。

"您吃饭吗？"她问。

叔齐仰起脸来，连忙赔笑，点点头。

"这是什么玩意儿呀？"她又问。

"薇。"伯夷说。

"怎么吃着这样的玩意儿的呀？"

"因为我们是不食周粟……"

伯夷刚刚说出口，叔齐赶紧使一个眼色，但那女人好像聪明得很，已经懂得了。她冷笑了一下，于是大义凛然的斩钉截铁地说道："'普天之下，莫非王土'，你们在吃的薇，难道不是我们圣上的吗！"

伯夷和叔齐听得清清楚楚，到了末一句，就好像一个大霹雳，震得他们发昏；待到清醒过来，那鸦头已经不见了。薇，自然是不吃，也吃不下去了，而且连看看也害羞，连要去搬开它，也抬不起手来，觉得仿佛有好几百斤重。

六

樵夫偶然发现了伯夷和叔齐都缩做一团，死在山背后的石洞里，是大约这之后的二十天。并没有烂，虽然因为瘦，但也可见死的并不久；老羊皮袍却没有垫着，不知道弄到哪里去了。这消息一传到村子里，又哄动了一大批来看的人，来来往往，一直闹到夜。结果是有几个多事的人，就地用黄土把他们埋起来，还商量立一块石碑，刻上几个字，给后来好做古迹。然而合村里没有人能写字，只好去求小丙君。

然而小丙君不肯写。

"他们不配我来写,"他说,"都是昏蛋。跑到养老堂里来,倒也罢了,可又不肯超然;跑到首阳山里来,倒也罢了,可是还要作诗;作诗倒也罢了,可是还要发感慨,不肯安分守己,'为艺术而艺术'。你瞧,这样的诗,可是有永久性的:上那西山呀采它的薇菜,强盗来代强盗呀不知道这儿的不对。神农虞夏一下子过去了,我又哪里去呢?唉唉死罢,命里注定的晦气!"

"你瞧,这是什么话?温柔敦厚的才是诗。他们的东西,却不但'怨',简直'骂'了。没有花,只有刺,尚且不可,何况只有骂。即使放开文学不谈,他们撇下祖业,也不是什么孝子,到这里又讥讪朝政,更不像一个良民……我不写!……"

文盲们不大懂得他的议论,但看见声势汹汹,知道一定是反对的意思,也只好作罢了。伯夷和叔齐的丧事,就这样的算是告了一段落。

然而夏夜纳凉的时候,有时还谈起他们的事情来。有人说是老死的,有人说是病死的,有人说是给抢羊皮袍子的强盗杀死的。后来又有人说其实恐怕是故意饿死的,因为他从小丙君府上的鸦头阿金姐那里听来:这之前的十多天,她曾经上山去奚落他们了几句,傻瓜总是脾气大,大约就生气了,绝了食撒赖,可是撒赖只落得一个自己死。

于是许多人就非常佩服阿金姐,说她很聪明,但也有些人怪她太刻薄。

阿金姐却并不以为伯夷叔齐的死掉,是和她有关系的。自然,她上山去开了几句玩笑,是事实,不过这仅仅是推笑。那两个傻瓜发脾气,因此不吃薇菜了,也是事实,不过并没有死,倒招来了很大的运气。

"老天爷的心肠是顶好的,"她说。"他看见他们的撒赖,快要饿死了,就吩咐母鹿,用它的奶去喂他们。您瞧,这不是顶好的福气吗?用不着种地,用不着砍柴,只要坐着,就天天有鹿奶自己送到你嘴里来。可是贱骨头不识抬举,那老三,他叫什么呀,得步进步,喝鹿奶还不够了。他喝着鹿奶,心里想,'这鹿有这么胖,杀它来吃,味道一定是不坏的。'一面就慢慢的伸开臂膊,要去拿石片。可不知道鹿是通灵的东西,它已经知道了人的心思,立刻一溜烟逃走了。老天爷也讨厌他们的贪嘴，叫母鹿从此不要去。您瞧，他们还不只好饿死吗？那里是为了我的话，倒是为了自己的贪心，贪嘴呵！……"

听到这故事的人们，临末都深深的叹一口气，不知怎的，连自己的肩膀也觉得轻松不少了。即使有时还会想起伯夷叔齐来，但恍恍忽忽，好像看见他们蹲在石壁下，正在张开白胡子的大口，拼命的吃鹿肉。

一九三五年十二月作

10. 朱自清《朱自清散文集·论吃饭》

朱自清（1898年11月22日—1948年8月12日），原名自华，号秋实，后改名自清，字佩弦。中国现代散文家、诗人、学者、民主战士。毛泽东对朱自清一身重病，宁可饿死，不领美国的"救济粮"的民族气节给予了高度评价。

朱自清原籍浙江绍兴，出生于江苏省东海县（今连云港市东海县平明镇），后随祖父、父亲定居扬州，自称"我是扬州人"。1916年中学毕业并成功考入北京大学预科。1919年开始发表诗歌。1928年第一本散文集《背影》出版。1932年7月，任清华大学中国文学系主任。1934年，出版《欧游杂记》和《伦敦杂记》。1935年，出版散文集《你我》。

1948年8月12日因胃穿孔病逝于北平，年仅50岁。

【原文】

伯夷、叔齐据说反对周武王伐纣，认为以臣伐君，因此不食周粟，饿死在首阳山。这也是只顾理想的节而不顾吃饭的。配合着儒家的理论，伯夷、叔齐成为士人立身的一种特殊的标准。所谓特殊的标准就是理想的最高的标准；士人虽然不一定人人都要做到这地步，但是能够做到这地步最好。

诗话孤竹·青铜物语

【引言】 孤竹，作为商代北方富庶、强盛的诸侯国，生产力水平以及文明程度较高。这里，不仅衍生了源远流长的玄水文化、农耕文化、道德文化，也衍生了千古不朽的青铜文化。孤竹国境内出土的孤竹青铜器，代表了同时代青铜铸造的先进水平。"孤竹，确实是一个文明神圣的国度。"孤竹青铜器如是说。

孤竹兽耳衔环罍

孤竹兽耳衔环罍为商晚期孤竹国的器物。1973 年 3 月在辽宁省喀左县平房子乡北洞村南孤山西笔架山顶 1 号窖藏坑出土。现藏于辽宁省博物馆。罍高 43.4 厘米，口径 18.5 厘米，方唇、矮颈、广肩、深腹、平底，肩部一对兽形耳，各衔一环，下腹近底处高浮雕一牛首形鼻，牛首刻画细腻，生动而传神。罍腹素面，只肩部饰六个圆形涡纹。

罍口颈内有铭文四字"父丁孤竹"。或把后两字释为"册竹"，族徽一个："亚微"。著名古文字学家唐兰先生曾根据此器铭文认为，辽西一代是商周时期孤竹国地域。罍为大型容酒器，兼作盛水用，出现于商代晚期，是在瓿的形制基础上升高形成的，流行到春秋中期。

亚宪孤竹方罍

亚宪孤竹方罍现藏于上海博物馆中国古代青铜器馆。高 53 厘米，口纵长 17.2 厘米，横长 20.1 厘米。重 3 公斤。周

身花纹满而不乱，层次感清晰，花纹呈立体延伸。颈部铸有两行铭文：亚宪孤竹。

中央电视台《百家讲坛》2017 年 6 月 5 日播出的"镇馆之宝五：来自诗经的酒器"，对亚宪孤竹方罍做了详细介绍。《诗经·卷耳》里的金罍与亚宪孤竹方罍为同类酒器。

孤竹罍高 53 厘米，口长 20.1 厘米，重 29.68 千克。器身布满纹饰和文字，其中有孤竹二字。现藏于上海博物馆。

卢龙县东阚各庄出土商代晚期饕餮纹青铜鼎、乳钉纹青铜簋

1972 年，卢龙县东阚各庄的社员在村北 200 米的滦河南岸沙地上平整土地时发现了一座古墓，出土了饕餮纹青铜鼎、乳钉纹青铜簋、

铜弓形器和金臂钏各一件。经河北省文物研究所查核，确认此处系一商代晚期的古遗址。饕餮纹青铜鼎、乳钉纹青铜簋等出土文物现藏于河北省博物馆。

诗话孤竹·书画留痕

【引言】　由孤竹以及伯夷、叔齐的思想行为而衍生出来的孤竹文化，不仅载入了史册，也成为历代画家、书法家艺术创作的宝贵题材。他们创作出许多有重要历史价值和艺术价值的艺术作品，有的成为国宝级文物。现藏于故宫博物院的南宋李唐的《采薇图》，为国家一级文物。藏于上海博物馆的明崇祯青花伯夷叔齐人物故事图笔筒，被国宝档案收录。孤竹文化的奇光异彩，通过这些宝物展现在人们眼前。

南宋李唐《采薇图》

李唐，字晞古，北宋末南宋初画家。存世作品有《万壑松风》《清溪渔隐》《长夏江寺》《采薇》等图。《采薇图》，绢本，淡设色，纵27.2厘米，横90.5厘米。现藏北京故宫博物院，为国家一级文物。画商末伯夷、叔齐不食周粟，避于首阳山采薇，最后饿死的故事。借以颂扬民族气节，间接地表达了他们拒绝向敌国屈服的立场，有的题跋也指出此画是"为南渡降臣发"。画面采用截取式构图，图绘半山之腰，苍藤、古松之荫，伯夷与叔齐采摘薇蕨，其间正在休息对话的情景。两位主人公画得笔墨劲秀，衣纹简劲爽利，神态生动，殷殷凄凄，若声出绢素。树石笔墨粗简，墨色湿润，已开马远、夏圭法门。

画中石壁上有"河阳李唐画伯夷、叔齐"题款两行。画后有元人宋杞、明人翁允文、项元汴，清人永瑆、翁方纲、阮元、吴荣光等题记。
（附南宋李唐《采薇图》照片）

南宋梁楷《采薇图》

　　梁楷，南宋人，生卒年不详，祖籍山东，南渡后流寓钱塘（今浙江杭州）。他是名满中日的大书画家，曾于南宋宁宗担任画院待诏。他是一个行径相当特异的画家，善画山水、佛道、鬼神，师法贾师古，而且青出于蓝。梁楷所绘《采薇图》为立轴，设色绢本，长248厘米，高550厘米。上有清乾隆皇帝御题"圣之清"三个大字。他喜好饮酒，酒后的行为不拘礼法，人称是"梁风（疯）子"。皇帝曾特别赐给金带，这是种画院最高的荣誉，但梁楷却不接受，把金带挂在院中，飘然而去，完全不想受制于他人。

宋代佚名画家《商山采薇图》

宋代佚名画家所绘《商山采薇图》立轴，设色绢本 38 厘米 ×59
厘米。

清苏六朋《采薇图》

苏六朋（1791—1862），字枕琴，号怎道人，别署罗浮道人。广东顺德人。清代画家，世人称其与苏仁山为"岭南画坛二苏"。他生活在清代晚期的广东。少年的时候即喜爱绘画，他专程到罗浮山，拜宝积寺的名僧德堃和尚为师学习绘画。学成后，他来到广州，在城隍庙外摆摊卖画，并且以此养家为生。清同治元年（1862），苏六朋在广州病逝。

清吕焕成《深山采薇》

吕焕成（1630—1705），清代初年"吴门画派"的代表人物之一，字吉文，号祉园山人，浙江余姚人。擅长画人物、山水，兼画花卉。《深山采薇》轴165.5厘米×90.5厘米；署年：壬申（1692）；印鉴：吕焕成印、吉文氏；款识：壬申秋日写于静远堂吕焕成。

张大千《落日采薇图》

张大千，男，四川内江人，祖籍广东省番禺，1899年5月10日出生于四川省内江市市中区城郊安良里的一个书香门第的家庭，中国泼墨画家，书法家。

20世纪50年代，张大千游历世界，获得巨大的国际声誉，被西方艺坛赞为"东方之笔"。

他与二哥张善子昆仲创立"大风堂派"，是20世纪中国画坛最具传奇色彩的泼墨画工，特别在山水画方面卓有成就。后旅居海外，画风工写结合，重彩、水墨融为一体，尤其是泼墨与泼彩，开创了新的艺术风格，因其诗、书、画与齐白石、溥心畬齐名，故又并称为"南张北齐"和"南张北溥"，名号多如牛毛。与黄君璧、溥心畬以"渡海三家"齐名。20多岁便蓄着一把大胡子，成为张大千日后的特有标志。

他曾与齐白石、徐悲鸿、黄君璧、黄宾虹、溥儒、郎静山等及西班牙抽象派画家毕加索交游切磋。

张大千《落日采薇图》，立轴；96.5厘米X30.5厘米。款识：落日采薇归，萧萧两布衣。迩来人迹少，春雨长顽肥。大千居士爱；钤印：张季（白）、大千（朱）。《策杖高士》1933年作，立轴设色纸本。题识：春风吹萝衣，发我西山兴。手持玉绿杖，着屐蹑盘磴。山光曳青苍，松声引遥听。采薇拨云根，幽探入修径。踏歌如有期，岩阴昼而暝。长啸落晴晖，栖鸟惊复定。牧竖歌相呼，樵者问名姓。朝采不供餐，一室尚悬磬。贫病是良谋，饥渴保正命。饮鼠怡于情，巢禽适其性。忆昔耻粟人，今古称贤圣。仿大涤子笔意癸酉（1933年）孟秋，蜀人张大千写于大风堂下。钤印：张季、大千。

华三川《唐人诗意图·卢纶塞下曲》

华三川（1930—2004），浙江镇海人，现当代杰出的工笔人物画家，曾担任中国美协会员、上海美术家协会理事、上海少年儿童出版社专业画家、上海市文史研究馆馆员。在他的60年艺术生涯中，勤奋耕耘，勇攀高峰，在继承传统的基础上，进行变革和创新，形成了自己独特的艺术风格，在中国工笔人物画领域里独树一帜，引人注目。至今已有《锦瑟年华》《华三川人物画集》《华三川人物线描画搞》《华三川绘新百美图》《华三川人物新作选》等10多部大型画集出版发行。

华三川的《唐人诗意图·卢纶塞下曲》，是根据唐代卢纶的《塞下曲》的诗意而作。描绘汉代飞将军李广镇守右北平时，箭射虎头石，射石没羽的故事。

范仲淹楷书《伯夷颂》

范仲淹（989—1052），字希文，汉族，苏州吴县（今苏州市）人。北宋杰出的思想家、政治家、文学家。

范仲淹幼年丧父，母亲改嫁长山朱氏，遂更名朱说。大中祥符八年（1015），范仲淹苦读及第，授广德军司理参军，迎母归养，改回本名。后历任兴化县令、秘阁校理、陈州通判、苏州知州等职，因秉公直言屡遭贬斥。康定元年（1040），与韩琦共同担任陕西经略安抚招讨副使，采取"屯田久守"方针，巩固西北边防。庆历三年（1043），出任参知政事，上疏《答手诏条陈十事》，提出十项改革措施。庆历五年（1045），新政受挫，范仲淹被贬出京，历知邠州、邓州、杭州、青州。皇祐四年（1052），改知颍州，范仲淹扶疾上任，行至徐州，与世长辞，享年64岁。追赠兵部尚书、楚国公，谥号"文正"，世称范文正公。

范仲淹的《伯夷颂》，是韩愈歌颂伯夷的一篇美文。在《伯夷颂》中，韩愈大颂伯夷"不顾人之是非"的"特立独行"精神，并批评了当时世俗的处世哲学和腐朽的社会风气。北宋名臣范仲淹用小楷将《伯夷颂》誊抄在绢上。此绢《伯夷颂》问世后，先后即被当朝的丞相贾似道、秦桧收藏，并在上面留下了自己的印章。后辗转几朝几代，清代入清宫。明代的《铁网珊瑚》、清代的《式古堂书画汇考》《平生壮观》和《大观录》里都有"范文正公伯夷颂"的记载。1949年国民党逃台，将其带到台湾，曾一度下落不明。台湾编印的"故宫书画录"均无是卷著录。后来证实，是卷先被台湾大收藏家褚德彝先生收藏后由台湾学者李敖先生收藏。失落多年的国宝，终于又浮出了水面。

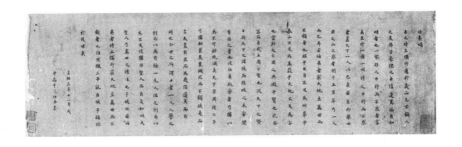

邓文原草书《伯夷颂》

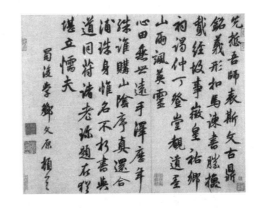

邓文原（1258—1328），字善之，一字匪石。人称素履先生，四川绵州（今绵阳）人，其父早年避兵入杭，或称杭州人。又因绵州古属巴西郡，人称邓文原为"邓巴西"。生于宋理宗宝祐六年，卒于元泰定帝致和元年，年71岁。博学善书，工正、行、草书，早法二王，后法李邕。体势充伟，风骨键壮。与赵孟𫖯齐名。宋末应浙西转运司试中魁，选至元间辟，至元二十七年（1290）授杭州路儒学正，大德二年调崇德州学教授，后历任江浙儒学提举、江南浙西道、江东道肃政廉访使、集贤直学士兼国子监祭酒。卒谥文肃，《元史》有传。著述有《巴西文集》《内制集》《素履斋稿》等。今仅存《巴西文集》一卷，《四库总目》作风皆温醇典雅。传世书迹有《临急就章卷》等。

《伯夷颂》原文：

先哲吾师表，斯文古鼎铭。义形扣马谏，书胜换鹅经。故事征皇祐，乡祠谒仲丁。登堂睹遗墨，山雨飒英灵。心田垂世远，手泽历年殊。谁购山阴序，真还合浦珠。身惟名不朽，书与道同符。诸老珍题在，犹堪立懦夫。蜀后学邓文原顿首。

郑板桥《孤竹图》题识

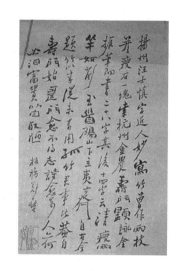

郑板桥（1693—1765），原名郑燮，字克柔，号理庵，又号板桥，人称板桥先生。江苏兴化人，祖籍苏州。康熙秀才，雍正十年举人，乾隆元年（1736）进士。官山东范县、潍县县令，政绩显著，后客居扬州，以卖画为生，为"扬州八怪"重要代表人物。

被誉为诗、书、画"三绝"的郑板桥擅长画竹。他画有一幅《孤竹图》。《孤竹图》题识："扬州汪士慎，字近人，妙写竹。"曾作两枝，并瘦石一块，索杭州金农寿门题咏。金振笔而书二十八字，其后十四字云："清瘦两竿如削玉，首阳山下立夷齐。"自古今题竹以来，从未有用孤竹君事者，盖自寿门始。寿门愈不得志，诗愈奇，人亦何必汨富贵以自取陋！

曾国藩手书《伯夷颂》

曾国藩（1811年11月26日—1872年3月12日），汉族，初名子城，字伯涵，号涤生，宗圣曾子七十世孙。中国近代政治家、战略家、理学家、文学家，湘军的创立者和统帅。与胡林翼并称"曾胡"，与李鸿章、左宗棠、张之洞并称"晚清中兴四大名臣"。官至两江总督、直隶总督、武英殿大学士，封一等毅勇侯，谥号"文正"，后世称"曾文正"。

曾国藩出身地主家庭，自幼勤奋好学，6岁入塾读书，8岁能读四书、诵五经，14岁能读《周礼》《史记》文选。道光十八年（1838）

中进士，入翰林院，为军机大臣穆彰阿门生。累迁内阁学士，礼部侍郎，署兵、工、刑、吏部侍郎。与大学士倭仁、徽宁道、何桂珍等为密友，以"实学"相砥砺。太平天国运动时，曾国藩组建湘军，力挽狂澜，经过多年鏖战后攻灭太平天国。

曾国藩一生奉行为政以耐烦为第一要义，主张凡事要勤俭廉劳，不可为官自傲。他修身律己，以德求官，礼治为先，以忠谋政，在官场上获得了巨大的成功。

曾国藩的崛起，对清王朝的政治、军事、文化、经济等方面都产生了深远的影响。在曾国藩的倡议下，建造了中国第一艘轮船，建立了第一所兵工学堂，印刷翻译了第一批西方书籍，安排了第一批赴美留学生。可以说曾国藩是中国近代化建设的开拓者。

对韩愈的《伯夷颂》，曾国藩给予了很高的评价。他在《求阙斋读书录》卷八《韩昌黎集》中，高度评价韩愈的《伯夷颂》："举世非之而不惑，此乃退之平生制行作文宗旨。此自况之文也。"于是，他亲笔手书了韩愈的《伯夷颂》全文。并在后面题写了款识：孟子七篇多自况之言，韩公依然如伯夷颂，获麟解龙说、马说，原毁进学解与孟简书、答吕医书等篇，皆矫首自况，宋玉对问之流，读之令人气壮。孔子之所谓狂也。眉生仁弟索书此颂，因并论之，国藩。"

青花伯夷叔齐人物故事图笔筒

青花伯夷叔齐人物故事图笔筒为明代崇祯年制，现藏于上海博物馆。该笔筒成为国宝级文物，入编国宝档案目录。笔筒高21.9厘米，口径 18.4 厘米，底径 16.8 厘米。直身，平底。笔筒画面再现了伯夷、叔齐扣马谏伐的故事。在瓷器的烧制水平上，值得注意的是城墙后的山谷，已应用水墨画皴法，青釉产生由浓至淡的渐层手法，使得远山出现前后有序的立体视感。显示这一时期应用青釉已至登峰造极的地步。

明崇祯五彩伯夷叔齐故事图花觚

五彩伯夷叔齐故事图花觚为崇祯年制。高 48 厘米，口径 22.5 厘米，底径 14.5 厘米。为巴特勒家族收藏。

花觚由三部分组成：中间腰身微凸，底足略外撇。颈部呈喇叭状。器底无釉，口沿施釉。器身装饰采用红、绿、黄、紫、黑等色。所绘故事出自司马迁《史记》。武王欲伐商，伯夷、叔齐两兄弟前来劝谏，但武王未采纳其建议，最终还是灭了商。伯夷、叔齐遂"耻食周粟"，终饿死于首阳山。器身以红彩书铭文如下："青高双义士，叩马谏君王。耻食周家粟，于心终不忘。"

青花五彩伯夷叔齐人物故事筒瓶

青花五彩伯夷叔齐人物故事筒瓶，为清顺治年制，民间收藏。整体直身，内外施白釉，筒身四周以青花五彩绘制，是一件典型的 17 世纪景德镇瓷器制品。画中，士兵和宫女也被描绘得栩栩如生，宫女分别骑马立于武王左右，而士兵则显示了皇家威严。他们表情生动、神态细腻，个个被描绘得惟妙惟肖。而现保存在上海博物馆的青花伯夷叔齐人物故事笔筒，作为与本件拍品类似的作品，青花伯夷叔齐人物故事笔筒以其生动优美的画面，较高的烧制水平，被后人视为瓷器艺术珍品。

清康熙五彩伯夷叔齐人物故事图棒槌瓶

清康熙五彩伯夷叔齐人物故事图棒槌瓶胎体洁白坚致，釉面匀净莹润，五彩色调鲜艳。画面场景描绘精彩，瓶颈绘婴戏图，主体绘两名平民打扮人物向武士簇拥的帝王拱手致意。图中拱手者为伯夷、叔齐，乘车者为周武王。此题材是著名的伯夷、叔齐扣马谏伐的故事。这样的纹饰在明末清初景德镇瓷器上较多出现。此瓶口沿镶欧式铜质纹样，这种风格后世流传至欧洲，成为当地流行的一种装饰工艺。《上海博物馆与英国巴特勒家族所藏十七世纪景德镇瓷器》对此专门介绍。

诗话孤竹·舞台浩歌

【引言】 伯夷、叔齐崇礼、重义、守节的思想行为和光辉形象，也登上了戏曲的舞台。现代著名文学家、历史学家郭沫若以伯夷、叔齐的历史故事为题材，编写了话剧《孤竹君之二子》。中国京剧表演艺术大师梅兰芳、京剧表演艺术家周信芳多次演唱的京剧《二堂舍子》中，就有描述伯夷、叔齐的唱词。河南作家李准，搜集、整理了民间关于伯夷、叔齐的歌谣，形成《昔日里有一个二大贤》的完整歌谣，在河南等地广为传唱。河南省还创作了豫剧《首阳山》。近年来，河北省卢龙县还推出了大型历史歌舞剧《孤竹浩歌》。

1. 京剧《二堂舍子》

京剧《二堂舍子》是我国著名传统京剧剧目之一。戏剧中有这样一段唱词："昔日里有一个孤竹君，伯夷、叔齐二位贤人。都只为孤竹君身染重病，传口诏命次子即位为君。那伯夷尊父命不肯担任，那叔齐分长幼也不能应承。

梅兰芳、周信芳京剧《二堂舍子》剧照

弟让兄来兄不肯，兄推弟来两不能。这一个出午门无有踪影，那一个私逃出了后宰门。在首阳山前冻饿死，留得个美名万古存。为父我怎比得孤竹君，二娇儿也难比那二位贤人。"中国京剧表演艺术大师梅兰芳、京剧表演艺术家周信芳、马连良皆演唱多次。

2. 河南豫剧《首阳山》

河南豫剧《首阳山》里有这样一段唱词："昔日里有个二大贤，弟兄们推位让江山。兄让弟来弟不做，弟让兄来兄不担。前宰门逃出了大太子，后宰门逃出了二英贤。首阳山上见了面，弟兄抱头哭皇天。饥了吃些松柏籽，渴了涧下饮清泉。老天不住鹅毛片，鹅毛大片下得欢。下了七天零七晚，弟兄冻死首阳山。姜子牙带来封神榜，封他和合二神仙。这是前朝一本古，一朝一帝往下传。"

豫剧《首阳山》剧照

3. 大型历史歌舞剧《孤竹浩歌》

《孤竹浩歌》是一部史诗性的歌舞剧。该剧由卢龙县委县政府2010年投资打造，剧本原创作者是中国民协副主席、省民协主席郑一民。7年来，该剧历经2010年石家庄市歌舞团首演成功，2013年本土演员承接复排，2015年锻造提升改版后在北戴河碧螺塔公园推出大型实景演出，后来再次推出精编版，已经进行了多版改编。

歌舞剧《孤竹浩歌》六音读书剧照

歌舞剧《孤竹浩歌》"让国相去"剧照

歌舞剧《孤竹浩歌》"扣马谏伐"剧照

歌舞剧《孤竹浩歌》"首阳采薇"剧照